創見文化，智慧的銳眼
www.book4u.com.tw　　www.silkbook.com

創見文化，智慧的銳眼
www.book4u.com.tw　www.silkbook.com

Money & You
我愛錢，更愛你！

林偉賢 博士 17年傳奇 之
落地實踐成果 全紀錄

- 從退學生到獲頒榮譽博士的亞洲超級明星講師。
- 從一無所有到風靡亞洲的頂級教育集團領航人。

華文Money& You 創辦人 **林偉賢** 著

現在就讓「Money & You」
帶領你邁向
富中之富的
卓越人生！！

國際知名暢銷書作家和專業投資者
羅伯特・清崎（Robert T.Kiyosaki）

親愛的朋友，

我很榮幸地向你們介紹一個課程，它曾經改變了我的生活並幫助我得到了更多的成就、快樂和繁華。這個課程強而有力地滲透到我的頭腦，我相信它也能使你受益……

這個課程就是 Money&You。

Money&You 將使你發現一張全新的地圖，在上面你可以標注一條嶄新的路線，引領你得到做夢都想不到的財富和快樂。

很多人還沒有意識到傳統教育並不足以使我們擁有必要的技能和知識去過上幸福而充實的生活。

為了讓你切實感受到 Money&You 可以給你的生活帶來的巨大影響，我將講述我的故事和經歷。

很多人告訴我：如果我想在商界取得成功，就得重返課堂並取得 MBA 的文憑。如果我做不到，就是死路一條。在我曾經任職的公司，晉升的機會非常渺茫，我不得不努力工作，整天攀爬在那條通向更高職位的階梯之上。

我意識到我面前有三條路可以選擇：繼續在公司上班；或者重返課堂，為了那張 MBA 的文憑；或者乾脆自己開公司。

　　我首先選擇了攻讀 MBA。我上了夜校，想看看它究竟能給我帶來多大的改變，結果什麼也沒有。學校的課程緩慢而枯燥。那時我才知道大多數在課程上被傳授的內容不是與實際不相關，就是嚴重脫節。

　　在我認真地踏上 MBA 求學之路開始，我很快地就發現那些教我的講師們並不具有實際經驗。他們的書本知識確實不錯，但在如何處理實際問題時卻顯得一無所知。

　　六個月後，我很清醒地認知到繼續逗留在課室裡是浪費時間和金錢，所以我決定自己開公司了。

　　那才是我真正的教育開始了！

　　經營自己的公司是痛苦的——不得不面對長期的和不可估量的情緒起伏。最核心的問題是財務風險——包括幾十萬美元的投入。但是我必須毫不猶豫地堅持下去。這段創業歷程對我的教育從我 34 歲的最低谷一直持續到我 43 歲時真正在財務上獨立。

　　我並不比其他人更聰明。在我開始創業的時候，我什麼都輸了，只好重新開始，那時我只在夢裡想過會成功，我很快就得到了三個認知：

　　首先是，如何成為商界的通才。正因為我是一個商界的通才，我才能夠使我的任何產品或服務得到專業化提升，並且隨時在我需要或者市場需要的時候改變。

　　其次是，如何進行資金運作及無資金的運作。我知道很多人深陷泥沼是因為他們過度依賴（或者說是沉溺於）資金，儘管他們並不知道如何創造現金流。

　　第三點是，掌握犯錯的藝術，哪怕是災難性的後果。對於第三點，我認為它是最重要的，因為它促使我不斷地學習，去消除追逐安全幻想的恐懼，例如依賴「正確」的答案，或是把金錢誤認為就是財富。

如今，在不斷地跌落到爬起、學習並改正的過程中，我每天都能獲得新的知識。日復一日地尋求新想法、新冒險，甚至允許自己犯錯誤的意願都使我一步步走得更遠。

很多人堅持著從事自己低薪的工作，這是因為他們懼怕在新的嘗試中失敗。更糟的是，對犯錯的恐懼往往使人們看不到自己隱藏在內部深處的潛質。

當我從財務缺口裡爬出來，並且發現了一條真正走向成功的道路時，我開始向那些偉大講師們學習使他們成功的行動準則。

在我所參加的每一次課程中，我除了觀察課堂內的反應，也觀察講課的老師們。我發現了一個相同的事實——資訊的價值只和學生試圖不斷嘗試錯誤的意願有關，直到該資訊已經經由他們的頭腦被植入到運動員所說的「肌肉記憶」中為止。從中我學會了從「感知」到「潛意識能力」的過程，也就是不經思考去採取一個行動，並修正它的能力。

儘管許多講師都暗示到實踐的重要性，他們自身卻無法傳授實踐的技術。關於這點我想到了巴吉明尼斯特‧富樂博士（Dr. Richard Buckminster Fuller）曾試圖告訴我的一些事，他說正是「想法」阻礙了人們。換句話說，諸如「不要犯錯」的想法恰恰可以讓人終生癱瘓——除非他們能夠忘卻這個想法。

幾百年來，我們的教育系統已將「我們不應該犯錯」的這個根深蒂固的想法植入了我們的意念深處。我們就像被洗腦似的得出一個結論——犯錯會使人變壞。

這個結論就像是一個操縱著我們日常習慣和行為的無形殺手。儘管我們周遭的人，包括我們自己在內，都存在著從根本上是透過不斷地嘗試錯誤、來不斷地摸索著學習的人們，我們還是被「犯錯是不好的」此

一古老的錯誤信念蒙蔽了雙眼。

我們都目睹過孩子是如何學會行走的——不斷與自我對抗、倒下去又站起來、站起來又倒下去。但是我們卻沒有意識到我們目睹的場景正是學習的行動原則。

學習中雜亂的一面很少被揭開，就像是一個身處大劇院的觀眾，只看到演員們成功的表演結果，卻無視他們日積月累的排練——期間的每一個人都要經歷那永無止境的犯錯、再修正的過程。如果我們深入地回顧一下愛迪生成功地找到金屬絲、氣體和其他材料的組合過程就會發現，沒有漫漫試驗道路上 9999 次的錯誤組合，他也許永遠都不可能發明燈泡。

需要我們自由地犯錯——是使我們通往真知和財富的唯一途徑

由於我們總是被教導著去關注積極的成果，而忽視走向成功的過程，「成功的行為不是一蹴可幾」的事實就漸漸地被人們遺忘。而這正是許多人想尋求一夜暴富的原因，他們沉迷於電視裡中彩券大獎的幸運者或者是拉斯維加斯賭場裡得意的獲勝者，所有這一切——只是吸引更多的失敗者前來。

下一次若你有幸目睹到一個你真正欣賞的職業運動員，好好想一想他們能走到今天要犯下多少錯誤。職業高爾夫球手要比一個從未拿起過高爾夫球桿的人犯下更多的錯誤，他們正是在不斷犯錯中修正並學到更多。他們揮桿，看一下結果，然後修正，最終學到更多。他們永遠在完善自己的技術。業餘球手和職業球手的差別就在於職業球手在練習中可以得到報酬。

　　魔術師詹森曾經在一個訪談中說過他正是在重大比賽中犯下了嚴重錯誤，才得以學到了最多。他並不喜歡犯錯，但是他深知只有犯了錯，才可以透過修正的過程使自己前進，從而在職業體育生涯中越來越強大。

　　那些從事著自己並不喜歡的工作，只為薪水工作，而不接受新挑戰的人們，往往很少有機會能成長、學到更多、增長知識，並在最終提升他們的薪水。他們在不學習的地方工作越久，就會在個人財富上落後別人越多。他們變得更加依賴，能力卻沒有改變，並且在周圍環境改變的時候變得更加絕望，因為他們自己並沒有改變。

　　當我更清楚地認識到這個事實時，我確信自己應該學習犯錯的技術和科學了。我覺得人們有對一種新科學的需求，我把它稱之為「反學習」。

　　人們已經學會了如何不犯錯；然而現在是到了學習如何成功地犯錯的時候。

我所遇過的最好老師

　　在「反學習」領域中，走在尖端的首推馬修·賽伯（Marshall Thurber）。他是除了我父親之外，我所遇過的最好老師。馬修真是教育界的一個謎，他畢業於美國頂級大學，獲得許多榮譽，並取得異常好的成績，但他卻很少聽課。作為一名職業律師，他在 20 多歲時就成為百萬富翁。馬修同時也是巴吉明尼斯特·富樂博士（Dr. Richard Buckminster Fuller）的學生，後者從事教育「尖端領域」的研究。

　　在上世紀 70 年代末，馬修向保加利亞政府支付了 25000 美元，使政府允許「超級學習」之父——羅札諾夫（Georgi Lozanov）前往美國

6 個星期，來教導馬修如何授課。最終的成果是形成了一種教學的混合風格，集富勒博士、羅札諾夫、馬修以及其他人的風格於一體，從而提供了一個全新而有力的，且以高速傳授人們課程的範例。

影響超過 32000 人

Marshall 創辦了好幾個不同的教育課程，而傳統的教育界人士和企業講師們都認為他突破了太多的底線。儘管有如此多的不同聲音，從上世紀 70 年代末以來，已經有數以千計來自新加坡、香港、澳大利亞、紐西蘭、美國和加拿大的人們從一個叫 Money&You 的課程中受到影響。

我就是其中之一。

Money&You 改變了我的生活，並且重新為我的商業生涯定位。我報名參加了這個課程，期待能從中學到有關商業和投資的技巧，因為我想賺更多的錢。

這個課程大約是由 15% 的講課、60% 的遊戲和 25% 的遊戲分享所組成。它教會我們更多如何發掘自我，而不是光談錢，不過我仍然在此一過程中學習到經營錢財的理念，這比我以前夢想的都多。

在我參加 Money&You 課程之前，我已經聽說過 Fuller 博士關於廣義的宇宙原理，我只是知性上地理解它們。但是在我參加了這個課程之後，我開始領會其中深遠的力量和原理中的簡單性。我開始從內心層面理解它們，並將其納入到我的「潛意識能力」中。

富勒博士一生致力於發現一種貫穿於萬物的廣義的原理，人們將其描述為「普遍真理」。當我們的教育系統企圖教會我們某些專業的事實和資訊——那些甚至事在我們有機會去嘗試之前就已經過時的東西，富

勒博士認為傳授普遍原理將更為有益，因為它可以適用於我們的一生，不管我們從事什麼專業工作。他的信念是如果人們懂得了普遍原理，就可以將其應用於他們感興趣的任何方面，例如教學、商界、數學，乃至飼育馬匹等等。原理都是一樣的，只是具體應用的領域可以不斷改變而已。現在，當我理性地明白了這些概念之後，我想說，那正是我參加了Money&You 課程後才真正懂得的事。

Money&You 教會了我將自己所犯的錯看成是生命中寶貴的、值得學習的經驗。

儘管我失去了一切，我仍然奉行以前所學課程的理念，那就是犯錯是件壞事。所以只要我坐在課堂裡，看起來就會一切正常，好像從來沒有犯過錯誤。

但是由於 Money&You 是關於如何從自己的錯誤中學習的課程，我很快就明白了為什麼我會失去妻子、生意和所有的金錢。它幫助我將過去視為可怕的「學習經歷」（我感到可恥的東西）轉變成是有價值的人生體驗、知識和財富。當課程結束時，我迫不及待地想重返商場——因為那已經和我先前的認知完全不同了。

資金流入了

由於我將課程中學到的「要不斷地從錯誤中學習」的理念以及「普遍原理」應用到我的商場上，僅僅一年的時間，公司就開始不斷地流入資金，比我之前的任何想像都輕而易舉。

我和一個貌美女子結婚了

　　就在我的生意不斷地逆轉的同時，我也開始努力讓自己變得更可親、更富有同情心，以期待自己有朝一日能重返婚姻殿堂。當然，我得承認在人生大事上修成正果所花的時間，要比我把失去的錢賺回來要久了些。不過在 1986 年，我終於與一個漂亮的女人結婚，令我們感到驚訝的是，在 Money&You 學到的普遍原理應用到我們的婚姻中同樣有效，它使我們的夫妻生活更加地親密、充滿樂趣、令人興奮和感受到圓滿。

　　對我來說，Money&You 是我上過最具有個人挑戰的課程，我不會把它介紹給那些遇到難題就動動嘴皮子或者乾脆保持沉默的男人、女人，也不會把它介紹給身處困境，卻把個人的短處歸咎於他人或者環境的人們。

　　Money&You 適合那些意圖擺脫自己的生活還沒有起色的人們，適合那些想獲得新點子的人們。上完課的結果往往是增加了我們的自信心和擁有面對生活中各種挑戰的勇氣。

　　如果你很認真地想把喜悅、愛、繁華和幸福取代你原先生活中不如意的部分，那麼，就參加下一次的 Money&You 吧！

Robert T.Kiyosaki 敬上

特別說明 ⋯⋯⋯⋯⋯⋯⋯⋯⋯⋯⋯⋯⋯⋯⋯⋯⋯⋯⋯⋯⋯⋯⋯⋯⋯⋯⋯⋯⋯⋯⋯⋯⋯⋯

Money&You 是一個非常充滿能量而緊張的課程，並非每個人都適合，也許對你個人來說就不合適。

Money&You 共同創辦人
Dame DC Cordova

近 40 年的時間，Money&You 課程不斷地衝擊、甚至是翻轉了企業家以往對於「經營」的概念。部分研究財富與企業經營的專家自從接觸了 Money&You 的課程之後，都得到了正向的啟發。M&Y 的學員來自於世界各地，自此課程畢業的人數已超過 100,000 人，涵蓋的國家超過 65 個。很多學員現在的身價都已經破百萬了，有這些實績，我們更能肯定 M&Y 課程的效果。

我很榮幸能擔任 Money&You 組織的共同創辦人，與像 Wilson Lin 這樣的夥伴一起工作，這麼久以來，我們不斷地努力，確保能將 M&Y 介紹給世界各地的人們。而學員們對學院的支持，並將課程推薦給他人，正是學院之所以成功的主因！

在 M&Y，我們不僅會教給學員永恆不變的核心原則，還會根據實證精神，介紹商業經營的原理與可運用的工具、以及當中的區別，這些內容在其他商業學院都不會有，之所以會介紹這些，是因為 M&Y 本身就很重視「實證」與「經驗」。

M&Y 的創辦人學習到近年來最新發展的理論，由羅札諾夫（Dr. Georgi Lozanov）創立，後來因為一些不同的演變，而發展成所謂的「超級學習法」。這種學習法能讓許多授課時間縮減到 40 個小時以下。因此，只要花一個週末，就能將好幾年的內容學習透徹，使你得到大幅的成長。

對於許多生活忙碌，又想要從激烈的競爭中脫穎而出、賺取更多財富的人來說，這種超級學習法就是最重要的關鍵。

在 M&Y 學習時，人們會發覺生活的意義其實很多。無論你居住於地球上的哪一個角落，在每一個人心中，都會渴望比生存還要更深一層的東西，我們會尋求人與人之間的連結、貢獻、也會想要讓這個世界變得更好。在 M&Y 學習的人會發現他們並不孤單。的確，他們是會學到如何賺錢，除此之外，他們還會感受到彼此之間緊密的連結性。為了成為一個更好的領導人、老闆、經理、同事、員工或學生，認清你自己，正是認識他人的關鍵。

一個真正強大的人，知道自己的強項與弱點，這很重要。因為很多時候，全知的宇宙看到了真實的我們，但我們卻會將真實的一面隱藏起來。瞭解真正的自己是力量、擁有獨一無二的特色是力量、能預知未來是力量……M&Y 課程裡面所教的內容，將會賦予學員這項優勢。

藉由這幾年的反饋可以得知，M&Y 課程的成效非常驚人。從我們課程畢業的學生，在「質」方面都得到相當大的提升。而且，M&Y 的全球網絡能幫助你將市場擴展至全世界，認識更多的客戶與消費者。

我對於「財富」兩個字，有一個新的定義，那就是「獲得資源、金錢、智慧、支援、投資額、精神導師、以及那些在你需要時會拉你一把的關鍵人士」。就這個新定義來看，M&Y 的畢業生都是真正富足的人士。學生們會發現，自己的周遭都是能推動他們變得更好的人，這些人會在生活中給予支持，讓學生往更加卓越的自己邁進，也就是擁有更多優勢、能創造出非凡的成果。當你在閱讀本書與其中的原理時，就能理解部分

內容。對讀者來說，你將會發現自己學到的是最具變革性與實證經驗的企業訓練。

　　如果你與我們共同努力，我們就能將通往成功的鑰匙交給你。一旦你理解了原理，就能獲得更多的人脈、資源、網路群體，幫助你快速成功；同時，你從中學習到的能力還能讓你賺更多錢、獲取更大的成功、並對這個世界有積極的貢獻。

　　你的人生將能往更好的方向改變，因為有許多人都因此課程過得更好。讀完這本書，你將會發現自己變得更富足（物質和心靈上都是）、更快樂、更平順、也更能享受人生！

　　我期待有一天能與各位讀者碰面！

Dame DC Cordova

狂喜、憂心、沉澱與昇華

前全國電子總經理──**邱義城**

在教育訓練界儼然就是明星的林偉賢與實踐家，這些年來在市場上搶盡了所有風頭與榮耀，顧客累積迅速，稱它為本土第一品牌其實也不為過。

而帶領實踐家成功突破重圍的最大功臣就是創辦人林偉賢。第一次在辦公室見到林偉賢時，我們的議題是有關於實踐家與我的顧問合作案，他沉著、冷靜、說話有條有理、切入重點，專業的態度表現的一覽無遺。但真正讓人印象深刻的是，實踐家在大型造勢場合的能力。這樣的課程說明會當然是由林偉賢親自上陣，台下超過五百人的觀眾都擁有無比學習的渴望，這樣的場合當然最適合林偉賢。

狂喜、憂心、沉澱與昇華。這是林偉賢帶給所有參與者的最大禮物，依我在台下的觀察，林偉賢將他本身的成功特質發揮地淋漓盡致，融合積極與感性的元素，他成功地用一對多的方式，達成了某種程度的心智改造。林偉賢的魅力不但影響了台下的觀眾、客戶，公司的同仁也同樣被他的所散發出的熱力所影響，無不感到自信滿滿，樂觀進取。

因為如此的優點與人格特質，林偉賢一年當中有超過三分之二的時間都在世界各地發揮他的影響力，在這樣馬不停蹄的行程當中，他卻依然挪出空檔，與他的家人聚守，即使整個星期的行程滿檔，他卻仍然堅

持保留每個星期一的時間作為家庭時間。這樣的理念是我所相當認同的，缺乏親情的人生沒有資格稱之為真正的成功，而林偉賢對於經營自己企業與家庭所下的苦心，證明他的一切努力都是值得的！！

　　早已久聞林偉賢老師的 Money&You 課程，這些年來已經有太多太多的夥伴受到林老師的影響與感動。成長、改變、愛與關懷是 Money&You 的中心思想，這次林老師將其集結成冊，想必能夠加惠更多目前走在人生十字路口的朋友，在此誠心推薦！！

邱義城

Money & You 精神導師

巴吉明尼斯特・富樂博士
Dr. Richard Buckminster Fuller

　　巴吉明尼斯特・富樂博士是一位美國建築師，人稱「無害的怪物」，半個世紀以前富勒就設計了一天能造好的「超輕大廈」、能潛水也能飛的汽車、拯救城市的「金剛罩」……他在 1967 年的蒙特利爾世博會上把美國館變成富勒球，使得輕質圓形穹頂今天風靡世界，他提倡的低碳概念啟發了科學家，並最終獲得諾貝爾獎。

　　儘管擁有 48 個榮譽博士學位和 26 項專利發明。巴吉明尼斯特・富樂卻是一名沒有執照的建築師，兩次被哈佛開除的教授；他生活在上個世紀，但思考的卻是下個世紀的事情。這也是為什麼他在離世已有 30 年後的今天，不僅沒有被人遺忘，反而名氣越來越大的原因。他在半個世紀前提出的設計理念，被許多的博物館發掘出來，進行系統的回顧。在資源緊缺、全球變暖的今天，人們愕然地發現，這位像外星人一樣的富勒博士，給我們留下了一份如此巨大的遺產……

　　建築設計師、工程師、發明家、思想家和詩人，這不是五個人，而只是一個人：他花了大量的時間來探索新思想，他用這樣一些詞來描述自己：「一個完全的、未來思想、科學設計的探險者。」富勒非常相信技術，他說，透過技術人們能夠做他們需要做的一切。

　　富勒於 1983 年在他 87 歲時去世，在他漫長的一生中，他論述了關於技術與人類生存的思想。他稱這種思想為「dymaxion」（意指：最大

限度利用能源的，以最少結構提供最大強度的），這個詞來源於三個單字：「Dynamic」，意思是動力，「Maximum」，意思是最多、最大，還有「ion」，是一個原子或是一個電極中一組原子。

富勒解釋「dymaxion」這個詞，用很少的能量做更多的事情的方法，他所做任何一件事都是按照這種思想的。他設計了一種 dymaxion 車，一棟 dymaxion 房子和一張 dymaxion 世界地圖，但也許他的另一項發明更為著名——測量圓屋頂，這種測量圓屋頂是用許多直型材料製作而成的圓型建築。

談論巴吉明尼斯特・富樂，意味著要用許多陌生的詞彙，這是因為富勒他自己發明了許多詞彙來描述他的思想和設計，他的設計總是走在他所處時代的前面，至今仍是。

更讓今天的人覺得彌足珍貴的是，富勒所有的設計都貫徹著「低碳」理念。他的信仰是「用較少的資源，做更多的事。我們的資源，我們對資源的利用方式，以及我們現有的設計，只能照顧到人類的 44%。然後剩下的 56% 的人註定要早死，而且要經歷貧困的折磨……」解決此一問題的方法是進行一場設計革命，消滅那些華而不實的設計。

巴吉明尼斯特・富樂大部分的發明沒有為他賺來更多的錢，他所賺來的大部分的錢都被用來在世界各地旅行，向大家傳達他那關於生活在這個星球的人類生活的思想，他把這個星球稱為「地球太空船」，他說，人類是地球太空船的太空人，他們以每小時 10 萬公里的速度圍繞著太陽旅行，地球就像一個巨大的機械裝置，這種裝置只有在生活在地球上的人知道如何正確運行地球時，才能使人類倖免於難。他還專門為此寫了一本名為《地球飛船的操作手冊》的著作，告誡人類若要生活在地球上就必須像太空人生活在太空船，他們必須聰明地而且可重複地使用地球

所提供的一切。巴吉明尼斯特‧富樂說：「人類能夠透過有計劃地、聰明地使用自然資源來永遠地滿足人類自己的食和住」。

　　富樂博士是影響 20 世紀人類發展最重要的人之一，無論是在全世界的學術領域裡或是實務領域裡都非常地受到尊重。他於 1983 年去世，在 17 年後的千禧年裡，也就是他 105 歲的冥壽，其一生的故事被改編為舞臺劇，在全美各大重要劇院巡迴上演，場場滿座。劇名便是：「宇宙的歷史與奧秘，人類的先驅——巴吉明尼斯特‧富樂博士」。

　　他更被後世敬授了幾十種榮譽頭銜，諸如工程師、科學家、哲學家、銷售家、實踐者、投資者、先知、詩人等。確實他在許多領域裡都扮演了人類先驅的角色，同時獲頒 48 個榮譽博士學位證書，亦擁有 26 項非常重要的世界專利與發明。

※ 有關富樂博士詳細資料可至 www.bfi.org 查詢，你將會訝異其為人類所做出的偉大貢獻。Money&You 的課程內容是以富樂博士的理論架構於實踐經驗彙聚而成的。

華文 Money & You 講師　郭騰尹
王者歸來

　　林老師是第一位華人的 Money&You 講師，我是第二棒，雖然是同樣的課程，但是就像一道菜，在不同的廚師料理下，會有不同的味道，我的教學主軸基本上來自於林老師，但自己多年下來，一邊教，一邊著墨，也漸漸地有了不同的風貌，有了自己的特色，我相信也是性格使然，林老師比較多的未來性，有更多商業模式上的點醒，而我卻喜歡從生活的發現與感動來詮釋，在我心中，Money&You 是一條覺者之路。

　　既然是覺醒之路，它就允許有許多方式的呈現，藉由講述，分享與遊戲，三天的朝夕相處，每一段都有一個關於人生與商業的主題被強調，而每一個學員的生活經驗互相碰撞，無形中就照亮了自己潛藏的誤區，給了自己勇氣去突破爛草莓的限制，讓自己當個有錢人，做個有情人。

　　從二百多期一直上課到現在五百期，我從一大本的備課教材簡化到不需要任何紙張提醒，就可以連續講 3 天近 40 個小時，我的力量來自於義工的卓越，來自每一個學員家人的分享，許多人的企業找到了利基、競爭優勢，懂得用槓桿原理來「用更少，得更多」，更多的家庭找到了真正的幸福，發現了什麼才是人生最大的財富，什麼才是真正的負責任，而這些美好的歷程，我們覺得應該要被更完整的紀錄，被傳頌，而林老師的這本書，就有著王者歸來之勢。

　　歸來的不只是一本文字的記錄，2015 年下半年，林老師在不教

Money&You 多年之後，又再次走上這實踐家過去 18 年來成長最重要的講台，新舊家人們可以再一次一睹林老師的風采，我相信即使同樣的課，但多年後林老師也一定會成長，大家又會看到料理的大廚在廚藝上又更上一層樓。

除了我與林老師之外，我們還有吳娟瑜老師及 jason 老師，他們都有非常完整的專業訓練，在諮商上更有著超越我與林老師的細膩，我們很高興能不斷地傳承這個課程帶給人們的感動。

在 2015 年，有感於義工對於課室的支持，他們願意花五天時間，完全自費來奉獻服務，我特別組織了一個以義工為核心的組織——「美憶會」，除了能夠將課室裡學會的系統繼續深化之外，也可以成為一個充滿信任的成長團體，如果你也希望能夠加入，我們十分歡迎，未來這些人還可以到各地的三三聚會來分享，

協助整合各地的同學會資源，共同來創造富而快樂的人生。

這本林老師的新著結合著許許多多改變的故事，我希望對所有畢業生而言，這是一個很好的複習，並且告訴你如何學以致用，如果你還不是我們的學員，也請你來瞭解，為何有一個美國課程竟然可以行走 40 年，為何我們可以創下華文五百期的輝煌紀錄，為何全世界這麼多的培訓界大師、暢銷書作家，都來自這個神奇的課堂。即使如此，我們仍然會兢兢業業地播種，等待與您的因緣俱足，再在彼此的心中開花結果。

最後，謝謝林老師的願力，和編輯同仁的不眠不休，以及實踐家各地分公司的尋訪，讓它匯聚了智慧與勇氣，然後邀請您一起與我們攜手同行。

郭騰尹

華文 Money & You 講師　吳娟瑜
有一位一直給 Y 的人

2015 年 8 月 23 日，台北青少年 Money&You 的課室裡，一對兄妹和我一起坐在神仙椅上，分享冥想後的感受。

「妹妹總是激怒我！」哥哥非常不開心小學四年級的妹妹惹他生氣。

當我居中聆聽、協調時，聽出了原來是中學二年級的哥哥，儘管是愛護妹妹、關心妹妹，可是往往不經意冒出了破壞性的話語，首先激怒了妹妹。

例如：當妹妹剛被大人唸了幾句而不高興地上樓進房，結果哥哥的關心就變成了責備：「妳幹嘛這樣？」這時妹妹反嗆：「你管我……」接著你一句、我一句，兩個人就吵起來了。

哥哥此刻坐在神仙椅上，他警覺到自己也有錯，因此決定做一個「負責任」的哥哥，自己不要再「找藉口、責罵人、否認」，他願意下次看到妹妹不開心時，說出口的第一句話是：「有什麼我可以幫得上忙的嗎？」

此時，妹妹也學習給予建設性表達的回答：「我需要自己靜一下，謝謝你！」

在神仙椅前，兩兄妹擁抱言和時，全場同學們還有工作人員都報以熱烈的掌聲。

另一次，是在成人的 Money&You 課室裡，一位事業有成卻一直不

滿意自己的業務顧問，在「積木遊戲」拔除爛草莓的過程中，他淚流滿面地說：「原來老婆說的都是對的，我既不照顧小孩的身心成長，也不和老婆溝通，就算是我賺到了全世界的財富，但是家人沒有快樂的感覺，我還算是幸福的人嗎？」

Money&You 就是這樣一套神奇卻又真實的國際課程，它改變了無數人的命運，也幫助了學員邁向家庭幸福與事業有成，還能像海洋一樣，廣納百川，遼闊心胸，使人打開眼界。

偉賢老師當年因為一位友人的捲款背信，讓他走投無路，接著在萬念俱灰的情況下，他借了錢去馬來西亞上英文版「Money&You」課程。

各位讀者，不要小看這樣一個別人的人生遭遇，其實這都和我們有關，偉賢老師在那次課程中，突然警醒到自己的問題，也發願將這麼好的一套課程分享給華人社會。

非但如此，偉賢老師還接受訓練成為華人世界第一位 Money&You 的認證講師，他改變了自己的命運，也改變許許多多人的人生，讓大家更懂得運用「用更少、得更多」的系統來賺取財富，也明白「富中之富」的人是要「健康，家庭、工作、理財、人脈、學習、休閒、心靈」全方位的平衡發展，還有，我們要如何透過 97% 的不斷修正來規劃一個值得擁有的生命。

更棒的是，偉豎老師在「做中學，學中做」的過程中，不但在台灣創立實踐家知識教育集團，還至中國大陸和星馬等地建立龐大的企業組織。可以說，他是真的在實踐 Money&You 的課程精髓。

這些年來，我忝為 Money&You 的講師之一，深受課程的影響，不但拔除了大大小小的爛草莓，改善了夫妻關係，也懂得除了 You，還要在 Money 這部分加強管理，因為如果一直對 Money 恐懼，又如何成為

財富自由的人呢？

　　還有，在「海上求生」的遊戲中，我看懂原來自己是一個可以有聲音的決策者，後來真的成為里仁書局出版公司的董事長，確實改進了公司現金流系統，也和總經理、總編輯形成「1+1+1>3」的綜合效益成果。

　　跟著偉賢老師成長是一種福氣，因為他總是「超前」地提出經管理念和創新課程，讓我只要隔了一段時間聽他演講，往往能驚喜於自己可以有新的資訊吸收，也發現他的慈善王國更加擴大了。

　　偉賢老師「物以類聚」了非常多的「老」朋友，他們不是年紀「老」，而是相處超過二十年、三十年以上的好朋友，這些友人由於和偉賢老師氣質、性格、精神、理念相近，結果讓偉賢老師的人生夢想得到許許多多落地生根的助力。關於這點，我實在佩服偉賢老師的真誠和遠見，不但實踐了自己的夢想，還讓這些好友在「美夢成真」的王國裡，有志一同地進行慈善的公益事業。

　　我慶幸自己認識了偉賢老師（感激當年郭騰尹老師的引見），也慶幸自己親眼見證偉賢老師如何從「無」到「有」從「有」到「多」，再從「多」，到處給出他的「Y」。

　　值此偉賢老師出書之際，除了獻上我的祝福，也感激偉賢老師絕不吝嗇地給了我人生極為寶貴的「Y」，讓我享受了家庭幸福、財富倍增、助人為樂的人生，謝謝啊！

吳娟瑜

華文 Money & You 講師　Jason

Money&You

認識 Money&You 課程，是在我的生命非常自大與自我的時候。

接受 Money&You 課程，是在我的生命非常關鍵修正的轉捩點。

教授 Money&You 課程，是在我的生命開始感恩與回饋的時刻。

我在 2000 年 3 月 31 到 4 月 2 日，踏入 Money&You 的課室，主講老師是林偉賢老師。當時因為自己在北京和天津做培訓小有成就，我非常自大和自我的走進這個課室，覺得自己就是為了退費而來的，怎知在課程中，自己一而再再而三地被擊倒，當下才發現，帶著我走的不是自己心中的巨人，而是自己恐懼無知的我，執而偽裝成的自大與自我，讓當時的我無法腳踏實地地去面對自己的事業和感情生活。這一場三天的 Money&You 課程狠狠地把我打醒，讓我看到逃避、脆弱且無知的自己，於是，我決定面對自己的人生、自己的企業、自己的感情和自己的家人。我要說：我的人生是因為 Money&You 而撿回來的！

三天課程畢業了，我將公司的每個夥伴都送來上課，同時我也開始為 Money&You 服務，擔任後勤工作人員。在 2002 年，林老師找我去廣西南寧協助支持 Money&You 課程，也就是這個因緣，我認識了卓越的台灣團隊和來自澳大利亞的 Di Butler，也就是當時全球唯一執行華文 Money&You 課程的 PD（Program Director, 課程執行長），也在那個

時間，我被邀請參加 PD 考核，循序漸進，一場接著一場，我成為了第一位華人 PD，當時考核我的是英文 Money&You 講師——澳大利亞的 Dominique 老師。

從 2002 年開始，我就全力支持林老師在世界多個華人地區授課，慢慢的，我被邀請上台分享，因緣如此，我開始參加 Money&You 課程的講師訓練，我就正式踏上講師培訓之路，整個過程是美國總公司主辦，同時接受華文版台灣總公司的要求與磨練。

其中有一段過程我想和大家分享，2007 年底，我在創辦人 Bobbi DePorter 的美國辦公室裡看到了一張珍貴的照片，照片中是兩位課程的創辦人與 Money&You 課程的精神導師—— Dr.Buckminster Fuller 富樂博士，照片裡的主角不看著鏡頭，而是看向遠方的未來，他們看見世界的富足，而我就生活在他們眼中那富足的世界。這讓我眼淚狂流，我當下對自己說，我一定要好好地捍衛課程理念，傳承課程精神，我想實現他們三人所看見的美好未來。於是我全力以赴準備接受考核，關關難過關關過！再次，我積極面對自己的人生，同時持續修正，並接受講師訓練的最終考核！

2008 年 1 月份，我的考核終於通過了！

成為全球第三位合格華文 Money&You 講師，也是唯一雙語的 Money&You 講師（華語和粵語），我心中滿滿的感恩與感激！我經常反思自己何德何能可以站在這個國際舞台上與大家分享我所領悟的 Money&You。

我開始在世界多個華人地區分享 Money&You，我在每一場課程都會準備一本小本子，並邀請每一場的後勤工作人員寫下自己在課程中的體悟、領悟、感覺和想法！我現在已經講了四十多場，也收集了每一場

滿滿的愛與支持，這是我們珍貴的共同回憶，因為我們一起為豐富的生命喝采！我真心感恩大家選擇出現在我的生命中。

我會喜歡 Money&You 是因為 Money&You 不是一個培訓課程，「她」是引領我們實踐生命的富足，同時活得更有價值的生活方式。

如是我聞，一切在舊金山開始。當時 70 年代，在舊金山，Marshall Thurber 和 Bobbi（Money&You 課程共同創辦人）他們擁有一家房地產公司，Hawthorne Stone 從起始資金 2 萬 5 千美元在短短的 3 年內成長到美元 6 千萬。他們企業的知名度節節上升，當時的眾多媒體爭相報導讓很多人想要在他們的企業上班，由於現實問題，他們無法雇用這麼多人，於是他們被要求開課來分享及教導大家他們是如何做到的，這就是 Money&You 課程的開始。Marshall 和他的團隊，進行密集地探討，尋找全球最具權威性的商學院來互相比較，其中包括哈佛、史丹佛大學。他們努力探討有什麼是其他權威性商學院沒有在課程中教育學生的課題，然後整理成為美國企業家商學院課程（BSE），而 Money&You 就是這整個課程的前三天。

課程給我的感動非常多，我知道這個課程已經超越純粹在理論上的探討，她更加集合了許多執行的魅力，讓我們真的：「唯有採取行動才能創造結果。」這真理總是在我們的課室裡得到驗證。我更清楚知道 Money&You 不僅僅是學習，更是要付諸行動去執行與實踐，所以我帶母親來上 Money&You，讓我和我的家人可以體驗「修正的魅力、行動的威力、真愛的潛力、富足的權利」。

我每次都將 Money&You 課程的核心當成是我人生非常重要的座右銘，如今可以在 40 歲退休離開我的職場界，全心全意地去成為一位「為教育為人類」的志業工作者，都是因為這一句話：「The Key to making money is directly proportional to one's ability to generate and maintain good relationships - both with oneself and with others. 」意思是我們擁有的財富與我們擁有的人際關係成正比。我們要學會如何為自己及他人創造價值，同時維持良好的人際關係！所以我現在時時確保自己與自己、同時與他人的關係可以能夠完善，讓自己的生命中沒有遺憾！記得：道歉要誠懇、擁抱要用力、道別要完整、愛你要大聲！讓我們一起攜手邁向富足的人生！

　　最後，我要對 Money&You 說……

　　謝謝妳，讓我在教授課程時可以時刻地警惕自己！

　　謝謝妳，讓我一直不斷地要求自己可以做地更好！

　　謝謝妳，讓我可以擁有富足的義務去付出和給予！

　　是妳，讓我學會負責任。

　　是妳，讓我不再有遺憾！

　　是妳，讓我能夠知富足！

　　兩年前，我 40 歲，退休了，

　　一直到今天我仍然講 Money&You 課程。

　　因為 Money&You 課程讓我可以為大家提供服務！

　　我今天的富足人生是因為 Money&You 給我的指引，聽話照做，就這麼簡單。

　　所以我也希望透過教授和分享 Money&You 可以給你指引，只要你聽話照做，你也一定會成功且富足！

　　我愛大家！

Jason

/ 作者序 /

從匱乏的人生到豐富的海洋

　　1998 年，在一無所有的人生最低谷，我的新加坡友人 Richard Tan 推薦我到吉隆坡去學習美國創辦於 1978 年的英文版 Money&You，從此，改變了我的人生！也開啟了後來實踐家教育集團創辦全球華文 M&Y 的大門！實踐 M&Y 課程精髓的成果，也造就了實踐家今天百分百控股或股權投資合計超過一百二十家公司的集團規模！

　　1999 年，同樣在吉隆坡，我主講了全球第一期的華文 M&Y，秉持著課程所學的愛、信任、喜樂、勇氣、廉正的精神，我們在 2015 年的年尾，迎來了第五百期的 M&Y！每期課程三天三夜，一共一千五百個感動人心的日夜，是在一梯次又一梯次的 M&Y 黑珍珠義工全力以赴地奉獻與堅持陪伴下，走到了今天美好幸福的豐收季節！

　　更是在郭騰尹老師、JASON 老師與吳娟瑜老師等三位超級卓越 M&Y 導師的引領之下，重新開啟了一個又一個 M&Y 家人富中之富的卓越人生！三位老師的風格各異，但是堅守 M&Y 核心精神的執著是完全相同的，也因此而豐富了 M&Y 的傳承價值！

　　1999 年，在 M&Y 共同創辦人 DC Codorva 女士的授權之下，我們成為了全球華文 M&Y 與華文 BSE（美國 BSE 企業家商學院）的唯一合作夥伴，經過 16 年堅持不懈的努力，M&Y 已經成為華人教育培訓界

的一個標竿！而在 SuperCamp 超人營創辦人 Bobbi Deporter 女士（同時也是 M&Y 創辦人）的授權之下，我們也把超人營帶進了華人世界，支持更多的孩子們從優秀邁向卓越！

　　所有的一切，好像都才開始於昨天，如今華文 M&Y 已經影響了超過八萬人的生命歷程！M&Y 不僅是一個可以全球免費複習的國際課程，更是一套可落地實踐的生活方式！只要您願意按照 M&Y 所教導的歷久不衰的原則去從事商業與經營人生，您一定可以走在 M&Y 的富中之富人生正道上！

　　在 M&Y 的課堂上有三百個以上修正財富與人生的重要方法，每一個寫在課堂海報上的方法，都像一把打開人生新天地的鑰匙，在本書中我們收錄了其中五十四張海報的內容，從十八個不同的面向，協助您走向改變人生的幸福道路！

　　要瞭解 M&Y 對我的影響，可以從以下這條我發布於 2015 年 3 月 14 日的微信來感受：

　　設定一個目標，需要多久的時間來達成？可能在一念之間，也可能要一輩子，我呢，用了 29 年！

　　1986 年，大學四年級，我因為自己過度參與社會公益志願服務工作，完全沒有用心在學業上，導致——成績太差而被退學！望著到校跪求師長網開一面不得而傷心欲絕離開母校的父母背影，我暗自許下承諾，有朝一日必定要有所成就返校接受公開表揚，以榮耀父母！

　　衷心感恩母校師長給予的破格肯定，今天上午，母校東吳大學

一百一十五周年校慶，我有幸獲頒第四屆傑出校友，淳樸依舊的父母和兒子以及台北公司同事，陪伴我返校領獎，共享榮耀，歷經了29年，我終於做到了！

只要目標在，路，永遠不會消失！27年前，因為妹妹離開人間而立下要捐建基金會的誓言，今天，我們在兩岸三地已經成立了實踐家和播種者等三個基金會！17年前，因為一次創業歷程的挑戰，有了到今天集團共一百零六家控股或投資參與的公司！

16年前，我們決定帶給更多人富中之富的人生而開辦華文Money&You，至今已經466期，並且在今年起恢復全球三三聚會，重新找回M&Y的生活方式和精神！15年前，我們勇敢開辦了美國BSE企業家商學院的中文版，推昇了高端商業培訓的風潮！

11年前，因為天橋上一個改變我生命貴人的背影，讓我真正落地了富中之富的意義並找到了為之持續付出的終極目標！4年前，我們開始未來菁英領袖的遊學之旅，2年前，我們確定了實踐菁英0到22加2的全人教育，至今仍然在奮鬥的路上！

7年前，我們創辦了第一所為創業者提供培訓的實踐家商業培訓學院，今年，政策趨勢因緣俱全，我們得以成功推出DBS創業學院，長征之路，才剛開始！

不管路有多遠多艱難，一但設定了目標，我從未放棄！我知道，今天之前設定的目標必定都會達成，因為我的字典裡找不到放棄！

此刻，領過傑出校友的6個小時後，我已經在新加坡落地，馬上

和中國最有情懷的菁英設計師賈偉老師一起講課；明天在馬來西亞吉隆坡，還有 2014 年京東眾籌榜首三個爸爸的戴賽鷹老師一起加入分享；後天在砂勞越的詩巫，將展開我創業以來最關鍵的一場商業會議，同日晚上在沙巴的 KK 還有一場演講！

　　目標，就是這樣一步一個腳印的完成的，得獎，只是每個階段的小漣漪，台上一分鐘的喜悅，足矣！堅持不懈的努力，才是硬道理！目標，是實踐出來的！感恩！加油！

　　以上對我人生帶來的巨大改變，都離不開 M&Y 課堂上三百把鑰匙的影響；至於，每個改變是來源於哪一把鑰匙的啟發，就請各位自己去用心發現；M&Y 生命探索之旅，現在正式歡迎各位加入！感恩！加油！

　　　　　　　　　　　　　　　　　　　　林偉賢

 Chapter 01 改變管理學～
使生命品質獲得整體提升

價值創造學～
從提高自我價值開始共贏

心靈圖像思考法～
東方曼陀羅與西方 Mind Mapping

掌握競爭優勢～
尋找你的「利基點」與「不可取代性」

相互作用的力量～
釐清真正的目的與順好勢而為

CONTENTS 目錄

Chapter 06

DISC 性格特質分析～
有效溝通來自於理解自己與他人特質

Chapter 07

理財致富學～
理解複利的力量與正確的所得分配

CONTENTS 目錄

Chapter 12 企業知識系統的建立～
從紀錄過去的經驗與學習開始

Chapter 13 金錢遊戲規則～
面對沮喪與擺脫貪快錢的心理

CONTENTS 目錄

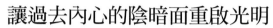

CONTENTS 目錄

有「捨」，就有「得」，
每一個人都可以藉由這個過程，
展開汰換自己、更新自己的一個歷程。
現在就從「改變」開始，
「改變」可以幫助你獲得豐富的知識，
幫助你堅定信念、突破自我，
以新的思維與行動去創造夢想中的未來。

全球頂尖商業暨成長課程

MONEY&YOU®

Chapter 01

改變管理學

使生命品質獲得整體提升

1. 使你無法改變的四大病灶
2. 一切的改變，就從我開始
3. 負責任的程度越高，事情的結果越好

見證故事：台灣兩性關係權威——陳艾妮

改變管理學：
使生命品質獲得整體提升

改變是一件有意思的事情，每個人都知道世界上唯一不變的事情，就是「變」，所以「變」是最重要、也是最基本的核心道理。

那麼，「改變」可以管理嗎？當然可以。因為時間可以管理，金錢可以管理，資產可以管理，一切的東西都可以管理，那麼「改變」又有什麼理由不能管理呢？「改變」當然可以管理，關鍵在於每一個人要去瞭解需要改變的原因是什麼？以及不願意改變的理由又是什麼？

如果你願意去找出自己想要改變的根本原因、可以有效改變的方法，那麼你就可以在改變的道路上邁開步伐。因為現今的時代變化得太快速，特別是華人地區，在十年前、二十年前、甚至三十年前，我們無法想像整個中國今天的進步，以及現在在世界上所占的位子，更無法想像現今中國對全世界經濟的廣大影響。

中國正處在一個快速改變的過程當中，而要讓整個中國從對內封閉的一個國家逐漸成為當前領導世界的國家，關鍵其實在於中國的領導人願意面對改變、中國的社會願意面對改變、中國的平民老百姓也願意改變，這絕對是屬於每個人共同改變的一個結果。而另一個相對的國家是

北韓，其實北韓很多事情仍然採用過去的做法，他們在制度、做法上並不願意改變，所以北韓至今還是留在原地，所以，「改變」絕對是最重要的一個事情。

　　舉例來說，臺灣曾經非常優秀，全世界曾經都對「臺灣製造」的印象非常好，所以我們能夠很驕傲地向全世界說：「MIT」（Made In Taiwan）。但是很可惜，當我們落入「臺灣製造」品牌的迷失中時，我們的宏碁電腦（Acer Incorporated）曾是全球前四大的電腦廠牌，我們的hTC手機（HTC Corporation）也曾是世界上受到歡迎與肯定的手機，hTC的前身是多普達（dopod），甚至曾是全球排名前幾名、最早輸出智慧型手機的公司，可是現今hTC的股價已經從一千多元降到了一百元以下；而宏碁電腦則開始啟動組織內部的再造，以硬體來說，宏碁電腦的占有率已經越來越下降了，為什麼呢？因為「平板電腦」越來越多樣化，儼然已取代與改變了今天電腦的地位。

　　因此，宏碁電腦開始了雲端的大數據庫、資料庫，他們轉向電子化服務與「自建雲」雲端服務，並邁向軟體、硬體與服務的整合型企業而努力。例如，歌手江蕙的告別歌壇演唱會因寬宏售票系統狀況百出招致眾多民怨之後，宏碁的榮譽董事施振榮先生便宣布由宏碁接下九萬張加場票券的售票作業。此次售票作業由宏碁電子化服務（Acer e-Enabling Data Center，簡稱Acer eDC）與宏碁雲票務、電子付款交易平臺等合作協辦，同時，宏碁也明說此舉是宏碁轉型雲端服務的「里程碑」。

　　我們可以看到宏碁開始轉向票務的處理，因為購票瞬間會湧進大量訂購者，所以需要更好的數據庫來處理。很明顯地，宏碁其實在改變。

一個企業如果不改變，就一定會被消滅，這是必然的現象。

　　所以，「改變」已經是任何人都無法避免的，並且是一定得去勇敢面對的方向。改變是重要、也是必然的，只要每個人都願意改變。例如，我第一次創業的時候，當時不明白什麼遊戲規則，也沒有弄懂經營企業最基本的道理，所以我在創業的過程中遭遇到失敗；當時，我沒有弄懂白紙黑字應該怎麼明確地處理、企業發展的基本模式應該怎麼有效地運營，除了不瞭解，也沒有做好準備，因此嚐到失敗的苦果。我整理了過去這些失敗的經驗，找到深藏其中的道理，如今才有機會成為今天的我。

　　例如，以前的我不愛讀書，大學的時候更是沒有專心在課業上，一直到自己被學校退學了，才開始明白讀書與學習的重要性，這也是我自學校的失敗中所獲得的一個價值。

　　當我真的開始發憤圖強，願意認真並努力地去學習、去改變的時候，我才有機會從「Money&You」裡學到東西，然後一步一步地成長為今天的企業。我從原來失敗的企業，到今天我們擁有三十五家100%控股的公司、八十三家向外投資的公司，這些其實都是「改變」所帶來的好結果。

　　每個人都會害怕改變，害怕的原因是因為我們始終躲在自己的舒適圈（comfort zone）裡，待在自己的舒適圈裡永遠是最舒服的狀態，你會想：「我這樣做事最輕鬆」、「我不需要再動腦」。如果我們一直有這樣的認知，我們就一定不會、也不需要去改變了。

　　例如，我認為現在年輕人的「大麻煩」，就是「小確幸」（出自村

上春樹著作，意指「微小而確切的幸福」）。他們可能會想：「我只要有小小的幸福就好了，下班之後我可以買杯奶茶、買份雞排，然後就躺在家裡看電視，或是追一檔最新的韓劇……」這樣的心態就不會願意去做出任何改變。

改變是有方向的、改變是有方法的，只要你願意開始踏上改變的旅程，那麼你就會發現這些新的人生、新的世界是多麼地不一樣。當然，你要改變，一定得割捨一些原本的東西，你若不願割捨過去，就不可能再往前邁進。

建設人生的過程可以說是一個「取與捨」的過程，因為世界上的事物都是成對地存在，正如「善與惡」、「美與醜」、「得與失」一樣，在人性中共存著優點與缺點。而人生的管理不僅是要控制我們天性中的缺點、弱點，去除我們在成長過程中接受的一些負面事物，還要放棄那些曾經有益、有用，但現在已經落伍於時代的觀念和行為，再盡力從外界吸取新的、有價值的養分注入自身，讓生命不斷地得到更新，只有這樣，才能使人生持續進步、永遠向上。

Money＆You是指導人們如何去管理事業經營與自我人生的課程，也是一門關於改變的科學。它教會人們如何有意識地改變自我，進而改變周圍的環境、改變世界。當你從自我出發開始改變的時候，你的整個人生都會產生巨大的變化：改變管理時間的方式，你的工作會更有效率、生活會更輕鬆；改變對金錢的認識和管理方法，你的財富會大量增加；改變人際交往中的錯誤態度和做法，你的人脈將得到更好的穩固和拓展……改變，使我們的生命品質獲得了整體的提升。

　　「快速改變」的人將成為人群中的領導者,他們是最快適應的人,也是最快打破舒適圈的人,他們將領導周圍的人改造這個社會;「緩慢改變」的人不會成為領導者,他們會成為跟隨者,在生活中占有自己的一席之地,但他們將與卓越和巨大的成功無緣;「從不改變」的人,最後必將被快速改變的社會所淹沒。大家都熟悉一個說法:那就是現今不是一個「大魚吃小魚」的年代,而是「快魚吃慢魚」的時代。面對世界的快速前進,每個人都需要隨時調整自己的步伐,跟上時代的腳步。但如果把一切的責任都推卸在別人的身上,我們是無法進步的,所以,要讓自己得到提升,就要主動擔負起改變生命的最大責任。

　　有「捨」,就有「得」,每一個人都可以藉由這個過程,展開汰換自己、更新自己的一個歷程。現在就從「改變」開始,「改變」可以幫助你獲得豐富的知識,幫助你堅定信念、突破自我,以新的思維與行動去創造夢想中的未來。

① 使你無法改變的四大病灶

此節將說明使你無法改變的病灶有四個，第一個是「理所當然」，第二個是「習以為常」，第三個是「麻木不仁」，第四個是「約定俗成」，這些就是造成一般人無法改變的根本原因。

第一個病灶是「理所當然」。

一般人通常會這麼想：「對啊，這些事情就應該這樣做啊！」、「我沒錢了，就應該找父母親拿啊！」、「創業失敗，就是那個某某人的錯啊！」對任何一件事都覺得理所當然那樣去做，一旦你認為理所當然的時候，你就不會再進步、不可能再改變。

在牛頓發現萬有引力以前，大概沒有人會注意到「蘋果掉下來」這件事，即便是被蘋果砸到頭，你可能都會想：「砸到頭，就砸到頭，自認倒楣」。每個人都認為「蘋果掉下來」這件事情非常理所當然，只有牛頓認真、努力地去追根究柢，所以他最後才發現：「哦！原來那是萬有引力」。所以我說，如果你認為周遭的每一件事都是理所當然，你就

不會再進步。

　　例如，現在臺灣的年輕人有一點可惜，只要事情做不好，就會在網路上謾罵，他們認為一切都是別人的錯，而自己這樣做也是理所當然。我並不是說網軍（或者寫作「婉君」）不對、不好，我認為提供正確的聲音是好的，但是有很多的網軍，有時候他們並不是思考自己應該要怎麼改變，而是只要是別人成功，就會認為自己的失敗是因為他人的成功所招致的，自己會失敗，都是因為別人成功了，其實我們不該有太多「理所當然」的想法。當你將對一切的認知都以「理所當然」去理解時候，你就不可能再有進步的機會，所以，使人無法改變的第一個病灶我稱之為「理所當然」的心態。

　　第二個病灶是「習以為常」。

　　很多人每天早上起來之後，一天的生活就是刷牙、洗臉、上班、下班、回家、看電視、睡覺，這些他已經習以為常，他會覺得「這就是我」，我們每個人都應該這樣子。上班時，他也習以為常，這些工作以前是這樣做，我也跟著這樣子做就好了，所以不會有任何創新的舉動出現。

　　我的第一份工作是在金車教育基金會，當時我發現這個基金會很好，他們主要在做兩大業務，一是頒發獎學金，二是舉辦夏令營和冬令營。後來我認為除了這些之外，還可以發展更多可能性，所以我向執行長報告、向董事長報告，結果，他們非常支持我，他們讓我去嘗試一些原本沒做過的事，也因為如此，那時候我們和臺灣世界展望會合作，創辦了「飢餓三十、援助非洲」的公益活動。之後接著創辦慈濟基金會第

一個大型對外的公益活動──「預約人間淨土」。這些都是在習慣的常態之外做的事，反而因為這樣，也給當時的金車教育基金會帶來了新的可能、新的發展和新的方向。

我們從事教育培訓工作，一般會認為教育培訓的主力應該是成人的教育培訓，但是實踐家做了很大突破，開辦「實踐菁英」青少年培訓。原本我們已經被授權美國的Money & You成人班，後來發現孩子們也很需要這樣的學習資源，於是和美國的授權單位討論，創辦了青少年的Money & You。在沒有青少年Money & You之前，孩子們得和大人們一起上課，可是有了青少年的Money & You之後，孩子們就有了自己的學習天地。

你要放棄「習以為常」，因為習以為常就是將事情當成常態，既然是常態，就不會有進步的可能，我常開玩笑地說：「你要變態、而不是常態」。「變態」的「變」當然是改變態度的意思，當你真的去改變常態，你就會發現新的可能，你沒有改變常態，就一輩子不會找到新的可能。

第三個病灶是「麻木不仁」。我會說這個「仁」是「兩個人」，一個是「Money」、一個是「You」。

有時候我們對「Money」（金錢）已經麻木不仁了，有時候對「You」（人）也已經麻木不仁了。對金錢的態度是「無所謂啊！一個月就賺這麼多錢，這樣就好了，夠用就好。」因此你不會更積極地去賺更多的錢。或者有人是：「反正已經欠錢了，沒辦法，還不起啊，只能賴著吧。」因此麻木不仁也是我們無法進步的一個病灶。

有時候對人的態度也是一樣：「反正就這麼多年了，無所謂了。」我們可能對父母親的恩情麻木不仁、對另一半對你所付出的感情麻木不仁，對老闆為你做的事情麻木不仁，當然很多的老闆也會認為員工所做的一切都是應該的，對於對方的任何付出、任何做法都已經麻木不仁，不認為有什麼特別了不起的地方，這就是一般人的通病。

又如，「別人有再多的好東西，都和我無關。」我經常覺得這種心態很可惜，當我們看到別人的進步，自己卻會麻木不仁，想著：「關我什麼事」、「世界與我無關」。麻木不仁可以是對環境、可以是對世界、可以是對身邊的資源，你我都可能會產生這種麻木不仁的情況。當你對周遭的一切麻木不仁，你的腳步就會停留在這裡，不會再進步。

第四個病灶是「約定俗成」。

例如，華人社會普遍都有「男生就應該做這個、女生就應該做那個」的刻板印象，但是如果我們永遠都這樣想，就不可能出現那麼多傑出的女性企業家，因為她們永遠都得在家顧小孩。也不可能會有那麼多傑出的女性政治領袖出現，甚至台灣還有機會出現女性領導人。

這些都是一種過程，我們不要去約定俗成，如果你約定俗成了，任何事情都只會有傳統的樣子，沒有改變的可能。

再一次強調，「理所當然」、「習以為常」、「麻木不仁」與「約定俗成」，這些就是造成你無法改變的四大病灶。只有你對任何事物開始認為「理所不當然」、「習以不為常」、「麻木不為仁」、「約定不俗成」的時候，你才有可能一步一步地去走出更好的未來。

② 一切的改變，就從我開始

如果事情要改變，我就必須改變！

毫無疑問地，我們最常做的事情就是——將一切事物怪罪於環境不好、國家不好、社會不好、外面的條件不好，但是其實這些想法都是一種藉口。如果你想要事情被改變，那麼第一個重點一定得放在「我自己必須要改變」。

人生會有許多缺憾，也會不斷地遭遇到挫折，其中有很多因素是我們無法選擇或決定的，例如每

個人都會有不同的家庭背景、外貌、智商、性格、身體狀況等等。從這層意義上來說，「生活」在許多方面的確是不公平的，但這並不意味著我們就應該被動地全盤接受。它雖然沒有為我們提供一個絕對公平的環境，但卻賦予每個人創造屬於自己的成功力量，那就是改變的力量。

我曾經在念大學時被退學，其實，得知被退學的時候我真的很沮喪。在當時，我幾乎是學校裡的明星學生，舉辦了大大小小各種活動，在社團活動的領域裡，大概沒有一個人不認識我。我跟夥伴們常常帶著

隊伍出去，為學校爭取了不計其數的榮譽，因此我有一種「錯覺」是：自己好像很優秀、很棒，可是問題是，我沒有弄懂自己是將所有的專注力放在課外活動上，沒有專注在成績的提升，所以，退學是必然的事情。

當我真正面對被退學的那一刻，我才認真地去思考：「哇，這個結果已經來了，我做再多的事情，其實都不應該忘記自己仍是學生的本分。如果我不改變，我這一生就註定是這樣的結果。」

這件事情對我一生的影響與啟發非常地大，在這個過程當中我學會了什麼？從「被退學」這件事情上，我學到「專心」原來非常、非常地重要，「學習」原來非常、非常地重要，我如果要改變，首先我必須要「更專心」，我不能像以前一樣，什麼社團活動都參與。我改變了，我要專注、要能認真、努力地將事情做好，被退學就是讓我改變的一個核心關鍵。

又如，我以前完全沒有理財的觀念，從小到大我所受到的教育就是告訴我：「千萬不要欠銀行錢」，如果不要欠銀行錢，就代表你不可以和銀行貸款，如果你不和銀行貸款，就代表了你買房子都要付全款，但這其實是一個不完全正確的概念。

實踐家很幸運，我們在海內外光是辦公大樓，應該就有超過二十處以上是自己購買的，從新加坡到馬來西亞、臺灣、大陸的各省份，所有重要的地方，我們擁有很多的房地產，然而這些如果不是因為我當初一個觀念上的改變，就不可能有現在這樣的結果。

過去，我們總認為只要認真努力地把學生教好就好了，我們只負責

做一個教育者的決策。但是後來發現這樣子不對，你可以教他，但是如果他還有需要幫忙的地方呢？如果你可以和他更緊密地連結在一起，你就可以幫助他達成更多的目標。因此我們現在才會有「投資」的部分，這就等於我們教育學生、同時也投資學生，透過投資學生的過程裡，跟著他一起在市場上呼吸、跟著他一起在市場上打拚，彼此一起創造出更大的價值。

因此實踐家才會從一個單純做教育培訓的公司，逐步成為一個中型的天使投資機構（或風險投資機構）。我們有天使投資，也有風險投資學生已經有的項目，才成就現在實踐家的版圖。

當多數人在做成人教育培訓的時候，我發現孩子們的市場也非常重要，所以在成人部分除了教育，我們還協助投資他們，使大家成為一個命運共同體。另外，我們把單純培訓的部分移到孩子們身上，這使得實踐家打造出今日的「實踐菁英」，一個大型的全人教育合作平台，裡面涵蓋了零歲至二十四歲，從剛出生的坐月子中心，到學前教育，到幼兒園、小學、國中、高中、大學，孩子成長的過程當中，我們建構涵蓋所有校外教育內容的素質教育領域。

實踐家始終有個特色，那就是──我們通常走在改變的前端，所以我們比多數人更有機會去掌握住一些還未被察覺的資源與資訊。

例如，中國大陸現在進行的「一帶一路，互聯互通」政策，指的是要往外走，像是從中國經過中亞，到達歐洲，從南方經過東盟麻六甲海峽，到達非洲。這「一帶一路，互聯互通」的過程其實是老早就設定好的布局。因此，我今天能成為馬來西亞首相署的首席戰略顧問，是因

為實踐家在馬來西亞已經做了十幾年的布局，我們最早進入馬來西亞是一九九四年，在當時還沒有成立「實踐家」這個公司之前，我個人就持續布局在馬來西亞。

十七年前，「實踐家」成立之後，我們更是將馬來西亞、新加坡、汶萊、印尼這幾個主要的國家當成一個主力發展的方向。正因我們的政策走在趨勢的前端，所以我們現在就比一般人在「一帶一路，互聯互通」的資源上做得更深、更廣。也因此，我們可以去創造出更多的價值、把握更多的可能性。

所以，如果要改變思想，第一句話還是「我必須改變！」只有你自己改變，才會有好的改變結果。

生命中的磨難對我們的意義不是消極地接受它，而是要我們去改變它。如果將人生比喻成打牌，有些人會拿到一手好牌，有些人會拿到一手壞牌，對此我們的確無能為力，但我們可以做到的是：盡可能將手裡的牌打得精彩！人生的牌局最後會獲得什麼樣的結果，完全看我們自己能做出什麼樣的努力。

3 負責任的程度越高，事情的結果越好

你可以看到卡片上的「負責任」以下是一條線，寫著「找藉口」、「責罵人」和「否認」。我如果問你：請問你要活在線以上？還是要活在線以下？你的答案會是什麼呢？

其實你知道一個人為什麼要改變？！通常多是因為他對現階段的狀態不滿意、不想接受，也就是他認為所獲得的結果不好！只是我們要明白，不論有什麼樣的結果，都要回頭去看原由。會有這樣的結

果，往前回想，是因為你之前有過這樣的行為；再往前回想，會有這樣的行為，是因為你展現出那樣的態度；再往前回想，是因為你腦海裡有那樣的想法，所以才會展現出那樣的態度。所以，我們才會說：「想法影響了態度，態度影響了行為，而行為帶來了結果。」

只有當出現一個不好的結果的時候，你才會想要去改變。但是問題在於：當那個不好的結果出現的時候，一般人會有的是「線以下」的反

應，而真正會進步的人會有的則是「線以上」的反應。

假設，我對這個結果不滿意，通常第一件事會做什麼？「找藉口」。

「為什麼考試成績不好？」、「沒辦法，太難了啊！」

「為什麼最近早上遲到？」、「沒辦法，交通堵塞啊！」

「為什麼應該交的報告沒交？」、「沒辦法，昨天停電啊！」

人們永遠會去做三個字，叫做：「找藉口」。當你遇到任何一件事情的結果不如人意就開始找藉口，你就不可能改變，因為這樣等於你把自己交給藉口。

找藉口是一個非常不明智的做法，人們之所以會在面對錯誤或不滿意的狀況時為自己找藉口，是因為他們無法真正地面對事實、面對自己生活中的失誤或失敗。所以，找藉口是一種標準的弱者表現，是在不敢面對的現實前所採取的一種自欺欺人的逃避方法。

我對結果不滿意，會做的第二件事則是「責罵人」，有些人不僅找藉口，他甚至還責罵人，他從來不會想到是自己要負最大的責任。

例如，他每個月領的薪水很少，自己的所得很低，這樣的人卻不會去思考：一、是不是我的專業能力沒有提升？二、是不是我能力上沒有再進步？他不會反省自己，反而是怪「政府沒有給我輔助」、「因為老闆苛刻我」等等，他的所有思考都是在責罵人，從來就沒有想過要自己負責任。他永遠覺得只要別人成功，自己就會失敗，因為自己的失敗都是別人的成功來扼殺他的。

但是你仔細思考，這種想法對你有好處嗎？沒錯，沒有任何好處！

他們在責罵別人的時候其實是想保護自己，但是這種保護自己的方法，實質上卻是在推卸和逃避自己應該承擔的責任。這種推卸和逃避的處事模式與找藉口一樣，會使我們失去改正錯誤的機會，讓事物的發展偏離了正確的方向，自己的人生也偏離了成功軌道。

我對結果不滿意時，會做的第三件事是「否認」，「否認」是人們從小到大的「本領」之一，回想一下小時候，只要家裡有一件東西被打破，你是不是第一句話就先說：「不是我！」甚至有人在電梯裡放個屁，大家都會主動表示：「不是我。」

每個人都屬於一個團隊所組成的社會，當某些事情有了不好的結果時，卻都假裝和自己無關，這種想法是非常不好的，因為這樣就不會去思考自己應該如何去承擔，而是先否認。任何事情沒做好、沒做對就先否認，總是將它推得一乾二淨。

這種愛面子的反應看上去是維護了自尊，然而實際上卻是「自卑」、「自欺」，最後導致的結果必然是「自誤」。虛榮、愛面子、拼命掩飾弱點，都是內心軟弱的表現，也是許多時候人們明知故犯的錯誤。

只有人們願意去面對真實的自己、面對每個結果以及自己應該承擔的地方，才有辦法有更大的進步，否則，人們是不可能改變的。因為都否認了，怎麼會想改變呢？我以前也曾經這樣子，經營事業失敗的時候，我也找了很多藉口安慰自己，甚至一直責怪與我合作的人，全推是他的錯，否認自己有不好的地方，認為自己任何事都做得很好，但是後來終於發現，自己才是要為結果負責任的人。

　　當你不願意去負起責任的時候，即便你往你的目標走，也不可能走得更遠，只有「負責任」三個字才是你面對一個不想要的結果時應該要有的基本態度，這才是「線以上」的正確反應。

　　所以，在政治上也好、經濟上也好，誰都不希望看到一件壞事情發生的時候，每個人都在找藉口、都在否認。只有誰願意勇於承擔，誰就越能夠把事情扛起來，誰願意把事情扛起來，大家就越是看在眼裡。當你沒有辦法把事情扛起來，不願意負責任的時候，其實經過了這件事，別人就已經把你看破、看扁了！

　　其實，有時候責任並不在你身上，可是你願意主動去承擔、願意主動去幫助更多人，你就會越成功，因為有更多的人會看在眼裡，想著：「哇，這個不是他分內的事，他都願意來承擔，很了不起！」越是這樣的人會贏得越多人的尊敬、贏得更多人的認同，這是毫無疑問的。

　　我從瞭解、學會自己負責任之後，事業也有了更大的進步。過去當顧客提出任何的要求或建議，我們總會說：「那是不合理的要求」，甚至說：「顧客是錯的」，可是一旦你用負責任的角度來看的時候，你會發現其實顧客並不是真的要你帶來巨額的賠償，其實他若能看到你願意負責任的那一刻，他的氣也就消掉一半了。負責任可以讓我們避免花不必要的時間去發怒、責備、埋怨，也只有這樣才能看清楚責任，讓事情得到真正的改善。

　　記住，遇到任何事情不要找藉口、不要責罵人、不要否認，你得勇敢地負責任，因為當你負責任的程度越高時，事情的結果就會越好。

除了這些，Money&You 還可以教你……

第一單元：改變管理學

👍 加速學習的六大改變

👍 無法改變的三大關鍵

👍 卓越成果的十二指南

👍 一〇九〇的學習法則

👍 掌握趨勢的時空軸線

👍 激發勇氣的三大步驟

👍 事業與家庭成功的三大規範

👍 從想法到結果的四大程序

👍 創造資產的首要關鍵與累積負債的三大要件

👍 透過問話發現差異激發力量

我的幸福工程課題

相識卻不相知，這樣容易錯過老師，這是最近的一個新體驗。

認識林偉賢多年，多次與他同台擔綱大型講座的講師，在心目中我和他是齊頭並進的同行。

直到參與了耳聞多年卻一直認為它與我的關心主題相差甚遠的「Money & You」課程，我才明白，其實我一直並不認識偉賢。如此貼近的學習對象因此錯過，甚是可惜。同時也才明白，他的教育機構為何命名為「實踐家」；以及同樣身為講師，為何他能快速累積經驗、人脈，組織而形成一個累積財富之系統的原因。

原來偉賢就是一個內外統一，把挫折壓力拋在腦後，追求成功的實踐者。而這個實踐精神的能量有很大的部分是來自巴吉明尼斯特・富勒博士的課程「Money & You」。在這三天兩夜的課程裡，學員透過一些奇怪、納悶、疲倦，但有趣、刺激、興奮的設計，領悟了人生中的權力、自由、義務與責任，並非是你爭我奪的財富、權力或是非，而是選擇夢想、原諒與接受的幸福任務。

原來我的幸福工程課題和「Money & You」關懷的是同樣的課題！原來，偉賢一直和我在相同的跑道上努力。眼看他由一年三期到一年四十期，也已累積近五百期，學員人數超過三萬多名的開課成績，很明

顯的,他實踐了課程中主張的:

一、選擇的權力:成功、富裕、幸福等等。

二、夢想的自由:成為最大的培訓機構。

三、原諒的義務:放下曾有的挫折傷害。

四、接受的責任:主導課程的推廣、版圖的擴大、開發Buiness & You等更多更好的學習廣場……。

慶幸自己即時重新認識林偉賢,除了為自己多找到一個老師外,更高興的是讓寶貝女兒也及時在十三歲時上了青少年「Money & You」,看到她內化的變化,我真的同意了這是一個一生至少要上一次的有趣課程。

我和女兒都成為「Money & You」的大家族一員,我們將一起繼續努力學習。我和偉賢都是站在台上的為人師者,正因為如此,我們就該更努力學習,因為停止成長的老師他的學生可就可憐啦!而真相是,一個真正的好老師,必須同時也是個謙虛有恆的好學生。

林偉賢和陳艾妮是互稱老師的朋友,我們都樂在亦師亦友的權力、自由、義務與責任中,讓我們彼此激勵成長、共勉同樂吧!

台灣兩性關係權威　陳艾妮

更多見證影片,請看……

如果你有一顆蘋果，

我和你交換，

我們兩個人只是各有一顆蘋果。

但是，如果你有一個思想，

我有一個思想，

我們彼此交換，

我們兩個人就擁有了兩種思想，

就擁有能創造更大格局的思想。

全球頂尖商業暨成長課程

MONEY&YOU®

Chapter 02

價值創造學

從提高自我價值開始共贏

1 導致事業失敗的三個病灶

2 「信任人」與「被信任」是你的最大資產

3 使你合作共贏的三大關鍵

見證故事：曼都國際股份有限公司董事長——賴孝義

Chapter 02

價值創造學：
從提高自我價值開始共贏

每個人存在於這個社會，都有自己的價值，每一個產品、每一個服務，也都有它存在的價值。有時候我們會說：「哇！那個東西價格太貴！」但是其實不是如此，問題在於它的價值被塑造得不夠好。

例如，同樣是一塊牛排，如果你將它擺在台塑的王品店面裡，是一客賣一千多元，但是如果你將它擺在夜市的路邊攤裡，應該就是一客賣一百多元。我們拿這兩種牛排來比較，夜市的牛排並不一定真的就比王品牛排來得不好吃，只是王品牛排善用了許多邊際效益來創造牛排更大的價值。

舉例來說，你一想到王品，就會覺得那是一個服務很好的地方，是一個很貼切瞭解客戶需求的地方，那麼這些就是王品真正塑造出來的價值，因為王品對顧客價值的認定、提升對顧客價值的肯定，所以顧客也願意回過頭來為這個企業創造更多的價值。

然而，「價值」是相對的，當你越重視對方時，對方越重視你；你越重視顧客時，顧客越看重你；你越強調產品的品質，產品回過頭來就會幫你說越多的好話，這個就是「價值創造」非常重要的基本觀念。

　　當然，我們在創造價值的過程裡，第一點：首先要明白「你自己的東西都是有價值的」。我認為這個態度非常重要，因為多數人都是自我否定的，他會想：「唉呀，我不夠好，我學歷不夠高，我資金不夠多，我資源不夠廣……」第一個動作你得先去除掉這樣的負面思維。

　　第二點：你要能理解「價值是相對創造的」。當你願意去為對方創造價值，對方就會願意為你創造更多的價值，這是相對的，也就是「你好，我好，大家好」，這是中國大陸的說法。在談「商業模式」的時候也是相同的，我們說「當你滿足顧客的價值，就可以創造自己的價值」，所以價值是一種「雙贏」，而且是共同存在的概念。

　　還有第三點，非常重要，那就是要「分享你的價值」，當你越願意分享，你的價值平台就會越大；當你越不願意分享，你的價值平台就會越小，所以你必須「主動去分享」。

　　例如，在學生時代很常見的，有三種個性不同的學生，他們的成績也很不一樣：

　　第一種學生是：他們自己很厲害，可是不願意教別人。

　　第二種學生是：自己沒有很厲害，也沒有自信教別人。

　　第三種學生是：自己不是很厲害，可是如果有人問他，他會主動告訴對方自己懂的地方，再帶著對方一起去找到他原本不懂的答案。這種想法是「因為我自己不是很厲害，可是我願意教你，也願意幫你，而且我願意和你一起去找答案」。

　　到了考試的時候，在這之中誰的成績會最好呢？一般人都會以為是成績最好的第一種學生考得最好，結果並不是，因為第一種學生教的人

少，或者他不願意教別人，他就減少了相對練習的機會。

　　第三種學生願意教別人，同時，自己不會卻願意帶著別人一起找答案，他透過不斷地練習，反而自己的成績會越來越好，因為他有思考過、有練習過、有和別人一起討論過，這些都讓他越來越熟練。因此我說，價值是要分享的，只要你願意與別人分享，你就有機會變得更強。

　　「資產」會創造「價值」，所以古時候，如果老天爺讓你住在山上，你就得靠山吃飯，如果讓你住在海邊，你就得靠海吃飯。可是到了現代，老天爺給你一個太陽，你就做一個太陽餅，老天爺給你一個月亮，你就設計一個中秋節，這就是「價值創造」。

　　我一開始提到你要替別人「創造價值」，接下來要談的是「價值交換」。未來當你有價值的時候，你就可以和別人進行「價值交換」，因為我的價值跟你的價值交換之後，彼此就可以產生一個「新的價值」。如果我們不交換、不合作，就不會有新的機會、沒有新的可能，所以價值是需要經過交換的。

　　最好的價值是，除了實體之外，還有思想、知識、專業能力的提升，所以才有一句話：「如果你有一顆蘋果，我和你交換，我們兩個人只是各有一顆蘋果。但是，如果你有一個思想，我有一個思想，我們彼此交換，我們兩個人就擁有能創造更大格局的思想」。

　　簡單來說，你有二十個顧客，我有二十個顧客，我們彼此交換、整合，我們就共有了四十個顧客。所以價值到最後不僅僅是你要幫別人創造，你還要願意有更多的分享，因為當你分享得越多，結果就會越好！當然，如果你太過自私，當然就無法與別人分享。所以我們才說有些人

是匱乏的、自私的，請記住，當你不斷地只向他人索取的時候，你就不可能進步。

有一個故事是：有一個人做夢的時候，夢到自己去了地獄，他發現地獄裡面的人，每個人桌上的飯菜都是山珍海味，非常豐盛。但是問題是，每個人的兩隻手都變成了兩支不能彎曲的長筷子，他們夾了菜之後，都只想給自己吃。於是你可以想像，他們怎麼做都吃不到飯菜，所以在地獄裡的每一個人都非常地飢餓。

但是當他去了天堂的時候，他發現天堂和地獄是一模一樣的，天堂裡，每個人桌上的飯菜也都是一樣的山珍海味、大魚大肉，而且每個人的手也都是兩支長長的筷子。可是不一樣的情景是，天堂裡的每個人夾到飯菜都先餵對面的人吃，正因為他替對面的人服務，他餵飽了對方、幫助了對方，那麼對方當然也會餵飽他。

但是你要交換，當然你自己本身得夠好，如果你不夠好，也沒有人願意和你交換，你若做得不夠好，也沒有人願意和你合作，這是一個「價值創造」的關鍵概念。

當你向外界去尋求成功的時候，要記住一切成就的起點在我們自身，擁有更高的自我價值，才能創造更高品質的人生。

1 導致事業失敗的三個病灶

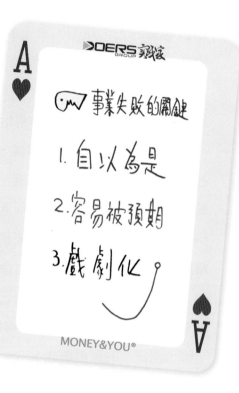

　　每個人難免都有失敗的時候，我在第一次創業的時候也曾失敗過。我在一九九八年創辦了實踐家，這十七年來，也有一些失敗經驗，總結失敗並不可怕，失敗並不可恥，失敗也不可笑，既然如此，失敗它不可怕、不可恥、也不可笑，那麼最大的問題就在於，如果你沒有弄懂失敗的原因、沒有抓出失敗的關鍵，那麼這就是真正的可悲。

　　所以我將其彙整起來，事業失敗有以下幾個病灶：

　　第一個病灶是：「自以為是」。

　　你認為自己什麼都是對的、自己想的什麼都是好的，你永遠只有考慮到自己，沒有關心到別人，而且，你還聽不進別人的聲音，這就是造成你失敗的最大原因。

　　我也曾經自以為是，每個人也許都曾經這樣過。我一直認為：「我有一個這麼好的課程，怎麼可能會推廣不成功呢？」、「我們這麼想

幫助別人，奇怪？怎麼可能他們不要呢？」但是事實上他們可能就是不願意接受，為什麼呢？很簡單，第一點是，你認為對你自己有幫助的，對別人不一定就有幫助！第二點是，你的東西或許很棒，可是你不願意和對方溝通、不願意和對方說明、不願意和對方解釋、不願意和對方互動，你總是認為自己有好東西可以給別人，所以別人就一定得要收下嗎？

又如，我們從臺灣到大陸去發展的時候，也很自以為是，我一心認為：「臺灣的東西很棒！臺灣很了不起！我們很多東西應該都比對方好！」結果後來，我才發現真的不一定，特別是以現在的局勢來說，就不一定。例如，大陸都已經有阿里巴巴的支付寶、微信的微信支付，有第三方支付的系統，可是在臺灣，第三方的支付系統才剛要開始起步而已。所以，我很鼓勵大家多走、多看、多觀察、多觀摩，因為只有你看得越多、經歷得越多，你才會發現自己不足的東西越多，所以千萬要放下「自以為是」的態度。

第二個病灶是：「容易被預期」。

「容易被預期」指的是你的行為模式「被抓到了」，有些人經常說：「太不公平了，我創業到現在，很多人都欺負我，欺騙我！」但是，你自己也必須負起責任，為什麼你會讓別人覺得「沒錯，騙你就對了！」為什麼他不去欺騙別人？就是要欺騙你呢？因為他知道，你每次被騙之後，你還會再被騙；他知道和你借錢沒有還，你也不會找他要錢，或者是等到你去要錢的時候，他說：「不好意思，我沒有錢。」或者說：「有嗎？我有跟你借嗎？」他的一句話就可以賴皮掉了。他知道無論如何，你永遠都是這個樣子，反正你這個人有什麼苦都會往肚子

裡吞，吃了什麼虧都會自認倒楣，所以如果你已經落入這個困境裡，你就完了，你就不能說「別人欺負你」，事實上是你自己要負起責任，因為你的行為讓所有人都知道你就是這樣，不會改變，你的這個狀態就是「容易被預期」。

第三個病灶是：追求過度的「戲劇化」。

我們說「戲劇化」就是事業失敗的病灶之一。

舉例來說，中國的股票市場在二〇一四年下半年到二〇一五年年中的變化，是非常恐怖的。怎麼說呢？它從二千多點，最多漲到五千多點，然後再下殺到三千多點，在這個過程裡，真的就是高高低低、起起伏伏，一下從最低衝到最高，再從最高跌到最低，這種狀況就稱它為「戲劇化」。

很多時候我們會說：「人生如戲，戲如人生。」不過這句話的真正意思是：「你要用認真的態度去過你的人生，而不是要你將人生當一場兒戲。」因為認真去過的人生就是一場精彩的遊戲，一場精彩的遊戲就可以創造出美麗的人生，因此，精彩的遊戲與美麗的人生是相對的。但是問題在於，有時候我們會忘記真實的人、事、時、地、物，其實不是像言情小說或電影裡面演的一樣，瞬間一個場景的改變，就可以改變一個人的人生。很多時候，當你出現了過度戲劇化的表現，就會失去人們對你的信任。

我說，「過度戲劇化」這種事情在市場上最多，例如：「告訴你一個好消息，我到〇〇去投資，然後馬上可以得到五倍、十倍、二十倍的回報！」這個就是「過度戲劇化」，因為一個合理的投資不可能出現這

樣的結果。所以很多人在追求事業發展的時候，會想著：「哇，這聽起來好像不錯哦！」大家盲目投資，他就跟著一起盲目投資。在東南亞和大陸的廣東一帶，有很多人跑去玩「Money Games」（金錢遊戲），那些都是戲劇化的結果，就是「我看到好高的回報率！」於是，「過度戲劇化」的人就全部都失去理智了。但是事實上，之後衍生的結果是非常危險的。

我也曾經遭遇過同樣的挑戰，我曾經非常迅速地拓展了很多據點，但是當我一下子拓展了很多據點後才發現，其實每一個據點的管理都不紮實。這棵樹外表看起來很漂亮，枝葉一下子開了很多，然而事實上，當你追求了過度的外顯表現，最後才發現自己的根基根本沒有打好，你的事業可能就在那個地方埋下了未來失敗的因果。

每個人的人生目標都不同，所犯的錯誤也是形形色色。多數人的人生目標中都離不開事業成功和家庭幸福，讓我們時刻提醒自己，不要自以為是，不要被預測，不要戲劇化。

「信任人」與「被信任」是你的最大資產

談到「信任」，我經常說的一句話就是：「信任是人格最大的資產」。

舉例來說，馬來西亞有一位張主席，他是馬來西亞前十大的富豪，他和實踐家認識了十年，在這十年當中，彼此都沒有提過任何事業的合作，但是就在這十年裡，他發現實踐家是一個可信賴的對象，發現實踐家十年來的發展都是那麼地穩固向上，發現實踐家十年來所承諾的每件事都明確地做到。

同時，他也發現實踐家在這十年當中，竟然從一家公司拓展到一百多家公司，從一個主力教育培訓的公司發展到一個投資集團。他甚至發現我們說的還少於我們已經做到的，經過了十年的觀察，張主席現在已經成為實踐家一個非常重要的投資夥伴。

我想表達的是，我們能夠贏得這麼大的投資支持，並不是因為我們只有專業、漂亮的計劃書，也不是因為我們有多麼地會說服人，而是因

為他很直接地看到實踐家這麼多年來所做到的真正成績、真正結果、真正證明。

正因「信任」能帶來的投資額度是非常、非常巨大的，因此我經常強調：「信任」是最重要的核心，因為「信任就是金錢」。

想想，如果你這輩子是一個分數，也就是分母與分子，如果你的分子是「資產」，分母是「負債」的話，那麼你可能會發現，「資產」除以「負債」至少要大於 1，你的財務才會自由。

那麼什麼是「資產」？我經常說：「『信任人』以及『被信任』就是我們最大的資產」。因為多數時候我們都不願意去嘗試，只會猜測對方心懷不軌，然而事實並非如此，當你願意去相信別人時，「信任」是相對的，能創造出更好的結果。例如，你從不相信你的孩子，你設下了各種監控方式，那麼，孩子反而更會想盡辦法去鑽出那個監控漏洞；如果你信任你的孩子，這會使得他感受到「被信任」是一件值得驕傲的事，那麼，他反而更會去保護這份信任感，去創造出更好、更大的結果。

「信任」這個詞，也可以解釋成──「創造或要求一個小的協議，並且維持它。」正因沒有任何人能夠在一開始就取得對方完全與絕對的信任，所以信任必須要積累。就像銀行的信用是需要積累的，你在銀行的信用越好，你的信用卡額度就會越高，借錢就可以借得越多。也就是你的信用越好，你就能維持更高的價值。

實踐家在經營的過程當中，難免會因為購買辦公室、土地等需要向銀行貸款，然而我們可以取得的貸款額度非常高，那是因為我們償債能

力的紀錄是非常優良的。

還記得我十七年前剛開始創業的時候，沒有什麼錢，我學習Money & You之後，開始創業，當時的創業資金是我得承擔台幣六十萬，而且當時萬泰銀行的信用卡循環利息是很高的，有21%以上，非常驚人。我想表達的是，當年我們沒有錢的時候，銀行不敢相信我，因為我什麼都沒有，所以利息非常高。直到今天，我有很多土地了、有很多資產了、有很多辦公大樓了，銀行反而積極地借錢給我，利息甚至比市面上的還要低，所以我一直強調，「信任」就是「金錢」。

我認識一位印尼首富級的人士──李文正先生（印尼最富盛名的銀行家，被稱為印尼錢王），李文正先生今年已經八十五歲了，他們家的企業資產價值兩百三十億美金，可以說是非常地龐大。他曾分享自己的經驗：「我二十幾歲就當上了銀行的董事，為什麼呢？我的信用不夠不要緊，我可以去找一匹比我還有信用的馬，當我騎在馬上的時候，我就能『馬上有信用』了。」

意思是說，當你自己的信用基礎不夠，而你的人格可以受到肯定時，你便可以去尋找更多比你有信用的人，你可以和他們在一起，共同創造價值。

李文正先生也提醒，當我們年輕的時候，剛開始可以一步步地尋找比自己有信用的人去建立「信用」，等到日後發展到某個階段，自己的信用程度已經不足夠了，你要再往上走，就需要更大的信用基數，這個時候，你就得換一匹比原來那匹馬更有信用的新馬。他也說道，等我們年紀大了，事業有所成了，就要成為幫助別人信用的那匹馬。因為以前

你騎在別的馬上，使你自己能「馬上有信用」，現在你就得成為最好、最值得信賴的一匹馬，當別人騎在你身上時，他也能「馬上有信用」。

　　記住，「信用」是階段性的，而不是一蹴可幾的。當你一步一步去做的時候，你的信用程度就會越來越高，而「做到」是重點，你說的話都得要說到做到。這就像是你和銀行的關係，如果你有貸款，那麼從小額貸款開始，當你每次的償債能力都有達到、擁有良好的信用紀錄時，銀行就願意信任你，給你更高的評價。或者是，當你與別人合作事業時，對方在能力範圍內幫你應急墊了第一筆款，你就得在約定的時間還給他，甚至提早還給他，如此，你的信用程度就能更加提高。

　　因為，一個在社會中具有較高信譽度的人，更容易獲得與別人合作的機會。今天的市場經濟是一種信用經濟，信任可以幫你獲得許多意想不到的資源和助力，如果失去了信任，就會萬事難成。例如，你做生意的時候，沒有足夠的原料和設備，但是只要你的合作廠商信任你，他就會願意在日後付款的條件之下，將所有的原料和設備先交給你使用，讓你在缺乏足夠資金的情況下，仍能開展自己的事業。

　　在商場上，如果和合作的廠商或其他的競爭對手達成了某項協議，那麼無論何時都一定要遵守。如果因為只注重己方的利益而違背了簽下的協議，背離了別人對我們的信任，那麼你將會發現，在信任消失的那一刻，就是自己事業失敗的開始。在商業合作中，失去信用的後果及嚴重性，無論怎麼樣去估計都不過分。

　　「信用」是無形的資產，也是一切合作的基礎，有了信任之後，才有更大的合作。只有與別人合作，互換有無，你才能得到更大的提升。

在信任的基礎上，才能形成良好的合作關係，順利達成共同的目標。

　　信用不但來自於重諾守信，還來自於我們自身素質的完善。一個人品端正優秀的人，無疑會贏得更多的尊重和信任。我們說：「你就是錢，錢就是你」，今天你是什麼樣的人，就決定了你會有什麼樣的財富狀況。當你有錢之後，卻忘記做一個誠實的人，變得浮誇、變得浪費，不再堅守原來做人的本分時，你會發現你的錢也開始慢慢地消失。當你成為一個既受人信任、也信任別人的人時，你才有機會為自己贏得更多財富，創造更大的成功。

　　特別是，現在已經進入一個資訊爆炸的時代，在網路經濟當中，最重要的就是「信用」。喪失了信用的人，在現代社會中將會寸步難行。所以，我一再地強調，「信用」影響著你的財富和成功，若能謹慎維護它，那麼「信用」將可以為你帶來無法計量的利益和收穫。

③ 使你合作共贏的三大關鍵

只有當你清楚地知道自己要往哪裡走時，你才有辦法帶著別人和你一起同行。然而一般人的最大問題經常在於：自己已經迷路了，又要如何帶著別人和你一起走到目的地呢？這是很常見的困境之一。那麼，我們要如何能與他人合作共贏呢？這裡我提出三大關鍵。

第一關鍵是「明確的未來」。

舉例來說，實踐家所有曾經投資過的企業都是我們的合作夥伴，同時以目前來說，我們每個月平均還能保持有五到十家新公司的投資。正因現階段的中國大陸李克強總理特別強調——「大眾創業，萬眾創新」，所以有非常多的人在創業，創業的大潮已儼然到來。

實踐家除了投資很多新創業的公司，也幫助非常多已在運營的公司，給他們帶來更大的平台價值，我們將這些公司稱為「兄弟連」，意思是我們是一個相當大的團隊，但是這個大團隊也同樣手牽手、心連心地在廣大的平台上一起努力。

> ▷OERS 實踐家
>
> ☞ 合作的關鍵
> 1. 明確的未來
> 2. 頻繁的溝通
> 3. 適當的憤怒
>
> MONEY&YOU®

　　那麼，當實踐家在進行投資時，為什麼這麼多的企業都願意接受我們的投資呢？那就是，他們可以看到一個「明確的未來」。他們清楚地看到實踐家可以為他帶來更多、更好的「教育」功能，我們能藉由教育，提升他們的知識與智慧，使他們擁有更好的能力，幫助他們成長，增廣他們更多的經驗。

　　如果接受實踐家的投資，在商業模式上我們可以提供他們相當廣泛的幫助，除了能協助他們做商業模式的修正與改變之外，實踐家更擁有為數眾多的學員，其海內外都擁有相當多的企業。同時，海內外同學會的數目也已超過一百零二個，這些資源都有可能協助受實踐家所投資的企業，進而創造出彼此更大的價值。這些企業思考到實踐家獨有的強大優勢，當然願意接受我們的投資。

　　加上實踐家是一個國際平台，所以當企業接受實踐家的投資之後，他們有機會可以經由實踐家到海外去，範圍從馬來西亞、新加坡、印尼、汶萊、臺灣、中國大陸、美國到澳洲，因此，他們可以看到一個「明確的未來」。同時，他們更可以觀察自己的企業有倍數的成長，過去可能專注在百分比、專注在公司一年有多少的進步，但是現在不一樣了，因為實踐家將整個商業模型、管理模式都處理地很好。

　　怎麼說呢？因為我們在三個模式上協助學生，第一個是「商業模式」，第二個是「管理模式」，第三個是「投融模式」（投資、融資），所以在「兄弟連」裡的兄弟姊妹（我們所投資的企業）瞭解實踐家在這三種模式上能幫助他們提升，所以願意與我們一起合作。

　　例如，我們投資的企業之一：「進巍美甲」（kingway），他們在

剛開始上實踐家課程的時候還是二十幾家店面，如今開展店面已經超過了一千一百家，同時，還是歷史上第一家進駐中國故宮的美甲企業，也接受過TVBS電視台的訪問。他們很清楚地看到這就是「明確的未來」，他會知道，並發現：「哇，原來這和我自己一個小販子是不一樣的，他們帶著我們可以有這麼好的發展」。

這對員工來說也是一樣的，為什麼員工上班總是不穩定？就是因為他看不到「明確的未來」；為什麼有些國家只要換了領導人，人民就急著移民？就是因為他看不到這個國家、這個社會「明確的未來」。

因為未來越明確，每個人的信心就會越大、越好；未來越不明確，每個人的信心就會越小、越差，所以「明確的未來」便是彼此合作共贏的第一個關鍵。

合作共贏的第二關鍵，是「頻繁的溝通」。

當已經有了「明確的未來」之後，我們還要得有「頻繁的溝通」。

頻繁就是經常性，彼此之間要有經常性的溝通，什麼意思呢？一般人經常會發生的問題就是——我們經常以為彼此都已經談好了，就不再溝通了，我以為我這樣子處理是你的意思，你會認為你這樣子處理是我的意思，可是這偏偏都不是我們彼此的意思。

結果最後，你原本認為不會有問題的事情，經常就是會出包，因為你們彼此缺少了「頻繁的溝通」，雙方都沒有不斷地針對已經談好的東西再去說明、再去確認，才會發生雙方都不滿意的結果。

舉例來說，我們想租一個辦公大樓，當然實踐家擁有很多的辦公大樓，但有時候仍然不足夠，於是有些員工會想：「沒問題，要租，就租

最好的，公司當然要高檔次的！」大陸用語有一個詞是「高、大、上」（意指：高端、大氣、上檔次），因此他們就會想租一個符合「高、大、上」要求的辦公大樓，但是他們卻忽略了最重要的價格，雖然滿足了「高、大、上」，但是價格已經遠遠超過公司的預算，公司不能同意。為什麼？因為這個價格並不在公司的預算範圍之內。

雖然「未來是明確的」，可是你仍然要不斷地「溝通」，因為「溝通」是避免誤解最快速有效的方法。

每個人的想法都會有所不同，而溝通就是為了幫助我們去發現，並隨時地修正以避免偏離方向，透過溝通來達到彼此的瞭解，可以有效地避免很多錯誤和誤會的產生，減少不必要的時間、精力和資源的浪費。

記住，透過「溝通」而達到的明確合作才能說是有成效且成功的合作，才能確保彼此共同走在正確的道路上。

合作共贏的第三關鍵，則是「適當的憤怒」，我認為這一點特別重要。

我想提出一個問題：「請問你是為了想要繼續合作才生氣呢？還是為了不想合作才生氣呢？」思考一下，如果你是真的不想合作了，那麼連生氣都不需要了，你心裡一定會想：「算了，我一輩子都不想說了！」所以你通常是為了想要繼續合作，才會去表達適當的憤怒。

在合作時，當你已經看到了一個「明確的未來」，有時候卻因為你在過程當中沒注意到、或者沒做好溝通，結果最後發現對方所做的事情破壞了彼此所談好的明確未來、違反了彼此所談好的合作原則，這種時候，你得真的要表達出「適當的憤怒」。

我說的「憤怒」，不是非得要你大吵一架，不是非得要你拿棍子打人，而是「憤怒」能表現出你對於此一事情的重視，當你表現出對這件事情的重視，都是為了讓這件事情走得更遠。

當所有人都談好了遊戲的規則，結果有一方竟然違反、破壞遊戲規則的時候，如果你覺得無所謂，那麼對方更會得寸進尺，可能就會繼續破壞到彼此合作的根基。

例如，實踐家有一次談一個合作案，彼此談的是我們占多少比例的股份、對方占多少比例的股份，結果後來簽約的時候，對方後悔了，竟然擅自將他們占的比例拉得非常高，將我們占的比例拉得很低，甚至完全沒有先告知我們，就直接將白紙黑字的合約書拿來要我們簽字。當然，我們不可能接受，而且我們一定要說：「不好意思，如果是這樣子，那麼我們不簽了」。

所以，「適當的憤怒」是必要的，這是為了能夠把事情做得更好，而且，你要很明顯地表現出來，如果你不表現、或者表現得不明顯的時候，對方就會認為你接受了這件事。如果你過分地縱容，事實上就是毀滅自己的前程，這個是一個必然的方向。所以，合作共贏的三大關鍵就是要有「明確的未來」、「頻繁的溝通」與「適當的憤怒」。

因此，實踐家投資的所有企業，每兩個月都會有一次「兄弟連」的會議，以及「私人董事會」，來協助我們投資的企業做更好的發展。為什麼我們投資這些公司之後，還要每兩個月找他們來開會呢？這就是為了要「頻繁的溝通」，為了再一次強化「明確的未來」，因為還有可能合作的企業越來越多，大家更有能力去塑造一個比原先預期的「更好的

未來」，所以就需要彼此在每個階段都說明清楚：有什麼新的發展？新的規劃？新的方案，那麼這個預期的未來才會變得更豐富，而不是始終一成不變的未來。

除此之外，如果有什麼事情，「兄弟連」的兄弟姊妹就關起門來，彼此互相討論。即使真有誤解的地方，我們寧願在「家裡」吵，也不要去「外面」吵，「兄弟連」在家裡面再怎麼吵架，我們面對外面就是一體的團隊，我們有這樣子的共識與機制。

當我們受到了傷害、遇到無法接受的事情時，就得表現出適當的憤怒，讓傷害你的人、讓破壞了合作關係、損害到共同前途的人知道你真正的態度。這樣說並不是在鼓勵你做更多的攻擊，而是為了捍衛真正長遠的合作關係，委屈求全並非維護合作的正確方式，只有雙方的利益都獲得保障，才能使合作順利進行下去。表達你真正想表達的意見，堅持你真正的立場，如此的憤怒才是為更長久的合作所做出的最佳選擇。

除了這些，Money&You 還可以教你……

第二單元：價值創造學

- 👍 如何去除匱乏的心理
- 👍 從地獄到天堂的關鍵
- 👍 團隊共贏與共亡的關鍵
- 👍 如何避免零和的遊戲
- 👍 事業失敗的三大關鍵
- 👍 如何建立信任的基礎
- 👍 合作共贏的三大關鍵
- 👍 資產價值的三大演變
- 👍 創造價值的資源交換
- 👍 買賣成交的唯一要件

M&Y見證故事

值得投資的人生必修課程

人生如戲，戲如人生，生命就是一連串遊戲的過程。

我非常高興能於幾年前參與了一場用「遊戲」所堆砌而成的生命之旅——Money&You課程。我個人經營企業已有數十年的時間，在以往學習的資源和管道明顯不足的環境，我知道只要有學習機會就一定要好好把握，因為透過學習可以檢視所走的道路是否有偏差？並且修正之。

因此我把握在Money&You課程中的任何一次學習和體驗的機會，我發現Money&You的活動過程的感受和經驗的體會，就如同我在經營企業一樣有相同的經驗過程，真的只有您親身參與才能體會到真實的甘苦；所以可用最小的時間和金錢成本而獲取真實的生命經驗就是Money&You。

和我一起參與Money&You課程的還有公司十多位主管，讓我發現和感受到我們真的是一家人，更加凝聚了團隊的力量，陸續又有許多同仁加入這一場場的生命改造之旅。Money&You不僅帶給我們在工作、事業和生活上有明顯的改變，更成為我們的共同語言。

我一直深信經營企業是有一份社會責任，企業的成長獲利和員工的家庭幸福是同等重要的，這就是Money&You所要闡述的精神。我為華人世界感到高興，因為有林偉賢老師的堅持和努力而讓Money&You有

機會在華人世界萌芽、茁壯，相信這股Money&You的力量會一直持續下去。

我再次慎重向您推薦Money&You的課程，它真的是一堂非常值得您投資的人生必修課程。

曼都國際股份有限公司董事長　賴孝義

更多見證影片，請看⋯⋯

「心靈圖像」呈現出的是如自然思維般的放射形狀。

人們可以使用它來改善記憶、

加深對事物的理解程度，

或者用它來規劃未來、

紀錄瞬間即逝的各個靈感，

更能釐清我們的腦中隨時會出現的複雜且不成形的念頭。

全球頂尖商業暨成長課程

MONEY&YOU®

Chapter 03

心靈圖像思考法

東方曼陀羅與西方 Mind Mapping

1. 有效讀書找重點的五大步驟
2. 擺脫線性思考，學習空間思考
3. Mind Mapping 的優勢與助益

見證故事：大連曉芹食品有限公司董事長——王曉芹

Chapter
03

心靈圖像思考法：
東方曼陀羅與西方Mind Mapping

東尼‧博贊（Tony Buzan），是世界知名的「心靈圖像」（Mind Map）（也稱為思維導圖、心智圖）發明者。

「心靈圖像」是一種使用左、右腦思考的擴散性思考法，也是一種將腦中的概念「圖像化」的思考法，此種思考法能快速激發人們的靈感，有助提升人們的思維與創意能力。

他所提出的「心靈圖像」能夠記錄人們自然地思考的結果與聯想的過程，進而能激發出更多的想像。「心靈圖像」呈現出的是如自然思維般的放射形狀。人們可以使用它來改善記憶、加深對事物的理解程度，或者用它來規劃未來、紀錄瞬間即逝的各個靈感，更能釐清我們腦中隨時會出現的複雜且不成形的念頭。此外，它的優點更在於看了圖像可以「一目了然」，是一種對於學習與整理脈絡非常有效的思考法。

在Money＆You的課程裡，我們運用「心靈圖像思考法」來學習、紀錄與實踐課程。在實踐家所有的教學體系裡，包括「SuperCamp」（超人營）及Friends情緒健康管理課程，也都安排孩子們學習「Mind Mapping」，用於紀錄、記憶及創意思考。

　　此外，實踐家在「TOP領袖LEADER營」裡，使用的也是「Mind Mapping」。「Mind Mapping」是被證明有效的心靈圖像思考法，但同時，我們也因應東方人的特性，推出了一套「曼陀羅九宮格」的思考法。

　　「曼陀羅九宮格」的使用法是：「九宮格」，就是在一個圖面上畫上九個格子，在中間的格子寫上「核心目標」，其他的八個格子可以是「次目標」。接著，將每一個「次目標」提取出來，放在「新的九宮格」的中間格子裡，旁邊的八個格子可以是「計劃」。接著，再把每一個「計劃」提取出來，放在「新的九宮格」的中間格子裡，旁邊的八個格子便可以是「行動」。也就是說，我們可以透過一層層的九宮格，將自己的「核心目標」、「計劃」、「行動」等開始落實。

　　事實上，在實踐家剛開始創辦的時候，就有一家「曼陀羅管理顧問有限公司」，當時希望能透過曼陀羅思考法帶給所有人更多的幫助，因此我們的課系包含了這兩套思考法，一套是「Mind Mapping」、一套就是「曼陀羅九宮格思考法」。

　　「曼陀羅九宮格思考法」在實踐家的商學院系列課程，以及在我們自己所研發的課程當中使用得非常多也非常廣；「Mind Mapping」則多被使用於外來引進的課程。當然，這兩種方法都是非常好的，一種來自東方，一種來自於西方，都能夠幫助人們啟發與紀錄更多更好的思維。

有效讀書找重點的五大步驟

一個人如果想提升知識，可以有各種的方法、管道與資源可以利用，例如最簡單的方式是讀書、看報章雜誌，或者是瀏覽網路資訊等等。

獲取知識是非常重要的，因為「知識可以改變命運」，你必須要有更多的主動學習與提升，你才能創造出更大的價值。那麼，不論是讀書、看電影、看網路新聞、看報紙，我們都可以利用一個好的整理方法幫助自己將所讀過的東西記起來。

> **2♠**
>
> ⒟ERS 實踐
>
> ⌒ 如何讀書找重點
>
> 1. 設定需要的主題
> 2. 過濾相關的書籍
> 3. 先看目錄和序言
> 4. 按照主題摘重點
> 5. 存檔佈用常分享
>
> MONEY&YOU®
>
> **2♥**

我經常說：「記錄，比記憶重要。」很多人會認為自己腦袋裡記憶的事物可以相信，可是很抱歉，我說人類的記憶真的是有限的，所以我強調「記錄，比記憶重要」。

曾有學員告訴我：「老師，我覺得你每次上課時分享的資訊都很前衛，而且資訊非常多！」這是因為我們可以說是主力於資訊的傳播，因此我們的分享能力、分析能力會比一般人還要快，其實這沒有什麼訣竅，這和我自己「記錄」的方法有關，所以我會分享我是如何做記錄

的。我的做法就是運用「心靈圖像思考法」（Mind Mapping）。

首先，拿一張空白的紙，紙放橫的，在中間畫一個小圓圈，或者畫出一個九宮格也可以。

然後，請你在中間的小圓圈或九宮格中間格子裡，寫上某本書、某部電影、某本雜誌的名稱，或者某場演講的主題。

接著，思考一下你看這本書、這場電影、這本雜誌、這場演講，你印象中有沒有想要學習什麼重點？如果是我，我不會什麼書都閱讀，因為過去的年代是資訊不足，但是現在則是資訊大量爆炸的時代，我們不可能什麼資訊都閱讀，所以第一步：我會先「設定自己需要的主題」。

那麼主題通常與兩種事物有關：一是「專業上的需要」，二是「興趣上的發展」。例如有很多人會看烘焙的書，為什麼呢？因為他喜歡，他並不是工作上一定要用到烘焙，所以這樣子的人看書，只要看到和烘焙有關的報紙或者雜誌上的單元，他就會將它剪下來，做為補充資料的一部分。

但是，我在工作上可能需要的是：「商業模式」方面的專業資訊、更多「政策趨勢」的解讀、更多各種「企業整合」的方法、更多「投資、融資」的有關資訊。

假設我列出了自己需要的主題是這四大類，那麼我再去找與這些類別有關的書籍、電影、報章雜誌、網路資訊等相關資料，其他和這些類別無關的，我都不去看。因為我們要清楚一個重點，那就是沒有人閱讀得完所有的資訊，你必須瞭解這個基礎的概念。

第二步是：「過濾相關的書籍」。

當主題明確之後，假設有一本書的書名是「某某某將軍的領導之道」，如果我要找的資訊與領導有關，那麼我就把這本書拿起來看一眼，如果我要找的資訊與領導無關，那麼即使我看到「某某某將軍的領導之道」，我也不需要特別去看它，只因為這本書不是我要的書。

我知道現在許多人看書的習慣是「隨大流」，中國大陸稱為「奔大潮」，意思是「只要大家現在流行看什麼，我就看什麼。」但是我認為，讀書還是需要有目的的。因為人的一生太過短暫了，閱讀你所需要的書，才能真正發揮效用，如果一本書的書名、網路文章的標題、電影的片名，都和你要的資訊無關，那麼你就不需要看了。

接著，第三步是：「先看目錄和序言」。

當你要借書、或者是買書時，請你先看看「目錄」與「序言」。

因為目錄上已經完整列出這本書所收錄內容的基本方向，當你要看這本書時，你得先確認一下這些內容是不是你想要的？思考一下，這和你原本設定的主題有關係嗎？有關係的，你就看；沒有關係的，你就可以放回去了，不必把它帶回家，因為一旦帶回家，我會說這也是一種「資源」、「時間」與「金錢」的浪費。

那麼，為什麼看「序言」？特別是「自序」與「推薦序」。我認為「序言」是非常重要的，因為那就是作者對於這本書總結的看法，你當然需要先看看作者本人總結出來的看法是不是你要的，再做決定。

一樣的道理，因為寫「推薦序」的人要幫這位作者寫的書做推薦的時候，他自己一定得先看過這本書的內容。所以，我們要用這個角度來做篩選。

第四步是：「按照主題摘重點」。

分享我利用「Mind Mapping」的做法：假設我看完了一本叫做《基業長青》的書，然後，我拿了一張空白的紙，在中間畫一個小圓圈，在圓圈裡我寫上《基業長青》。

接著，我看《基業長青》這本書的時候，想要學習的四大重點：一是「商業模式」，二是「政策趨勢」，三是「企業整合」，四是「投資融資」。

那麼，你就可以在每一個重點上都拉出一條線，接著將這本書裡談到與這個重點有關的部分，都寫在這條線上，或者成為這條線的一條「支線」，再將個別的重點紀錄在它的支線上。

第五步是：「存檔備用常分享」。

當你將主題設定好，篩選了各類書籍資訊，接著再依主題做筆記，最後，就是「存檔備用常分享」。

首先，你得將筆記影印一份，夾在書籍的最前面。

例如，我讀完了這本書，也寫出了一張、二張或三張的筆記，那麼，我就將這個筆記影印一份，然後折起來，將這一份筆記放在這本書的最前面，這樣當我下次有機會再把這本書拿出來翻的時候，可能會覺得這本書很厚，但是當我一翻就會發現，前面有自己當時讀完書所折的兩、三頁筆記，那麼，我們馬上就能知道這本書的重點在哪裡，不需要再從第一頁看到最後一頁。

再來，你還需要再影印一份，放在你的重點檔案夾裡。

例如，前面我提到我想學習的四大重點，也就是你有幾個重點想學

習，你就應該要準備幾個大檔案夾去收集相關的資訊。所以讀完這本書，我看到的內容和我想學習的四大重點有關的資訊，就將它放到個別的重點檔案夾裡。

　　前面，你已經從中間的小圓圈拉出四條線，標示出你想學習的四大重點，或者是你也可以就準備四張白紙，一張只寫一個重點。例如，第一張紙的重點是「商業模式」，第二張紙的重點是「投資融資」等，等到紀錄完畢，你就可以將「商業模式」的那一張紙放到「商業模式的檔案夾」，將「投資融資」放到「投資融資的檔案夾」，所以你可以想像你想學習的重點資料將會越來越豐富。

　　如果你看電影時這樣紀錄、看書時這樣紀錄、聽演講時也是這樣紀錄，那麼你就可以得到更多你整理過的資料，當它成為筆記的時候，就不是只有你單純去抄寫而已，而是那些筆記能轉化成為你自己的想法與觀念。

② 擺脫線性思考，學習空間思考

在我們的成長過程裡曾有過很多的學習經驗，但是那些學習方法多數都是一種「線性思考」，這是什麼意思呢？

例如，當我們學英文的時候，從A、B、C、D開始念、開始背，一共有二十六個字母，我們相信A之後就是B，B之後就應該是C。這種思考模式有時是很有效的，但同時也會造成很大的問題——如果在學習時遺漏了其中的某一個部分，就

可能無法再接續下去。像是考試默寫的時候，如果我們忘記了其中的一個字母「E」，那麼後面的「F」、「G」、「H」就會一起遺忘了。

因為並非世界上的所有事物都像背誦ABC一樣簡單，沒有任何事情只由一個簡單原因造成，沒有事物是不會變化的，所以在很多情況下，線性思考都是一種極容易卡住的思考方式。

又如，我們在做會議記錄的時候，由於既有思維方式的影響，可能會出現同樣的問題。在記錄的過程中，只跟著時間的線性流程思考，當

同一個人在不同的時段發言，我們就可能把他的發言和其他人的混雜在一起。而學習最大的障礙在於「看過的東西多，記住的東西少」，這種從小形成的思考模式如果不被有意識地加以改變，將會一直對我們的生活產生負面影響。

那麼，什麼是「空間思考」呢？無論你要使用「Mind Mapping」，或者是「曼陀羅九宮格」都很好，我將使用這兩種思考法來做說明。

舉例來說，如果我要寫一篇文章，通常都得先寫了「開頭」，才能寫「內容」、才能寫「結尾」，也就是人家說的「起、承、轉、合」。可是實際上在寫一篇文章的時候，我們可能突然間想到很多點子，但是某些點子並不屬於開頭，所以我們不能先寫下來，等到你從「開頭」開始，終於寫到「結尾」的時候，因為它沒有被記錄下來，所以當你好不容易寫到「結尾」，你已經遺忘了你先前的點子究竟是什麼。然而，空間思考就沒有這種狀況，更可以有效地避免這種情況發生。

例如，我要使用的是「曼陀羅九宮格」思考法：

我先拿出三張白紙，在每一張紙上都畫上「九宮格」。然後，我在一張紙的九宮格的中間格子上寫了「開頭」、一張紙的中間格子上寫了「內容」，另外一張紙的中間格子上寫「結尾」。

有三張畫有九宮格的白紙，現在個別都被寫上了「開頭」、「內容」、「結尾」，然後我開始思考我的文章要寫些什麼。突然，我想到一個梗不錯，這個梗和內容有關，那麼我就可以在「內容」那張紙上的其他格子裡寫下來這個梗。「好，最後他就過著幸福快樂的生活」，那麼這就是「結尾」，我就在「結尾」那張紙上的其他格子上寫上這個結

論」，依此類推。使用「空間思考」的好處是，當我們將幾張白紙放在面前，我們每一個突然冒出的想法都不會不見，都有一個地方被記錄。

例如，我這次要使用的是「Mind Mapping」：

我先拿出一張白紙，在中間畫一個小圓圈，然後寫上這篇文章的主題，在圓圈之外再拉出三條線，一條標注「開頭」、一條標注「內容」、一條標注「結尾」。然後我開始思考我的文章要寫些什麼，如果想到和「開頭」有關的點子，就將它摘要出幾個字，寫在「開頭」那條線上，想到和內容有關的點子，就摘要幾個字寫在「內容」那條線上。當然，你有沒有可能在想到「內容」之後，突然又想到「開頭」的梗？有可能，你還是一樣的做法，摘要之後，寫在「開頭」那條線上。

在這裡我要強調的是：我們要習慣使用空間思考，而不是線性思考。因為空間思考的好處是「任何一個想法，都有一個相應的位置」，這是最基本的，當你有一個相應的位置時，就不會被遺漏、也就不會被遺忘。

所以，我們非常鼓勵你可以使用空間思考的方法來寫筆記，來開會，來寫文章等等，這是對許多事物有極大幫助的思考方法。

3 Mind Mapping的優勢與助益

在人們思考一件事情該不該做，以及如何做好這件事的時候，可以運用Mind Mapping——在中間寫好主題，然後在旁邊寫下目的、方法、結果。

例如你想要提升20％的業績，就將它作為主題寫在中間，然後在周邊不同的區域寫下你的目的、方法以及期望獲得的結果。紙上的圖像可以讓事情的全貌都呈現在你面前，使你不會忽略任何重要的細節，從而做出明智的決定。

「心靈圖像」早期用手工繪圖筆記而成，在個人的心智開發與學習有很大的成效，現在則是用電腦軟體工具來輔助，成為思維e化的最佳工具，在團隊應用和組織管理上也有進一步的強化。據研究報告指出，「心靈圖像」已被證明有實際的成效而無庸置疑。我在使用的經驗上，無論是學習、生活、工作，都獲得很大的助益，且「心靈圖像」已被某些國家的教育單位視為有益思考的工具，例如，韓國、香港都將「心靈

圖像」納入國中、國小的必修課程之中。

「心靈圖像」的規則不難，學習上不需花費什麼力氣，只要發揮「想像力」，努力去寫下、去創造出自己喜愛的風格就可以了。許多商業人士也會將「心靈圖像」應用於公司的產品分類和管理知識的分享，並製作一個有關「心靈圖像」如何實際運用的教學簡報，分享給公司的每個人，效益發揮得非常不錯。特別是它具有「一張紙就能一目了然」的特性，有很大的思維邏輯拓展功效。「心靈圖像」具有以下優點：

一、焦點專注：將主題放置中心，使思維集中於焦點，不易偏離，展開容易。

二、擷取創意：運用關鍵字，可立即紀錄聯想或延伸的點子。

三、思維聯想：從核心主題、關鍵字開始，能不斷地聯想與拓展範圍。

四、樹狀結構：簡單呈現層次架構，易於展現思維深度和廣度。

五、快速瀏覽：圍繞核心主題，一目了然，能快速瀏覽全頁內容重點。

六、圖像記憶法：因有手繪插圖、顏色的區別、外框的強調，符合左右腦運作的記憶方法。

現在市面上有關「心靈圖像」的書籍、軟體、課程或廣告，已有越來越普遍的趨勢，顯見學習過的人已發現它的好處，沒學習過的人也想納為自己的思維工具，現代人越來越重視心智智慧的開發了。

「心靈圖像」發明者東尼‧博贊（Tony Buzan），他同時也創立了心靈圖像推廣教育機構，並且投資與開發電腦心靈圖像軟體

「iMindMap」。其特色在於將手工繪製的一般使用方式「電腦化」，如同電腦專用的繪畫板一樣，讓軟體模擬傳統的紙筆作法，可以隨意自由揮灑創作。而和一般的電腦軟體，標榜的是資料整合、自動排列、圖庫表格等功能有所不同，優點各異，由使用者依照自身習慣，各取所需來選用。

在我們的生命成長的過程裡，經常會遇到不易解決的難題，此時如果沒有清晰的思維，就會陷入某種混亂之中。心靈圖像思考法有助於我們每個人提升思考的模式，運用這種思考方法，我們可以輕鬆地把問題的各個方面分類，理清自己的思緒，瞭解到事情的發展方向和可能性，從而獲得對自己的現在更清晰的把握，對未來更透徹的洞察，這將給我們每個人的成長和成功帶來重要的幫助。

一個人的改變，要從大腦的思維開始；一個組織的變革，要從人員的心智上增加競爭力。找對方法、用好工具、從心思維、步步踏實，才能準備好迎接成功。

「Mind Mapping」，在西方的思維教育系統中是相當重要的一套工具，目前也被完整地發展出各項電腦用的軟體系統，你可以在網路上輕易的獲得各種試用版本，請你務必要去下載使用，你將會發現它實用又驚人的效益。

除了這些，Money&You 還可以教你……

第三單元：心靈圖像思考法

👍 有效讀書的五個步驟

👍 線性思考與空間思考

👍 五Ｗ二Ｈ的企業思考

👍 文章寫作的三段思考

👍 會議記錄的分類思考

M&Y見證故事

當你有機會幫助更多人，
你就成全了你自己

　　BSE課堂上，DC老師、Randy老師及林偉賢老師等中外講師帶來的美國商學院的頂級課程給了我一個全新的感受，商業模式的定位、業務系統、關鍵資源能力、盈利模式、現金流結構和企業價值，讓我及全體學員躍上了企業經營的塔頂。我找到了適合自己的商業模式。

　　「麻煩留給自己，方便留給別人」，這就是我找到的適合我的商業模式核心，實踐證明這個模式走到哪裡，哪裡都成功。

　　BSE畢業後回到公司，正趕上店長培訓，我馬上就看出了問題在哪裡，立刻按BSE的方法做了獎懲規定並分了組。八天商業模式內容培訓，沒有一個老闆接電話，沒有一個人遲到。大家都說這次關於商業模式的培訓是最棒的一次培訓。

　　林老師在課程中說的關於「你的企業不見了」的話題，現在我公司的成功，之前可能確實是我個人的魅力，將來我真的不見了，我真的很擔心企業是否會繼續好下去。學了BSE之後，我就開始把培養接班人的工作納入議事日程，著手培養兒子做接班人，並大膽聘用、提拔年輕人，培養企業的後備力量。

是BSE幫助我突破和成功，今年我的目標是產值突破三億，並在十六個城市連鎖店達到兩百五十家。目前目標完成情況不錯，企業系統也逐步完善，我要讓企業有一個大的發展，相信我能做一個BSE的企業樣板。

我很常打電話問兒子，今天的周彙報和周計畫會議開得如何？兒子回答：「比你在還好！」我學了BSE以後感覺特別好，就覺得我身邊的朋友太需要BSE的證明了，當你將BSE的菁華內化了之後，就可以看出朋友企業的毛病，一個普通的民營企業，光有激情和耐力是不行的，是需要升級的，就是要到BSE來升級。

我把我的團隊骨幹、我的加盟商、加盟商的子女三十多人都送到了Money&You和BSE的課堂。

其實我沒有做什麼，這就是富勒博士說的：「當你有機會幫助更多人時，你就成就了你自己」。我還會再次來BSE做義工，每次都會有不一樣的感覺。

大連曉芹食品有限公司董事長　王曉芹

更多見證影片，請看……

所有的機會都來自於他人的需要，
如果你發現了某些沒有獲得滿足的「需要」，
或者是你能將普通的事情做得更好，
使對方的「需要」在更大程度上獲得滿足，
就能達到提升自己競爭優勢的目的，
也實現了創新。

全球頂尖商業暨成長課程
MONEY&YOU®

Chapter 04

掌握競爭優勢

尋找你的「利基點」與「不可取代性」

1. 掌握優勢的目的、方法與結果
2. 找到你不可被取代的「競爭優勢」
3. 認錯、修正錯誤，才能回到正軌

見證故事：富有國度 · 溫馨天堂——馮梅梅

Chapter
04

掌握競爭優勢：
尋找你的「利基點」與「不可取代性」

這一章談的是掌握競爭優勢，我們說，競爭優勢越明顯，做企業越容易成功；競爭優勢越不明顯，做企業就越不容易成功。

怎麼說呢？其實競爭優勢在某些角度上來說，就是你的「利基點」，利基越清楚時，你的「結果」就會越明白。

舉例來說，蘋果公司（Apple Inc.）從二十一世紀開始，二〇〇〇年的年初到今天為止，他們最大的進步與改變就是找到別人所沒有看到的「利基點」（Niche），這可以分為兩個關鍵：第一個是「差異化」，第二個是「打造平台」。

Apple一開始是一步步地研發與創新，但是也有很多其他的電腦公司、科技公司一樣在研發與創新，於是Apple開始做出一些差異化。

二〇〇一年Apple推出了一個改變性的產品「iPod」，iPod 其實就是一般的音樂播放器，但是為什麼這個iPod賣得特別好呢？因為它做了兩個小改變：第一個就是它做了螢幕，讓使用者可以看到裡面的東西，然後，再做一個旋轉的盤，讓人可以從外面來控制。但是一般的MP3播放器其實就是一個類似「U盤」（也就是台灣說的USB隨身碟），沒有

其它太多的功能,所以Apple做出了「差異化」。

但是做出了「差異化」還不夠,因為幾乎所有的MP3播放器的外觀都是那個樣子,於是Apple開始「打造平台」。二〇〇三年Apple做了一個叫做「iOS」的平台系統,「iOS」可以讓很多人在上面聽音樂或者下載音樂。也就是說,Apple先做出了「差異化」,然後再製造了一個「平台」,讓他們可以下載音樂,於是它的功能性價值就出現了,當iPod成功之後,它便改變了MP3的歷史。

接著,Apple又改變了手機的歷史,我一樣從這兩個關鍵來說明:第一個是「差異化」,第二個是「打造平台」。

在Apple公司,蘋果手機並不是第一支智慧型手機,但是過去曾有過兩種智慧型手機,一種雖然是智慧型,但它是有鍵盤的手機,有些螢幕還是需要按鍵輸入的;另外一種也是智慧型,外觀上是全螢幕,但是仍附上了一支觸控筆。

後來,Apple的手機就做了兩個差異化,第一個是「把鍵盤拿掉」,第二個是「把那支觸控筆拿掉」。他們其實不是發明這些東西的人,但是卻做了這些改變,使得差異化更加突顯。

在達到差異化之後,Apple製作了一個平台,他們推出了「蘋果商店」(App Store),使用者到App Store裡,可以免費下載或者付費下載所有與蘋果有關的各種軟體與遊戲等App應用程式,這才是蘋果的成功關鍵:提供一個下載的平台。所以,iPhone也好、iPod也好,其實他們都做同樣的規劃。

iPad當然也是一樣,正是因為iPad和一般電腦比較,差異化已經很

有限了，Apple就只能在螢幕大小、拍照畫質的比例分配等地方做出差別。沒想到，他們後來又推出了「iBook」這個平台，使用者可以在這個平台上下載更多的圖書，可以閱讀非常多的書籍。

最後，Apple創造出一個更大的平台，那就是「蘋果雲端」（iCloud）。蘋果的手機iPhone裡一定有「iCloud」，使用者有雲端可以儲存資料，這還是一個「打造平台」的概念，所以Apple的成功基礎就是「利基」，而「利基」就是「利潤的基礎」、「利益的基礎」，同時也是「差異化」的開始，利基的「差異化」，指的就是你看到和別人不一樣的東西，並將它做為一種獨特賣點的概念。

二〇一五年，Apple成為全球第一家市值超過七千億美元的上市公司。Apple原本是研發電腦的，但是電腦已經不是它最大的營業項目了，Apple透過iPhone等產品創造出最大價值。現在還出現了「iWatch」（蘋果手錶），iWatch和一般的手錶比較仍然「差異化」，它不像一般的健康手環，iWatch具有手錶、螢幕功能，可以與手機做連結。甚至他們還推出了蘋果金錶，金錶也是一種「差異化」，因為一般電子錶較多，於是Apple推出了售價一、兩萬元美金的金錶，相同地，原本iPhone、iPad、iPod這些所有的平台系統，iWatch一樣可以使用。他們持續地蒐集更多的數據、更多的平台，使得iWatch將會擁有更多與使用者健康相關的數據蒐集與相關的平台功能。

所以這些都是一種找到利基點之後，將利基點當成自己的競爭優勢的做法，當你有了這樣的競爭優勢，在市場上你就可以比別人跑得更快。

　　例如，郭台銘的鴻海科技集團，在中國大陸是富士康，雖然他們是製造業，但是收單的時候他們卻可以做到「減價收單」。這意思是，通常你去請人做東西，假設廠商和你報價，報了二十元，或者你報價給客戶，報了二十元，對方通常還會再殺價。可是鴻海可以做到：如果你報價報了二十元，他們會說你這樣太少，我給你二十五元吧！

　　也就是說，鴻海在製造業方面有很大的平台、很多的系統，他們有完整的競爭優勢，即使鴻海照客戶願意給的價格，主動再低一點價格，他們還是可以創造利潤，因為他們的成本控制特別厲害。

　　所以，有各種不同的競爭優勢，有的是「成本控制」很優秀，有的是「服務」做得特別好，有的是「研發、創新」做得非常快等等，所以「競爭優勢」很重要，當你能夠掌握你的競爭優勢時，你才能走得更遠。

　　例如，像臺灣的優勢在於，雖然我們是一個海島，但是臺灣在創新、服務的領域做得比較好，如果我們將創新與服務做得更好，就能為自己帶來更大的價值，那麼，臺灣就可以將這兩點作為自己的「競爭優勢」。

　　而中國大陸是一個大陸型的國家，所以它和亞洲、歐洲都連結在一起，也和東南亞的陸地相連在一起，所以，他們便利用起這種大陸型國家的優勢，開始展開「一帶一路，互聯互通」政策。他們將公路、鐵路、港口、機場全都連結在一起，創造出多元平台中的更大價值。

　　因此，每個人只要認真、努力地去找到自己的「利基點」，將利基點當成你真正的優勢，接著予以發揮，那麼誰都可以產生很大的競爭優

勢去達成自己所要完成的事情。

在Money＆You的課堂上，我經常會向大家強調一句話：「舊世紀成功的理由，往往是新世紀失敗的原因。」當你的競爭優勢已經被對手掌握並超越時，當其他人都在進步，而你還在原地踏步，還在將過去的成功方法視為唯一的金科玉律時，毫無疑問地，你將很快在競爭之中遭到淘汰。

要在競爭中保持不敗的優勢，關鍵就在於「創新」。創新就是改變，是價值的不斷提升、發展和超越，它意味著你所要超越的不僅是周遭的競爭對手，更重要的是「超越自我」。

美國的管理學大師彼得・杜拉克（Peter Ferdinand Drucker）曾說：「創新是創造了一種資源。」創新能夠挖掘現有資源的潛力，使之創造新的、更大的財富，然而這就需要我們先具備「創新的意識」。當你開始用新思維、新眼光去看待周邊的事物時，就可以從中找到別人沒有發現的機會。

所有的機會都來自於他人的需要，如果你發現了某些沒有獲得滿足的需要，從一些被眾人忽視的事物中找出巨大的發展前景，或者是能將普通的事情相對地做得更好，使對方的需要在更大程度上獲得滿足，那麼就達到了提升自己競爭優勢的目的，實現了創新。

1 掌握優勢的目的、方法與結果

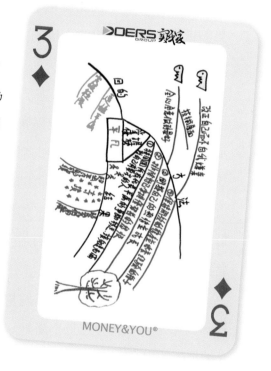

MONEY&YOU®

天才在這個世界上只是極少數，絕大多數人都只是平凡的人，那麼為什麼有些人會表現得特別優秀，能夠出類拔萃，超乎眾人之上，取得人人矚目的成就？答案很簡單，因為他們善於運用自己的優勢。

若你想要能掌握住自己的競爭優勢，那麼，首先必得釐清什麼才是你真正的目的、方法和結果？以下我要談幾個基本的概念：

每個人都是從「平凡」開始的，即便你是一個跆拳道高手，你也不可能一下子就成為跆拳道高手；你是英文高手，也不可能一下就成為英語高手，每個人都是從「平凡」起步，當你理解「人是平凡的」之後，你就得把握兩個關鍵：一是「突破極限」，二是「遠離平庸」，這兩個關鍵非常重要。

「突破極限」與「遠離平庸」，意思是我不希望我只是和原來一樣，我希望比以前更好，我給自己一點點的挑戰，我想成長更多，我想突破自己的極限，同時，這也是在「遠離平庸」。

　　如果你想「突破極限」、「遠離平庸」，那麼你得找到「目的」。例如，以一般的相機來說，它的畫素可能只有六百萬，但是如果我希望突破自己的極限，我就會希望將畫素提高到八百萬、一千萬、一千二百萬的畫素，這就是我的「目的」。也就是說，第一步：請找到你的「目的」。

　　第二步，請找到你的「方法」，我提出幾個方法：

　　一是「將周圍所有代表平庸的人事物移走，讓身邊充滿對自己有要求的人」。例如，你身邊的人都是英文很差的朋友，大家都不想進步，那麼你就遠離這樣子的人，否則你會和他們一樣甘於平庸，再也不會想辦法去提升自己的英文程度。如果你身邊有英文很好的朋友，他可以來督促你、指正你，給你更多的刺激與幫助，這能使你盡快進入一個持續進步的環境。

　　又或者是，如果我要成為銷售冠軍，我就得先讓自己的身邊充滿銷售成績比我好的人，並且不斷地請我的主管、老闆督促我、讓我的銷售成績不斷的提升。

　　二是「排除對已經掌握優勢者的怨恨」。

　　什麼意思呢？有時候看到別人的狀態比我們好，我們也不該去怨恨人、嫉妒人，因為當我們嫉妒時，就會看不清楚事實的真相，自己也不會有相應想要進步的力量，所以請你「排除對已掌握優勢者的怨恨」。

　　實際上，別人的優勢不會成為你前進的障礙，除非是你自己主觀的這樣認定。正因他身上一定有著值得我們學習的地方，才會在某方面表現得比我們好。當身邊有比我們更優秀的人時，我們應該感到慶幸，因

為有機會可以學習他們的優點和方法。以這樣的心態面對，別人的優勢將最大化地為你所用，而你的優勢將不斷得到擴充。某一天你可能會驚訝地發現，你已經超越了那些你曾認為遠比你優秀的人，原因就在於你首先超越了自我的平庸。

例如，如果我要成為銷售冠軍，某個業務的銷售成績那麼好，我就要排除對他的怨恨，願意和他學習。因為我沒有必要去嫉妒他，相反地，要去學習他的銷售技巧，才有辦法在銷售方面突破自己的極限，遠離平庸。

三是「開發自己的熱情，並成長」。

開放的態度要求我們不要受原有想法和觀念的束縛，以謙虛的、打開的心去面對外在的世界，充分吸收外界的營養來充實自己。同時我們學會從不同的角度去看待事物，不但可以學習到新的東西，還有助於我們發現和消除一些舊的錯誤。在不斷地學習，不斷進行嘗試的同時，還要有意識地彙集我們的經驗，無論是成功的還是失敗的經驗，都將成為我們擁有的寶貴財富，它們可以幫助我們在以後做出更正確的決策，減少或避免犯錯的機會，從而對我們未來的成功產生重要的影響。

例如，如果我要成為銷售冠軍，我就從銷售方面找到更多積極與投入的熱情，更多的成就感，並且更積極地去進行這件事，同時用每個階段的成就來增強自己下一個階段進步的動力。

四是「保持開放的態度，並培養經驗的種子」。

同樣地，如果我要成為銷售冠軍，我對任何可以幫助自己提升銷售能力的學習經驗或是做法、建議等都要保持開放的態度，同時不斷地培

養經驗，讓自己的銷售技巧成為強大的基礎。除了自己有這樣的基礎，未來在銷售方面可以幫助更多的人，因為如果你會一項專業，你可以幫助更多人進一步做得更好、變得更會，那麼這就是一種競爭優勢。

然而，在這個過程當中，你得從技術層面「全心全意地做到最好」。例如，在銷售這個領域，我告訴我自己、承諾自己，我要做到最好，而不是以低標準來看待自己。同時，你得要「改正自己，不自我嫌棄」，不會因為幾次的銷售失敗，就嫌棄自己差勁、不可能把銷售做好。

如果能夠做到這個地步，那麼最後你會發現，有一件事發生了：「結果」。

我們說，能夠掌握住優勢的結果就是，你會有「超出平凡的成績」，也能「超出自己的極限」，原本你的銷售成績可能是拜訪二十個客戶，能成交一個人，你現在可能變成拜訪十個客戶，你可以成交二個人。然後，「突破自己的極限」，原本你可能一個月只能賺五萬元，但是現在你每個月可以賺三十萬元，遠遠地超過你對自己能力的設定！

我自己也是經歷這個過程學習過來的，例如，我本來是一個口才不太好的人，在讀大學之前口才很差，甚至是比一般人的「平凡」更差。但是我為了要突破自己的極限，為了遠離口才不好的平庸過程，我開始參加辯論比賽，這件事就讓我身邊都是口才比我好的人，他們個個都是辯論高手，這使我遠離了平庸。

接著，我排除對已經掌握優勢者的怨恨，例如我經常看參加辯論比賽的學長或者其他厲害的同學的表現，我會在旁邊紀錄他們哪些地方做

得比我好，又是怎麼做反應的、怎麼去回答問題的。

然後，我開始開發自己的熱情並成長，我不斷地練習，甚至自己跑去中正紀念堂，站在牌匾下面演講。找到對象，我就和他們對談、對答。我看任何一場比賽，如果參賽者在台上辯論，我就會在台下聽，同時我自己會開始模擬，心裡想著：如果是我，我要怎麼回答？漸漸地我發現，我越練習就越有信心。

再來，我保持開放的態度，並培養經驗的種子。我有信心之後，就開始參加各種比賽，從一個平凡人，最後拿到了最佳辯才獎。在我自己懂得祕訣之後，我再去訓練和幫助別人做得更好，在這過程當中，我對於每一次的練習都是全心全力地做到最好，甚至常半夜不睡覺地一直練習一個主題，扮演辯論的正反兩方，一直不斷地溝通、討論與練習。剛開始的時候，當然表達的不好，參加辯論比賽之後覺得很後悔：「我怎麼會這樣說呢？」於是，我趕快寫下來，記取教訓，繼續修正。

最後，我從一個口才很差的人，做出超越平凡的成績，也超越了我自己的極限，這就是現在大家所看到的結果。

我本來是很平凡的人，甚至連一個住家、一個辦公室都買不起，但是我告訴我自己不要再過這樣的生活，所以我開始讓身邊都充滿著比我會投資的人。別人比我會投資、比我富有，我願意和他們學習，並開始開發自己的熱情。於是，我買了第一間房子，雖然壓力很大，但賺到了一點小錢，能開始給家人過好的生活，因此我更有動力再買下一棟房子，直到現在，我在海內外有了很多辦公室，同時還在馬來西亞蓋大樓，在臺灣的花蓮，也正在蓋Money&You的基地。

　　我的做法就是「在過程當中，努力做到最好」，然後「改正自己，不自我嫌棄」。今天的我和三十歲之前的我比較起來，我在三十歲之前住的是二十八坪的房子，裡面卻住了八個家人，也就是說，我從一個什麼都沒有的人，成為一個擁有很多產業的成功者，現在則是一個投資者，我認為這些就是「掌握人生」的方法。

　　正因為你我都是平凡人，我們要承認自己的平凡，但決不可甘於平庸，而是要在平凡的基礎上去尋找自己的優勢到底在哪裡，將之最大限度地發揮出來。每個人也都有他自己獨具的優勢，當一個人找到自己的優勢，並且能在生活中最大限度地運用時，就可以取得不平凡的成就。我們的優勢就是超越平凡的基礎和武器，你要能發現、運用，並不斷地提升自己的優勢，如此你將可以成為一個更優秀與卓越的人。

② 找到你不可取代的「競爭優勢」

隨著社會的快速發展，商業競爭日益激烈，每個人都必須要擁有他人無法取代的優勢，才能真正地站穩腳步，讓自己成為無法取代的人。這意思並不是你是天生與眾不同，而是你能做出與眾不同的事情；你的無法取代不是來自於你所擁有的，而是來自於你所付出的，關鍵就在於「你能夠給予別人什麼」。

談到「競爭優勢」，它來自於「對客戶來說非常需要，但是你的競爭對手做不到、或者不願意做、或者做得沒有你好的地方」，這些就能成為你的競爭優勢。

例如，說到披薩，大家都知道必勝客（Pizza Hut），必勝客披薩在世界各地都相當知名，可是很少人知道必勝客在早期的時候是不做披薩外送的，在必勝客不做披薩外送的時候，另一家叫做達美樂披薩（Domino's Pizza）的店出現了，在臺灣達美樂是只做外送的，達美樂究竟是怎麼做的呢？

　　現代社會的經濟程度發展越來越高，交通越來越擁擠，出門塞車的情況越來越嚴重，那麼在這種情況下，你認為「外送」會是短期市場還是長期市場呢？當然，會是長期市場。因為有越來越多的東西有外送服務，如果外送是一個長期市場的話，顧客當然需要外送。

　　那麼如果你要做到競爭對手做不到、不願意做、或者做得沒有你好的地方，要怎麼做呢？達美樂的做法是，他們在早期登陸臺灣時，只要你打電話叫披薩，三十分鐘之內披薩沒有送到的話，就是「免費」或者是「贈送折價券」，現在則是外送超過三十分鐘未到，贈送一百元折價券。達美樂願意在這一點上做得好，優勢就是「比別人快」，在速度上這一點做得比別人好，就可以因為快而索取更高的價格。因為我的競爭對手可能做不到、不願意做、或者做得沒有比我好，所以「速度快」的這一點就成為他們的競爭優勢，他們只要把「快」做好就成功了。

　　舉例來說，我相信一定有顧客需要的是更好的品質與服務，但是也有人做便宜的產品很成功，例如，在臺灣的大賣場，像是家樂福、大潤發裡面很常有「百元剪髮」的理髮店，一百元就能剪頭髮，非常便宜，但是會剪得非常精緻嗎？可能不至於，但是這樣的店家就是強調速度和低價，只要我的競爭對手做不到比我便宜、比我速度更快，那麼這就能成為我的競爭優勢。

　　每個人都有他自己的競爭優勢，舉例來說，為什麼很多學生選擇上實踐家的課？因為他們每次都會發現我們對政策的掌握特別多，對新資訊的分析比別人都快，所以這兩點就成為我們的競爭優勢。

　　除此之外，為什麼選擇實踐家呢？因為我們有一百一十八家的分公

司遍佈海內外，每個地方都有我們的平台、有同學會，能為學生打造出一個足夠大的平台，而同學會的成員也是大家經過同樣的課程訓練出來的同學，這些學生到每個地方都可以有人照顧他、支持他，這就成為我們的競爭優勢。

因為實踐家作為投資者，教人投資，所以我們的競爭優勢就是當我們投資企業的時候，實踐家能透過六大平台：教育平台、健康平台、食物平台、娛樂平台、能源平台、遮蔽平台，讓我們的被投資者可以彼此整合在一起，創造更大的力量與利益，這是我們作為投資者和別人不一樣的地方。

那麼別的投資者一般來說，他們的方式是：一、他只是投資你，二、大部分是以金錢為主，他們投資你，但是他看到你沒有賺錢，他們就離開。但是實踐家不一樣，我們既教育你、又投資你，同時幫你找平台、幫你將同一個領域的人脈整合在一起，創造出更大的力量，這就是我們比別人更大、更好的競爭優勢。

競爭優勢也可能是來自於一些「不可被取代的專業能力」，或者是非常受歡迎的性格特質。有些人會說他從事的工作很普通，很難擁有不可取代的專業能力。其實這是一種誤解，不可被取代的能力並不一定來自於特殊行業，無論你處於多麼普通的行業中，都可以憑藉自己超出眾人的能力而成為其中不可取代的人。

例如大家都希望跟清廉正直的人交往，如果你是這樣的人，就可以擁有比別人更多的機會。所以，即使你不具備出眾的能力或才華，也同樣可以憑藉自己優良的性格或品德而獲取更大的競爭優勢。

　　即使只是「人口比較多」這個特色，可能就是一種競爭優勢。例如，印尼有二億四千二百萬的人口，那麼靠著足夠大的人口紅利（demographic dividend，意指：在一個時期內生育率迅速下降，少兒與老年撫養負擔均相對較輕，總人口中勞動適齡人口比重上升，從而在老年人口比例達到較高水平之前，形成一個勞動力資源相對比較豐富，對經濟發展十分有利的黃金時期），就有更多的企業如果是做消費性的產品，他們可能就願意到這個地方來投資。

　　正如Money&You的導師，富勒博士（Richard Buckminster Fuller）告訴我們：「只要你願意為更多的人提供更好的服務，你就能創造更大的財富。」許多人抱怨現代社會中競爭太激烈，機會難覓。其實，機會隨時都可能出現，只是他們不善於發現。

　　機會在哪裡？自己和他人需要的東西就是我們實現夢想的地方。透過滿足別人的需要，我們能實現自己的夢想。你在滿足別人需要的時候，就是在給自己創造更大的機會和財富。相反地，有些人對顧客提出的超出常規的要求置之不理，他沒有意識到，他拒絕的正是自己可能開發出的新市場。

　　如果我們想要成功，不止是要關注自己的需要，更要關注別人的需要。知道自己缺少什麼可以幫助我們提升自我能力，而滿足別人所缺少的則可以幫助我們創造財富。任何人只要找到一、兩個競爭優勢，並且認真、努力、全力以赴地去做好它就足夠了，當你的這一個優勢做得最突出，那麼別人就會因為這一點主動接近你，你就能夠創造更大的價值效益。

3 認錯並修正錯誤，才能回到正軌

每個人在掌握自己的競爭優勢，同時在提升自我優勢的過程裡，有很多時候難免因為不熟悉而犯下錯誤，此時如何承認錯誤並真正去面對錯誤，就變成一門非常重要的學問，因為錯誤正是學習的機會。

在掌握優勢的過程裡，難免會有誤解的地方，或許剛開始你以為某個優點就是你的競爭優勢，但是在後來實際去做之後，才發現自己做得並不夠好，或者做得不夠多，才發現自己的認知不是最正確的。

我們難免都會發生一些錯誤，假設我們要從地球發射一枚火箭去月球，在Money&You裡面提到，那一枚火箭只有3%的時間是在朝向月球的軌道上，而另外97%的時間，都是在「修正」。所以你不斷地修正、修正、再修正，才有辦法到達你要去的終點。

既然「修正」這麼地重要，那就代表了每個人會出現錯誤都是必然的，錯誤並不可恥，「認錯需要勇氣，不認錯方為罪惡」。如果你不肯

承認自己的錯誤，你就會找更多的藉口來掩飾；當你越不願意認錯，其實你就離事實越遠；你不願意認錯，就會離修正的行動越遠，於是你就為了面子一直硬撐在錯誤的地方，始終到達不了終點。

你可以看到有很多的政治人物是不認錯的，但是其實，所有人都已經知道是他錯了，只有他自己不敢認錯，那麼他是不是已經降低了自己在這個社會上的信用評價。別人明明知道你錯了，卻看到你硬拗、死不認帳，那麼所有人就會看輕你。

前面也提到，如果信任是最大的資產，那麼不信任就是最大的負債，那麼你需不需要努力地在信任的基礎上做得更好呢？所以，認錯不可恥，認錯需要勇氣。

就像我第一次創業失敗時，我一直認為是合夥人的錯，但其實回過頭來想，我自己也是因為不懂得遊戲規則，沒有做好企業應該有的規則的掌握，才會造成這樣的結果。是的，當你承認自己的錯誤之後，反而可以將這件事情放下，可以使你走得更遠，但當你越不認錯，就越降低他人對你的評價。

實踐家也是一樣，我們在發展的過程中也曾經犯過錯，例如我們剛開始做企業時，強調快速地拓展，但是後來發現快速地拓展讓領導團隊跟不上、管理團隊跟不上、自己的基本功夫也跟不上，當所有人事物都跟不上的時候，快速的拓展反而帶來了虧損、利潤下降的結果。所以得趕快修正，認錯，我們因為還沒有做好準備，所以帶來這樣的結果，因此我們趕緊再刪減一些分公司，回歸到自己比較能掌握的基礎規模。

但是如果我們死不認錯、硬撐著，你就可以發現你本來只是利潤下

降而已，還算有獲利，可是當你利潤下降之後，就會開始發現有虧損，再來是虧損加劇，越來越劇烈，那麼等到你想要回頭的時候已經來不及了，公司可能就倒閉了。

每個人都會犯錯，一個人的錯誤或失敗可能會永久葬送他為之奮鬥的事業，也可能會成就他取得更大的成功，這取決於他如何面對自己的錯誤，是否能夠從中獲得經驗或教訓並在以後戰勝它。能夠從錯誤中學習的人將是成長最快的人。

面對失敗，有的人一蹶不振，有的人卻能重整旗鼓，而後者——從錯誤中學習、戰勝失敗的人往往就是那些能夠取得最出色成就的人。犯錯並不可怕，只要你正確對待所犯的錯誤，它反倒會成為生活提供給我們的最大的機遇。人生不是得到就是學到，而不是盲目地以為失敗犯錯之後就沒有機會翻身。

有句箴言說：「每個人都會犯錯誤，但只有愚蠢的人會重複同樣的錯誤。」所以，擁有面對錯誤的勇氣，從錯誤中尋找對我們有益的東西，才能不斷提升自我，獲得人生中更大格局的突破和事業上更大格局的創新。

除了這些，Money&You 還可以教你……

第四單元：掌握競爭優勢

- 👍 掌握優勢的目的方法與結果
- 👍 如何修正錯誤並回到正軌
- 👍 如何善用外包的力量創造績效
- 👍 如何找到不可被取代的

  競爭優勢
- 👍 從邊緣外到創造生活型態的

  四個步驟
- 👍 激發勇氣的三個步驟

富有國度‧溫馨天堂

從〇八年畢業以來，我常來來回回於Money&You的課室。

會有很多人不解地問，雖說是終身免費複訓，可是吃、住、來回行程費總得自己掏，值得嗎？當然值得！因為於我而言，這裡是一個富有的國度，溫馨的天堂！與有形的錢財相比，來這裡是一種心靈的值得，一種心靈的享受，更是一種不斷的自我發現與成長的溫室！

Money&You的畢業生總喜歡稱這裡是「家」。所有畢業於此的都是一家人。結識Money&You的四年以來，它的精神漸漸成為我的一種生活狀態，在我的生活無處不在，它很包容，也很豐富，有常常讓我在平凡生活中得到新領悟。

每次回到Money&You的課室，我就感受真正回到家中的舒暢，因為在這裡我可以像個純真的孩子，可以很單純的笑，單純的與周邊的人交流，不用去猜忌交往的目的，這是一個充滿人情味，充滿愛與支持的美妙天堂。

喜歡Money&You的原因很多，但最讓我感動的還是這兩點：

一是每次去複習，總能遇到來自天南海北、國內國外的的畢業生，不論相識與否，只要相遇，就總有說不完的話題和聊不完的天，像相識已久的老友。大家總是很熱情，不論你在生活中的身分，也不論你在家

庭中的角色，只要從這個課室畢業的，就以家人相待。

經常在吃飯的時候看到大家互相熱情的招呼，互相爭搶著買單，看到落單的家人也總是溫情招喚，因為是一家人，所以不能讓哪一個人落單，這種感覺真的很溫暖！

二是我喜歡看到課室內每天人與人之間的變化。新生第一天來到會場，我們向他打招呼，他總是很茫然，沒有回應，也不適應對這樣的熱情。而經過歡樂的一天相處之後，與同學們一起遊戲，一起合作，第二天再見到大家打招呼就開始自然的面帶笑容，熱情回應，交流開始頻繁起來。

等到愉快的到達第三天，大家就已經好像老友一樣親密無間，說著課室內外發生的事，分享你我的感覺，總有聊不完的話題，更有面對分別之際的依依不捨。大家爭相互留下各種可以聯繫到的方式，總恨不得大家都是住在一個弄堂裡。

有很多人說課室講的早已就都明瞭，沒必要再來這裡！但是，我們人生中不正是因為有著太多的自我，有著太多早知道，但獨獨缺了自知，少了發現，忘記了對於那些早已發生的事應該如何應對，如何把握嗎？

Money&You說：珍惜的人最富有。這樣一個令我倍感珍惜的課堂使我感到自己很富有！Money&You也會因為大家的愛護與珍惜，讓更多人感受到這份富有與珍貴！Money&You歡迎大家常回家，感受溫暖，感受愛！

華文Money&You 246期畢業生 **馮梅梅**

更多見證影片，請看⋯⋯

萬事萬物都存在著聯繫，
它們相互發生作用、相互影響，
沒有任何事物可以被孤立地看待。
當做出某項選擇時，
你所選擇的不僅是事物的本身，
還包括與之相關的一切，
一旦你選擇了，
周圍的事物都會與你產生相互的影響。

全球頂尖商業暨成長課程

MONEY&YOU®

Chapter 05

相互作用的力量

釐清真正的目的與順好勢而為

1 無論好壞，善用 PRECESSION 的力量

2 釐清目標與目的的差異，順勢而為

3 富勒博士的三大白金定律

見證故事：飛碟電台主持人——朱衛茵

相互作用的力量：
釐清真正的目的與順好勢而為

Chapter 05

「相互作用」這個詞是我在上Money & You課程的時候，學習到的一個比較特別的詞，英文是「Precession」，是相互作用的意思，一般來說，翻譯會將它翻譯成「偏向」。我認為「Precession」比較特別的地方是：可以讓我們注意到一件事情的兩面，而不是只有單方面。有時考慮到相互作用，才能保證對錯誤和偏差做出及時的修正，保證我們的人生不會偏離方向。

舉例來說，你以為從甲地到乙地，你只要認真地走向乙地就可以了，但是你忽略了從甲地走向乙地的過程中，會發生一些變化，當這些變化出現時，會帶來「相互作用」，如果你沒有去處理它，那麼你可能到不了乙地，或者你得要花很多時間才能到達乙地。

相互作用的基本觀點就是：世界上的萬事萬物之間都存在著聯繫，它們相互發生作用、相互影響，沒有任何事物可以被孤立地看待。

因此，當你做出某項選擇時，你所選擇的不僅是這個事物本身，還包括與之相關的一切，也就是說，一旦選擇了，你就進入了關係之中，周圍的事物都會與你產生相互的作用，對你產生影響。

　　例如，你想要賺一千萬元，你設定自己一步步地朝著一千萬元前進，那麼假設從零元到一千萬元之間需要一千步，當你走到第一百步時，是不是已經擁有了一百萬？但是當你走到第一百步的時候，突然有個人勾住你的手，不讓你走，他提醒你：「你的健康出問題了！」可是當大多數的人的目標是一千萬的時候，他們不會在乎自己的健康是不是出問題，他們大概只會說：「管他的，等我有了一千萬，有什麼病醫不好？」

　　但是因為你拖著生病的身體在往前走，後面的九百步變得更辛苦，走得更慢了。好不容易，你終於走到第一百二十步，突然又有人勾住你的手，他告訴你：「你家的孩子開始叛逆了！」但是你說：「唉呀沒關係，等到我有了一千萬，我有什麼東西不能買給他的？」可是你會發現，當你在走第一百二十一步、第一百二十二步時，你的身體撐不住了，孩子又讓你牽掛，各種狀況隨時隨地就過來拉住你、警告你，讓你變得非常、非常地辛苦。

　　想想，為什麼你設定想要賺一千萬元，會帶來自己的健康與孩子的問題呢？因為你太專注在你的事業了，你把所有的時間投入在事業上，你可能忘記運動、你可能沒有注意營養的攝取，你可能天天晚睡又早起，當然你的健康就閃紅燈了。

　　因為你太專注在事業上了，沒有時間和孩子溝通，沒有人可以關心孩子，他當然就變壞了。可是，如果你沒有停下來去處理這些狀況，那麼它就會變成更嚴重的事情，讓你沒有辦法再邁開步伐往前走，這就是我們說的「相互作用」的基本原理。你一定要去注意：每件事情都有偏

向，每件事情都會有它的相互作用，沒有任何事情是單獨而存在的。

要使自己的生命取得平衡，進入一個圓融的狀態，一個簡單而重要的原則就是「兼顧」，兼顧代表著避免走極端，不要因為選擇了一個就否決其他，而是重視相互作用，透過對關係的調整和平衡而達到和諧。

例如在追求目標的同時兼顧目的；在追求財富、事業成功的同時兼顧快樂、健康和家人……在我們生命中有許多重要的東西，任何一項的缺失都會導致失去平衡，無論你在其中一方面取得了如何重大的成就，都不是真正的成功，都無法從中得到幸福和快樂。

要做到「兼顧」並不困難，首先要時時提醒自己，什麼才是自己真正想要的，避免陷入一種盲目的忙碌中；時時將目光從自我的欲求，從眼前的利益上移開，投向更廣大的空間，關注被忽視了的重要事物，關注他人心靈的需要。在實現自我的同時兼顧他人和社會的需要；在創造事業成就的同時享受生活；既獲得豐厚的物質財富，又擁有心靈的富足，由此才能創造出一個豐富、健全、圓融的生命。

當你決定要賺錢，你就會發現這件事一定會帶來很多的學習與成長，那是正面的相互作用，但是也可能會帶來很多的利益糾紛，那也是可能出現的相互作用，所以我要提醒讀者的是：任何一件事情都要看到它的多面向，而不是一個單一面向。因為我們過去通常只有看到單一面向，所以不容易把事情看明白、看清楚，而Money&You讓我們看到了各種的相互作用，所以要將每一種相互作用都當成是一個學習的機會、成長的機會，當成是以此為基礎，可以往上再邁進的機會。如果能這樣看待相互作用的話，那麼它就會變成是一個有意思且積極、正面的事

物，同時不一定只有負面影響。

　　就像我，如果不是去參加Money&You的課程，我就不會因為Money&You而創業，也不會有自己相對的成功經驗，而被美國總部邀請成為Money&You的講師，也不會有後來我們得到了Money&You總授權代表的機會。

　　於是，我們彼此的相互作用帶來了更多的學生，於是我們去了中國大陸、馬來西亞、新加坡發展，發展為一個國際平台，也因此能照顧好Money&You學員的資源整合與教育，那麼因為有這麼多的資源整合，看到了很多的投資機會，我們才有機會投資這麼多的企業，而當我們投資企業的時候，彼此團隊之間的成員又需要更好的課程來輔助，於是又進入了Money&You課程。所以，很多事情可以不斷地相互作用下去。

　　就像是，你有時候可能會不小心去到一個你從來沒有想過的、遙遠的地方，原因只不過是因為你在一條路上搭上了某個人的車子，你本來要從甲地到乙地的，結果你搭上那個人的車之後，因為和他聊天聊得很愉快，所以你便去了丙地，但是你到了丙地之後，你發現當你再重新朝乙地出發的時候，你的心裡變得更踏實、更有收穫了，也更成長、視野更廣了。因此，用心去留意生命當中一切的相互作用，它都可能會給你帶來正面的加持。

無論好壞，善用PRECESSION的力量

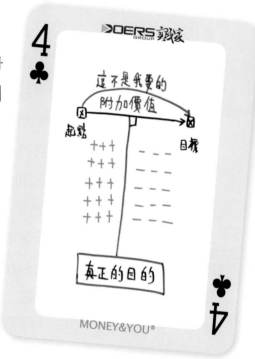

正如暢銷書「樂在工作」作者丹尼斯‧魏特利（Denis Waitley）博士所說的：「樹立目標的最大價值在於可以避免浪費時間，避免漫無目的地瞎做，使你能集中精力去達到理想的目標。」

然而有許多人在設定目標時，常常把目標定為具體的數字，例如，我減肥要減幾公斤、賺錢要賺幾百萬、考試要考多少分等等。實際上，這種按數字量化的目標經常會帶給人更大的迷失。因為許多人在實現目標的過程中，為了達到設定的數量，往往會忽視另外一些更重要的東西，結果使自己成了目標的奴隸。

舉例，我為了賺更多錢，所以我去創業，結果當了老闆之後，才發現這不是我要的。為什麼呢？原來你發現「哇，要管好多人喔」，你才知道有很多事情你要做、有很多責任你要扛，但是你本來只是為了賺錢而已，如果要賺很多錢，其實你可以當業務，如果你可以成為一個頂尖

的銷售代表，你就不一定得當老闆，因為你想要的只是賺錢。我們經常是在到達了目標之後，才發現這不是我要的。

或者是，你想要出國留學，但是後來才發現這不是你要的，因為你只是想看看這個世界，而不是為了出國留學花了一大筆金錢與時間，還有可能非常地痛苦，為什麼呢？因為你的語文程度可能跟不上。那麼你其實參加海外的打工渡假就可以達到你的目的了，如果你真的想學新事物，其實有翻譯可以幫你找到你想知道的資訊。所以每個人都要明確地弄懂什麼才是自己真正的目標，否則，往往到了目標之後才發現這不是我要的，那麼，不是賠了時間、金錢又傷心嗎？

當我們設立目標的時候，應該問問自己：我為什麼要設定這個目標？我想從中獲得些什麼？什麼才是我真正想要達到的目的？如果你不能為這些問題找到答案，那麼無論你為自己設立了多麼清晰明確的目標，你的人生仍然處於盲目的狀態中。我們專注於各個階段的目標時，必須清楚這些目標的實現最終是為了實現我們整個人生的目的。

重視目標而忽視目的的努力是一種盲目的努力，生活中每天都有人在重複這樣的錯誤，埋頭於那些量化的目標而忘記了真正的目的，結果目標還沒有實現，生活中卻已經危機四起，甚至全面崩潰。他們往往在最後一切都無法挽救的時候，才發現在達成目標時忽略了目的，反而給自己造成了多麼大的損失。

我們說，你從起點出發邁向目標的過程一定會帶來正面的相互作用，也可能帶來負面的相互作用。假設你想當老闆，這件事的確可能帶來正面的相互作用，例如，你可能提升了管理能力、領導能力，也可能

認識更多的老闆，有各種正面的相互作用；此外也有負面的相互作用，例如，你發現自己不愛應酬、不願意和別人多交談，發現原來自己的思慮不夠完整等等。無論如何，當這些相互作用開始發生的時候，你一定要去關注它，如果你不處理它，它就會開始扯你後腿。

想想，你今天當老闆，是希望更有成就感？或者是希望創造更多的財富？但是你在這個過程中可能發現，因為應酬喝了太多酒導致身體出狀況了，那麼你就要問問自己：「這和你所想要的財富與快樂是不是相反？」你是否需要先把身體給照顧好？當你把健康處理好了，就可以真正達到你的目標，你就更有能力與財富去賺到更多的錢；把人際關係處理好，你就更有能量、更有能力去賺更多的錢。

在我們向人生的目標邁進的行程中，也有可能發生很多當時我們無法想像的事情，產生一些原本無法預期的意外傷害，如事業的波折、家庭的裂痕等。在這樣的時刻我們一定要從忙碌的生活中停下來，靜靜地審視自己的目標與目的，才有機會看清問題所在，有機會做更深刻的思考。

也就是說，從起點邁向目標的過程當中，不管發生了任何的相互作用，無論是正面還是負面的，你都得認真處理它，因為正面地處理，它將會變得更正面。負面本來是個負號，如果你願意正面地去處理它，就會變成一個加號，就會成為一種正面支持的力量，幫助你往自己的目標邁進。

如果發現這真的不是你所要的，重新設定一個目標也可以，不是一定得朝著這個目標走下去。因為這並非你所求，所以你在過程當中，可

以適當地修正你的目標，讓你自己走得更遠一點。同時你會發現，當你適當地修正之後，有時候回頭時才發現，你原先的目標反而達成了。

例如，你想要賺錢，後來發現自己不健康、也不快樂，但是當你變得健康、變得快樂的時候，你會發現錢又來了。所以我們會說：「你就是錢，錢就是你」。你是一個什麼樣的人，決定了你擁有多少錢，你有了錢之後，結果人改變了，最後錢當然也容易消失了！因此，金錢可能是你的目標，但是你的人是目的，只要照顧好目的，那麼之後錢有可能就來了。

每個人都希望獲得成功，擁有更多的物質財富，但歸根究柢，人們最終追求的是生活的幸福，而不僅是大量的金錢。增加財富只能說是一個提高人們幸福感的有效手段，而幸福快樂地生活才是我們真正追求的目的。

如果不希望在無法回頭的時候懊悔，那麼，當我們從起點出發之後，就要時時提醒自己，不斷去關注自己的目的，釐清正在追求的是不是自己真正想要的、真正需要的，才能在邁向目標的進程中使生命的價值獲得真正的提升。

2 釐清目標與目的的差異，順勢而為

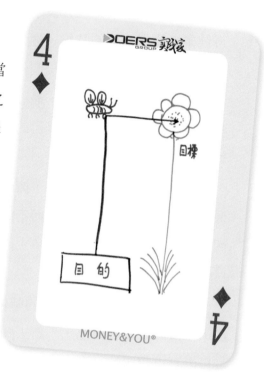

「相互作用」是很有意思的，當蜜蜂飛去花朵上採花蜜，採了花蜜之後，牠的腳會沾到花粉，接著，蜜蜂再飛到另外一朵花上，當牠飛到另外一朵花的時候，會發生什麼事？那就是「授粉」。授粉之後，那朵花就會活下去。所以這是很有意思的，如果花朵是目標，那麼其實「授粉」才是蜜蜂存在於大自然的真正目的，所以當蜜蜂在吃花蜜的同時，其實牠們也正在幫助花朵活下去。這完全是一個無意的行為，但正是由於蜜蜂幫助了花朵授粉，這些植物才能在第二年開出豔麗的花朵，而蜜蜂才能繼續採到花蜜做為食物，保障了自己的生存。

自然界的這個循環向我們展示了一個極為深刻的道理：世界上的萬事萬物之間都存在著某種潛在的聯繫，當我們做出某項行為時，可能無意間就會對其他的生命產生重要的作用，而這個作用又可能會反過來影響我們自己的生活。

其實很多東西都是相對的，例如，員工的目標是「打工賺錢」，可是在打工賺錢的過程裡，他發現了自己也成長了，找到了人生的方向。任何一件事情都不只是表面上所看到的，它都會有相互的衍生作用。

蜜蜂與人類生活息息相關，如果蜜蜂消失了，超市裡將不會有幾樣青菜，只有一些水果，因為在人類吃的食物當中，有超過三分之一的作物需要仰賴蜜蜂授粉才能存活。而這樣的景況並不遙遠，因為近年來，世界各地的養蜂人陸續發現蜜蜂大量失蹤的情形，這種狀況被稱為「蜂群崩潰症候群」（Colony Collapse Disorder, CCD）。「如果蜜蜂從地表上消失，人類活不過四年」曾是愛因斯坦的名言，雖不知其真實性為何，但是主要的用意仍是提醒世人不要輕易忽視蜜蜂在生態中的重要性，很多事物都是相互的，它不是只有單一的，最後面臨滅絕威脅的可能是人類自己。

人類世界中的聯繫，正如蜜蜂和花朵的相互依存而生，或者和大自然中其他類似的現象一樣。兩個本來看似不相關的人，如果有機會形成某種交會，一定會產生新的相互影響，從而使雙方的生命都走向新的方向。

例如，我的目標是為了要拓展事業，所以我去了中國大陸，但是去了之後才發現：原來在這麼大的土地上，「一帶一路，互聯互通」是非常重要的。我就因為這樣子，反而轉了一個彎，從中國大陸再往東南亞做生意，原本我可以直接去東南亞做生意，但是我卻從來沒有想過這件事，反而是我去了大陸拓展事業後才發現：原來中國大陸和這些地方有這麼好的稅務優惠等等，於是，最後我也去了東南亞開展事業。

　　有時候，這些體會是需要隨著你的成長去修正的，是一種「順勢而為」，如果它是一件好的事情，那麼你順勢而為其實也沒有什麼不好。舉例來說，有一個人，她只是去了馬來西亞旅遊，後來發現馬來西亞不錯，她有機會能成為導遊，於是她就去了馬來西亞當導遊。因為她經常往返馬來西亞，結果發現那裡的房地產和十年前的臺灣、中國大陸很像，房價還有機會上揚，所以她從一個旅遊者，變成一個導遊，最後到成為落地在馬來西亞從事房地產的老闆，而且也做得非常成功，還將馬來西亞的地產介紹給臺灣、中國大陸、香港等各地的朋友，這就是實踐家所投資的「久久國際地產」的創辦人王琇瑛。

　　你只要順勢而為，重點在於「你要願意走出去」，你不願意走出去，就不可能與別人產生連結。只要是正面的好的事情，你就可以順這個勢，若是負面的、壞的事情，那麼就好好停留腳步，認真思考之後再做決定。每一個可能摧毀你的力量，或者每一個可能為你帶來負面影響的事物，當你處理好它的時候，它都能變成正面的力量。

　　實踐家投資了很多公司，看似公司太多、太多元了，但是我們後來發現，也正因為有這麼多的公司，才反而能成為一個彼此整合、互相幫助、互相支持的大平台，這其實也是一種彼此支持的力量。

3 富勒博士的三大白金定律

本書前面單元曾經介紹過Money&You的精神導師，富勒博士。富勒博士被稱為「超老子」，意思是他能用非常前衛的思考來表達，但是卻又能涵蓋與解釋一、二千年老祖宗的智慧在其中。

富勒博士曾經提出三大定律：

第一個定律是：「ＩＮ和ＯＵＴ」。

他認為英文的「站起來」（Stand Up）和「坐下去」（Sit Down）的說法，應該改為「坐出去」（Sit Out）與「坐進來」（Sit In）。因為當語彙中出現「UP」和「DOWN」的字眼時，就會產生「上」對「下」的差異，而實際上人們只有「在這裡」（IN）和「不在這裡」（OUT）之分。

這個概念可以說是：「不是在這裡，就是在那裡」；「不是在裡面，就是在外面」。每一個人都一定會有一個自己的位子，當你在一個位子，你就不會在另外一個位子。簡單來說，如果你不是團隊的一份

143

子，那就是團隊的外圍份子；如果不是一個家庭的成員，那就是家庭以外的成員；如果不是一個平台裡的共同創造者，那就是一個平台外圍的使用者。所以每個人其實隨時隨地，不是IN就是OUT，不是在裡面，就是在外面；不是在這份關係，就是在另一份關係，這是相對的，並非絕對的。

舉例來說，政黨選舉的時候，也許有人本來在甲黨，後來第二次選舉時，卻又跳去乙黨，所以相同的，你不是在這裡，就是在那裡，當你選擇了在這裡，你就會和這裡的人產生相互作用，當你選擇在那裡的時候，就會和那裡的人產生相互作用。又或者是當我們進入一家公司，或者進入一個新的合作關係時，就是IN到（進入）公司裡面，就與之發生了重要關聯，就必須承擔相應的責任與義務，直到我們選擇OUT（出來）。

在我們的一生中，無論是在事業、家庭、個人成長方面，都要不斷地就各種關係做出IN或OUT的選擇，最重要的是，如果我們選擇了IN，就應該全身心投入其中，將自己的角色扮演到最好。

第二個定律是：「PRECESSION」（相互作用）。

一旦你選擇了IN的時候，就會產生一個PRECESSION，它的意思是相互影響，相互作用。例如，你一旦選擇加入一個家庭，和一個人結婚，那麼就肯定要與這個家庭中的所有成員產生相互作用；選擇進入一個公司，肯定要跟這個公司裡面的所有人產生相互作用。而這些相互的作用可能會改變你最初的目標，它的力量是不可忽視的。

例如，當我進入Money&You的課程時，發現這個課程只有英文

144

版，於是對我就產生了一個相互作用：應該有中文版的Money&You，而且它應該被推廣到亞洲的各個地方。這個由相互作用催生出來的想法，最終促成我成為這個課程全世界的中文版總代理。正是由於對這個課程的「進入」及由此產生的相互作用，使我獲得了後來的發展。

第三個定律是：「全世界所有的關係都是成對存在的，並非單一的。」

每個人在做出一個決定的時候，一定相對地會產生另外一個決定；進行一個選擇的時候，一定產生了另外一個新的選擇。正因為如此，我們要考慮清楚，自己所做的是不是一個好的選擇，它能否帶來一個更好的選擇，還是帶來一個更糟的選擇。

我一直強調，當你選擇了一種關係、進入了一個團隊、進入了一個平台，你就會因為這個選擇而產生很多正面或負面的相互作用，而這些相互作用是成對存在的，你不能只要好的，不要不好的，也不能只要你要的，不要你不要的。

例如，你成為一個名人，所以有很多人要探你的隱私，你就成為狗仔隊追逐的對象，你一旦選擇一方，就會產生這樣的關係。那當然如果你不是一個名人，就沒那麼多關注了，但是同時你的影響力變少，你能做的事情也變少了。

例如，你可以選擇要和誰結婚，一旦決定結婚，就會產生正反兩面的結果；當你選擇加入一個工作團隊時，也一定會產生相互的影響，而且好壞的影響一定是同時存在的，不可能只要其一，而不要其二；不可能只選擇有利的部分，而不承擔不利的選擇。我們不能選擇與人合作卻

不承擔成本，共同發展卻不提供技術，只想獲得而不願付出，這種合作在哪裡都是無法進行下去的。

每個人要忠於自己的選擇，但是你是可以容許這樣的關係隨著階段變化而改變的。舉例來說，實踐家原本只是一個完全的教育工作者，但是現在我們是一個投資者。一旦我們成為投資者，就必須要去瞭解到更多投資的法則、投資的定律、投資的風險。如果你選擇了當教育者，而不是成為一個投資者的時候，你就可以認真教書，你不懂投資的問題也沒什麼關係。

富勒博士也曾是一個被哈佛大學連續退學兩次的人，也因為他被退學，所以他不在制式化的教育裡面，他反而能有更多體制外的教育，這些事情反而創造出他思想不受限制、思維不受控制的更大發展。

許多事物都是成對存在的，這種成對存在裡面，有正作用也有負作用，即使它是負作用，都可以讓你有成長的機會，因為讓你更清楚面對那些問題，把它處理好，變成一個正面作用。

除了這些，Money&You 還可以教你⋯⋯

第五單元：相互作用（偏向）的力量

- 👍 明確目標與真正目的之間的關係
- 👍 善用PRECESSION相互作用的力量
- 👍 富勒博士的三個白金定律
- 👍 如何創建利人又利己的事業
- 👍 如何建構圓融的「愛的軌道」

我愛錢，更愛你
Money & You
林偉賢博士17年傳奇之
落地實踐成果全紀錄

M&Y見證故事

更好的發展，來自於從錯誤中學習

　　我曾參與過Money & You課程，但當時並不是很習慣去參加一個團體的訓練，這可能是因為職業的關係。我是一個主持人，下節目之後就離開電臺，所以很少有機會在公司裡和一群人相處，永遠都是「進進出出」的感覺。雖然我每天和許多聽眾交流聊天、分享很多的事情，但都是在一個密閉的空間裡，真正加入別人、參加一個團體成長課程，那是我人生的第一次。

　　在課程中，林老師要我們把悲傷的那一面、經常隱藏在內心很痛苦的那一面分享出來。對我來說，父母相繼離開世間以及我的離婚，一年半的時間裡接連發生這三件事情，對我的打擊真的非常非常的大。經過這三件事情之後，我生了一場很重的病，久久讓我無法有自信地活出我的生命。

　　到今天，去看我一九九七年發生的事情，我的婚姻雖然失敗了，但我覺得這不只是一個人的錯誤，而是兩個人都有問題，如果有一方已經不再努力時，這段情感或是婚姻就會慢慢的消失。

　　可是很多人面對問題時並不願意認錯，許多朋友在和男朋友或先生吵架時，常常都會講一句話：「算了，我讓你，算我錯了好了！」只想息事寧人，卻往往繼續重蹈覆轍。

　　若想從錯誤中學習，很重要的一點是，當我們真的覺得自己做錯時，要勇敢的認錯。像我在那一段婚姻裡真的是錯了，我逃避、不想做一個稱職的家庭主婦，我並不是那麼喜歡帶小孩，但我當時並沒有面對我的錯誤而認錯。

　　為何大家不願意認錯？

　　一、覺得丟臉；二、覺得自卑；三、覺得人家沒有接受你、人家在拒絕你；四、你總是覺得人家針對的是你的人。

　　但現在的我覺得並不是這個樣子的，我覺得認錯很好的地方是：一、我們誠實面對自己；二、我們接受別人對我們的批評而有更好的發展；三、我們有更好的將來，因為我們看到自己曾經犯過的錯誤；四、其實認錯需要勇氣，需要很大的情操，一個對自己很有自信的人才會向人認錯。

　　事實上，一個常常逃避現實、撒謊的人，是因為他對自己所做的事情沒有自信，他總是希望用一個新的謊言來圓前面一個謊言，他希望人家看到的是一個假象。但你想想看，如果一個人一直活在一個假象裡，他是不會快樂的，他不斷地扮演「別人」，永遠沒有辦法真正作自己。

　　所以，做錯事時，請誠實地面對錯誤，告訴別人：「對不起，這是我的錯，但我一定會儘快改進的。」我覺得一個肯認錯的人，是一個為自己負責任的人，而且將變成一個更棒的人。

飛碟電台主持人　朱衛茵

更多見證影片，請看……

當你掌握了性格分析的方法之後，

會驚訝地發現，

以往你不但沒有正確理解別人，

甚至不瞭解自己，

這正是性格分析的一個重要功能——認識自我。

一切溝通和合作的出發點都在於我們自身，

只有瞭解自己，才能夠瞭解別人。

全球頂尖商業暨成長課程
MONEY&YOU®

Chapter 06

DISC性格特質分析

有效溝通來自於理解自己與他人特質

1. 溝通就是「人之所欲，施之於人」
2. 從行為特質理論延伸而出的 DISC 理論
3. 從四大象限分析人類的四種行為特質

見證故事：雲南首個 Money&You 社區青少年活動中心成立

DISC性格特質分析：
有效溝通來自於理解自己與他人特質

　　自古以來有著各種分析性格特質的方法，例如「面相」，有人說不同的面相，就有著不同的性格特質與發展，此外，有的用「八字時辰」，也就是出生年月日來看人，意思是說同一個時辰就應該是同一個樣子。也有人用血型、用星座來分析，我會說，這些都沒有對錯，也都是一種分析性格特質的方法。

　　像實踐家投資的一家公司，就是在教生命密碼，看看你的出生年月日，加起來的一個數字，分析出你是屬於幾號人，就能大致瞭解你是什麼樣的性格特質。

　　我們有各種不同的分析法可以去看一個人，這些方法都是希望對人做出一些判斷，或者對人與人之間的相處關係作為一個參考的依據。

　　性格特質又分成兩種：一種是先天的，一種是後天的。例如，長相是什麼樣子，父、母親長什麼樣子，你很自然地就長什麼樣子，至少接近那個樣子。以及，你的父母親的血型會決定你的血型，很多特質都是先天就決定的。

　　然而也有一套理論是從後天來分析的，從我們的生活態度、習慣、

周遭環境、教育方式判斷出來的一種方法，可以分析你是屬於什麼型的人，例如有老虎型、孔雀型等不同性格特質的人，或者是領導型、服從型的人。

在Money&You裡，我們所採用的這套分析理論，稱為「DISC」，DISC這套理論觀點是全世界被使用得比較多的、也是普遍化的一套方法。而這套方法是從觀察我們後天的生活環境、教育模式，如何影響我們變成今天的特質所分析出來的，因此，既然是後天形成的性格特質，我們就相信它是有機會改變的，它並非是完全不能改變的。

如果你生活在很熱的地方，有些人可能會變得比較慵懶，這是整個氣候的影響，不是他真的想這麼慵懶；如果你生活在一個很冷的地方，你可能就很理性、很冷靜，因為沒辦法，屋外冰天雪地，很自然地你會很冷靜，在家裡經常思考。我們相信人的行為特質可以經由後天的環境改變，你之所以成為今天的你，也不是突然變成的，而是一個人在不同時間、不同地點，所發生的不同事情，使你留下了不同經驗，帶給你不同的感受，最後導致你做出這樣的反應。

假設，你可能曾經對一個人非常、非常地好，結果反而受到很大的傷害，那麼從此以後你就會不太敢再去付出關心，因為從過去的經驗裡，讓你不願意再去製造被傷害的可能。

當你掌握了性格分析的方法之後，可能會驚訝地發現，以往你不但沒有正確理解別人，甚至並不瞭解自己，這正是性格分析的一個重要功能——認識自我。一切的溝通和合作的出發點都在我們自身，只有瞭解自己，才能夠瞭解別人。不僅如此，認識自我還會幫助我們挖掘自我潛

能、調整情緒、控制弱點、提升優勢……因此,性格分析不僅是對人際溝通,而是對我們的整個人生都具有重要作用的知識。

　　如果可以瞭解一個人從以前到現在所積累的過程,以及所帶給他性格特質上的影響,那麼這些影響應該是可以修正、可以改善的,或者甚至可能無法做太大的改變,但是至少可以去適應它,或者至少可以去發揮這個性格的強項。

　　例如,有些人做事很謹慎、很保守,那麼你要求這樣的人加快速度,就不太可能,但是如果你有需要謹慎評估的事情,就可以請他協助,因為他會比別人更謹慎,評估得更完整。每個人的性格裡面,都擁有一些不同的特質因素,發揮你特質裡的強項,以及去避免短項對你產生的負面因素,像是拖延、懶散等等,這是每個人在發揮自己性格特質時的一個重點。

　　一個人最重要的就是與別人相處,有的時候你很熱情、很熱心,你說話很快,但是你嘴一快,可能就會思慮不周全,就脫口而出傷人的話,所以你越瞭解自己,就越容易去做適當的修正。而成功者有很多特質,但溝通是其中最關鍵的特質,那些成功的人都善於溝通。

　　當你與人們達成了良好的溝通,使自己在最大程度上為對方所接受的時候,就為自己爭取到世界上最有價值的資源,為未來的發展打下堅實的基礎。但要別人接受你,你先要去瞭解他們,瞭解他們的渴望和需求,然後才能找到最適合的、最能為他們接受的方式與之相處。

　　許多人把處理人際關係視為畏途,其實,溝通並不是人們所想的那樣困難,在每個人內心中都有可以被打動的地方,關鍵在於你是否能夠

用心尋找。真正的溝通不是靠語言，而是一種心靈之間的交流。當你得到別人發自內心的感動、認同時，溝通就成功了。

但每個人的需求、願望、看待事物的角度和方式都是不同的，這種差異的產生有許多原因，像是出身背景、生活經歷、教育程度等等，而其中，性格是重要關鍵。

性格是自然給予生命的烙印，它使人的行為天生就會遵循某種模式，影響到我們對事物的認識、反應、處理。在大原則上，人性會有許多共通之處，但在細微具體的部分是千差萬別的，只有瞭解這些差別，我們才可能在溝通中及時準確地把握住對方的感覺、想法，做出正確的回應。

溝通要用對方法，有正確的、好的、良善的溝通，溝通就等於財富，可以為你自己創造出更大的價值，所以瞭解自己、瞭解別人，絕對是必要之事。

溝通就是「人之所欲，施之於人」

從小到大，我們都聽過一句話：「己所不欲，勿施於人」。這句話我認為不是全錯，可是有可能被做出錯誤的解釋。

舉例來說，你自己不需要的東西，別人並不一定就不需要。我是一個不需要別人讚美的人，我就不會讚美別人；我是一個不需要別人肯定的人，我也不會去肯定別人；我是一個不需要支持的人，我就不會去支持別人；我是一個不需要錢的人，我就認為別人也不需要錢，那也是「己所不欲，勿施於人」。所以人們最大的問題就是：「我都沒有，你為什麼要有？」、「我都不需要，你怎麼會需要？」這就是溝通的問題所在。

所以，傳統的「己所不欲，勿施於人」應該修正為：「人之所欲，施之於人」，意思是「你希望我用什麼樣的方式和你相處，我就用你能接受的方式」，而不是用你不能接受的方式。因為我們得要溝通，要先進入對方的世界，若你要對方按照你的方式，那就不可能會有一個良好

156

的溝通平台。

因此我說，按照別人需要的方式，來符合對方所需要，並不是妥協，而是你給予並尊重對方，當你相應地尊重對方，對方就有可能更尊重你，當你給對方越大的空間時，自己就可能得到越大的收穫，這就是「人之所欲，施之於人」。

Money&You談到「DISC」會做說明，每個人要的不一樣，有的人要的是給他更多的指導，事情說明得越清楚越好，越清楚他才知道怎麼做，而有的人不需要，他希望給他大方向就好了，不必浪費彼此的時間。所以，當你按照每個人不同的性格特質，才有辦法和他溝通，我一直相信這個原理，無論是「DISC」的性格特質，還是星座、血型都一樣，哪一種星座比較猶豫不決，所以你和他相處的時候，要稍微等他，偶爾拉他一把，或是把他踢下水、逼迫他行動，或者是臨門一腳時幫助他，所以用對方能接受的方法去和對方溝通，才會是真正良好的溝通方法，而不是用你自己想要、喜歡的方式。

舉例來說，實踐家投資的企業裡，有一位名為曾志龍的跑者，他是腦性麻痺的患者，走路不平衡，但是他非常喜歡跑步。當他走路還不穩的時候，他和我說他想跑步，我無條件地支持他跑；當他說想跑馬拉松的時候，我無條件地支持他跑馬拉松；他和我說想要挑戰臺灣的東吳大學連續二十四小時的超級馬拉松，我一樣無條件地支持他跑。然後，他又和我說他想要騎腳踏車環島台灣十四天，全長一千兩百公里，於是我們幫他準備了一輛三個輪子的腳踏車，結果他環島成功了。

後來，他和我說他想創業、他想演講，現在也已經在創業，而且演

講也講得很好。然而他做的這些事情，都不是我們認為殘障人士所需要的，我們一般認為：「我就幫助你，或者同情你、可憐你、體恤你」，但是，你會發現他的力量比你強大，他能做的事情比你多，他所完成的這些目標，事實上也比你偉大，所以只有「人之所欲，施之於人」才是真正好的溝通，才是真正最好的提升。

志龍的公司也是實踐家所投資的，我們投資他做一個「愛跑」，這是一個關於馬拉松的APP軟體，可以幫助使用者用於跑步，事實上，這就是幫助他最好的方式。我們完全信任志龍，他是我們Money&You畢業家人，也是我們DBS創業學院的畢業生，實踐家發揮最大愛與支持的力量，陪伴志龍和他的家人創造出圓夢的人生。

沒有天生註定的命運，擁有什麼樣的人生在於我們自己的選擇和努力，每一個人的未來都應該是掌握在自己的手裡，而不是那些無法改變的過去。就像我們常說的：世上沒有相同的兩片樹葉。豈止是樹葉，在這世上本就沒有完全相同的事物，遑論具有豐富而複雜的思想和千變萬化的生活形態的人。只有真正認識到每一個人都有不同的需要和性格，以及由此而產生不同的需求，才有真正可能按照他們的需要，做出最恰當及最好的對待，按照他的需求提供給他最大的滿足，才有可能建立良好的合作關係，使雙方都獲得更大程度的提升。

2 從行為特質理論延伸而出的 DISC 理論

在古老古老以前的古希臘時期，有一個人名叫希波克拉底，他提出四種大自然的元素──「火」、「風」、「水」、「土」，分別代表人的主要四種性格特質。

當你聽到「火」，會覺得這個人怎麼樣？──脾氣大。是要求別人還是被別人要求？── 要求別人。

當你聽到「風」，會覺得這個人好像比較柔和，但是風吹起來也很強勁，風行草偃代表什麼？──比較有影響力、會帶動別人。

當你聽到「水」，水是比較柔順的形象，河道怎麼走、水就怎麼流，所以會覺得這個人比較平實、比較溫柔、比較順從。

當你聽到「土」，你會覺得這個人做事紮紮實實，做人實實在在，也代表他凡事要想清楚、弄明白，再去決定這件事情做還是不做。

　　所以火風水土，這是當時古希臘時期的希波克拉底先生他所提出來的四種主要性格特質。

　　為了瞭解和認識人，從古至今產生了各種不同的學派，有各種不同的說法。隨著科學的發展，許多的專家，包括心理學家和醫生都希望透過科學的方式對人們進行更透徹的瞭解，他們曾研究並發明許多種方法與理論學說。

　　西元一九二八年，威廉馬斯頓博士提出應用最為廣泛的「DISC」理論，「D」、「I」、「S」、「C」，四個字分別代表英文字的字首，D是「Dominance」、I是「Influence」、S是「Steadiness」、C是「Compliance」等四種主要性格特質。

　　「DISC」到目前已經有超過三千萬人次以上的驗證，在性格類型的認識和瞭解，可以說是眾多性格測試中，最好的評量工具，最好的理論和方法。

　　人類的行為有如冰山，因為其中有九成是看不見的，例如，想法、感覺、情緒、價值和需要等等，然而這九成卻造就了一成的可見行為，「DISC」正是人類行為的語言。

　　馬斯頓博士的DISC理論正源於這樣的發現：行事風格類似者，會表現出類似的行為，並成為處理事情的方式與溝通的模式。因此他把人類正常的行為分為四大類：D型的人，I型的人，S型的人，C型的人。如下說明：

　　D型的人：意指支配、指揮者，是支配型的人，又稱為發號施令者，所以團隊裡面通常是屬於領導者特質的人、會去要求別人的人，什

麼事情都由他支配、由他決定、由他命令、由他發號施令。那麼這樣的人你要他去做和大家一樣的工作，他就會不適應，可是你給他一個領導的職務、給他一個小團隊，他就可能做得比較好。D型的人有誰呢？拿破崙。他橫掃千軍，說打就打、說做就做，就往前衝了。

I型的人：意指影響、社交者，是影響型的人，又稱為社交者。影響型的人就是他喜歡熱鬧、群聚、喜歡和大家在一起、喜歡發揮自己的影響力帶動大家。在團隊裡面就像是啦啦隊一般的存在，做什麼事都拉上大家一起。I型的人有誰呢？貓王。他走到哪裡，每個人都很喜歡他，唱歌、帶動氣氛樣樣都行。

S型的人：意指穩健、支持者，是穩健型的人，又稱為規劃者。任何事情都是一步一腳印地按照規劃來，例如，幾米有一本書叫做《向左走向右走》，故事裡的男女主角兩個人就住在隔壁，隔著一道牆，可是當他們出門時，總是一個人往左走、一個人往右走，從來不知道對方住在隔壁，等到最後發生地震，牆壁垮了下來，他們才看到彼此。這樣的人就是S型的人，每天就按照原來的生活步調去做，不會有太多的心思去做太多新的決定與改變，不會有太多自我的意見、自我的想法，那這種人在團隊裡面也很需要，因為一個團隊裡要有人努力把天下打下來，S型的人就是努力認真去做的類型。S型的人有誰呢？印度聖雄甘地、德蕾莎修女。

C型的人：意指服從、思考者，是服從型的人。這個服從不是服從別人的意思，而是服從自己的意思，一切東西按照自己的步伐、按照自己的步驟去做的意思，所以他是分析者。他什麼事都要想清楚、弄明

白，才決定這件事情做還是不做，所以他做決定可能比較慢，因為需要想得非常清楚、搞得非常明白他才要去做。C型的人有誰呢？知名的物理學家史蒂芬‧霍金（Stephen Hawking）。

這四種人沒有好壞、對錯、是非，每一種人都有需要他的地方。你需要「支配型」的人發起革命、打下天下、找到平台，需要「影響型」的人發揮他的積極影響力，帶動更多的人發揮他的熱情，把更多的人放到這個平台進入這個事業，需要有「穩健型」的人成為這個事業裡面的支持者，帶著大家往前邁進，但是也需要「服從型」的人，把事情想清楚、弄明白，把整個場景看得更清楚，避免大家一頭熱，只是不斷地投進去，所以DISC四種類型的人，都是我們所需要的人。

在Money&You的課程裡面，我們就教你如何去判斷你是什麼類型的人，當然，DISC行為測試系統並非只是上面那樣的簡單劃分而已，它是一個相對複雜得多的科學測試系統。我們有一份測評，可以測試你的人格特質、說明分析的結果，每個人都會拿到一份非常完整的DISC測評結果，從這個測評結果你會瞭解到自己的性格特質、管理模式，瞭解自己遇到挫敗的時候要怎麼處理？瞭解自己和別人溝通的時候用什麼型態，瞭解自己的強項、瞭解自己的短項，並知道如何揚長避短，創造更好的價值。

我個人雖然不太理解算命，但是我蠻相信DISC所說的「受到後天環境影響之後所顯現出來的特質」，這些特質對我們瞭解自己、分析自己是有相當大幫助的。根據DISC對人們的性格做出正確判斷，就可以按照他們所需要的溝通方式與他們溝通，如此一來溝通的效率和效果都將大

大提高。

　　良好性格可以幫助我們更好地與人相處，為自己爭取更多的機會，而瞭解他人的性格特點是出於同一個原因。我們必須認識到，在很多情況下，人們做事是為了他們自己的理由。如果你真正地瞭解對方的特點，理解他們的行為動機，就能找到方法促使他們願意以你所希望的更好的方式做出反應，從而為自己創造更多的合作機會，提升合作的價值。因為每一個人都有自己與眾不同的特質，關鍵就在於你是否能根據他們的特點創造一個感覺更好的環境，而只有這樣才能創造出雙贏的局面。

　　請注意，人們不喜歡被強制做事，「引導」和「激勵」永遠比操縱和控制有效得多，而從人的性格類型出發的引導和激勵才是最佳的做法。

3 從四大象限分析人類的四種行為特質

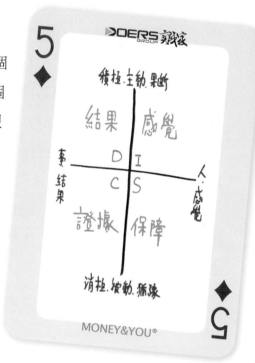

　　理解性格為理解人的第一步。每個人都是獨一無二的，絕沒有適用每個人的相處方法。透過從不同性格類型的角度看問題、處理問題，你成功的可能性就會增大。如果我們不能夠看出其他人內心的差別，就無法按照他們的本質去接受他們，即使善意的行動也可能會造成事與願違的結果。

　　有人說，若一個人就有一種性格，我們每天要和這麼多人打交道，要瞭解這麼多不同的性格，這太困難了。掌握DISC性格系統之後，我們就可以解決這個問題。雖然每個人在性格上都有自己的特殊之處，但在一些最基本最重要的行為方式和溝通模式上，一些人和另一些人會存在共同之處，而和另外的人則可能截然不同，每個性格類型都有屬於自己的突出表現。

　　我們前面已經有提到，人有四種主要的人格特質「DISC」。現在如果我們將「DISC」用四大象限來區分的話，象限裡面越靠近上方的調性是越積極、越主動、越果斷，越靠近下方的調性，相對的就越消極、越

被動、越猶豫。

以橫軸來看的話，越靠近左邊的調性，越以事為主，凡事看結果，越靠近右邊的調性是越以人為主，凡事看感覺。

以這樣區分的話，一個十字軸的象限就出現了，在左上方的就是相對積極、主動、果斷，以事為主，看結果，他就是D型的人。右上方的，就是積極、主動、果斷，可是以人為主，凡事比較重感覺，就是I型的人。

那麼越靠近右下方的，相對地比較被動、猶豫，以人為主、重感覺，這就是S型的人。越靠近左下方的，就是相對消極、被動、猶豫，可是以事為主，比較重結果，是C型的人。

所以DISC這四種人，分別有他的性格特質以及他重視的部份，有的重人、有的重事、有的重結果、有的重感覺。我們前面提到「人之所欲，要施之於人」，以下詳述四種類型性格特質說明：

D型性格的人非常獨立，有很強的領導欲和支配欲，喜歡掌控他人，在生活中總是擔任指揮者的角色。他們追求成功的動機性和好勝心都很強，遇到危險和挑戰從不願退縮，總是迎難而上。他們非常自信，有困難時也不會向其他人求助，或期待別人伸出援手，即使真的需要他人的幫助，也會採取命令的態度。

他們需要的合作對象應該是具備他們缺乏的性格優勢，可以彌補他們的缺點的人，包括計畫協調能力強，能夠謹慎決策，善於處理後勤細節問題，注重別人感受等等，重要的是必須甘於在D型人身邊扮演輔助者的角色，因為自我意識最強的D型人，是很難與具備野心的人長期共事的。

D型的人視結果為導向，和他談話的時候，可以什麼都不談，但要先談結果，只要結果是他要的，他就會聽，結果不是他要的，你說再多都沒有用，所以和D型的人相處的關鍵值是「結果」。

I型的人在人群中的角色是典型的社交者，性格活躍、友善、開朗、外向。他們喜歡與別人交朋友，總是那麼熱情，富有人情味，易與周圍的人產生正面的互動，是社交技巧和溝通能力最佳的性格。

因此，I型性格的合作夥伴最重要的就是，具有把所做的事貫徹到底的恆心、理性邏輯的思考方式、較好的自我管理能力、善於搜集客觀資訊等。由於I型性格的人處世是以人為導向的，所以，他們的合作者需要關注事務本身，同時迅速抓住關鍵的要點。

I型的人比較重感覺，所以你不一定要立刻和他談結果，他不見得有興趣，可是他比較重視我們處得好不好、我們的關係和不和諧，對他來說，可能感覺對了，一切就對了，我們就是自己人，你先和他談結果，他也不會要。你千萬不要跑去找D型的人談感覺，因為他講結果，他會覺得你在浪費他的時間。和I型的人相處的關鍵值就是「感覺」。

S型的人謹慎、穩定、耐心、忠誠，他們是別人眼中最可靠的支持者。

他們雖然性格內向，但很受周圍人的歡迎，因為他們總是關注其他人的需要、感覺和願望，設身處地地為別人著想，能給別人很舒服的感覺。他們與其他任何類型的人都能和樂相處，有穩健型人的集體合作，其能量能最大化地被發揮出來。

他們需要的是那些勇於求新求變的夥伴，在出現突發狀況時要具有

靈活的應變能力，敢於迎接挑戰，承擔重大責任。而且不過分在意他人，適時表達拒絕，以控制S型人的無條件奉獻。還要性格堅定，富有創造性和冒險精神，以達到與S型人的優劣互補。

S型的人比較不會去做出太多立刻的改變，因為他一板一眼習慣了，他習慣用原來的生活、用原來的步調，他可能會去同樣的超市買東西，選擇同一個品牌的奶粉，穿同一套品牌的衣服，多年來沒有什麼改變，因為他就是S型的人。所以他如果要做出改變的話，他比較需要「保障」，他會認為「如果要改變，會不會影響什麼事？會不會帶來太多的變化？會不會有太多不好的結果？」他只要覺得有保障，就比較可能願意去做事情。所以對S型來講保障非常重要，給他一份保障他就有辦法繼續往下走。

C型的人以任務為中心，核心價值觀是理性，注重細節、事實、程式，對準確度要求極高，是典型的思考者形象。

他們大都很聰明，有天賦，智力水準較高。在社會交往上，他們不會很快與周圍人很快打成一片，而是有選擇地社交。不喜歡與人有身體的接觸，總是保持一種禮節性的距離。

C型人需要的合作夥伴應該有迅速的決斷力，能採用簡潔而省時的方法推動對方。相對於C型人的刻板，他們應該是適應變化並能活用政策的人。他們要樂於參與團體合作，聽取他人意見，經由充分討論達成協議，並且善於對周圍的人表達關心和感謝，以彌補C型夥伴在這一方面的弱勢。

C型的人是想清楚、弄明白的人，你想要和這樣的夥伴溝通的話，

任何事情請先給他「證據」再說，他的一切都用證據說話，沒有證據，他不會願意聽，沒有證據，他就不相信。所以任何東西都要清清楚楚、明明白白，提出明確的證據，他才有辦法接受。

假設，現在你要賣一台淨水機給D型的人，你要說的是：「這台淨水機一年可以幫你省下多少買礦泉水的費用，一台可以用多久？」要非常實際的說明。但是你針對I型的人，你要說：「哇！我們這個水喝了對你的皮膚有多好，我們已經有多少人在用這個淨水機了，大街小巷、名人都在用」一旦他的感覺對了，一切就對了。

對S型的人，你就得說：「這個水對家人的健康有保障，對孩子的成長有幫助，我們這條街挨家挨戶都裝了，你放心，如果你怕不會換濾心，你有問題，我可以來幫你處理。」給他保障。你要賣給C型的人這個淨水機，你可能得要和他分析這個水PH值多少，而且最好要說到小位數後面第八點，因為他要的是非常精準的答案。

我必須要再一次強調，這四種人沒有好壞、對錯、是非之分，社會上也需要這四種人，才有辦法創造更大的價值。實踐家也是一樣，以我自己來說，我比較像是D型的人，那麼我的合夥人就比較像是S型的人，事實上，D型和S型就是相互不錯的支持，我想要做什麼事，他通常願意支持我，因此我們就減少很多的爭執、衝突，可以往前邁步地比較快。

但是如果一個團隊裡面，全部都是同一種類型的人好嗎？很難說，有時候可能比較麻煩，你要贏、我也要贏，大家一起往前衝，最後可能變成彼此廝殺。所以任何一個團隊需要各種不同特質的人，才有辦法發揮更大的效益。

除了這些，Money&You 還可以教你……

第六單元：DISC性格特質分析

👍 希臘－希波克拉底的行為特質理論

👍 美國－威廉・馬斯頓博士的DISC理論

👍 人類四種基本行為特質的分析

👍 如何掌握個人特質並進行溝通與銷售

👍 每人一份個人DISC行為特質分析報告

雲南首個Money&You社區青少年活動中心成立

　　二○一五年四月十三日，BSE雲南同學會在會長杜廣興的帶領下，走進了盤龍區德馨學校。在這所以農民工子弟和孤兒為主的學校裡，成立雲南首個Money&You社區青少年活動中心。

　　二○一五年二月，雲南BSE同學會的八位家人在杜會長的帶領下，前往上海參加實踐家教育集團的年會，在會中獲悉了Money&You愛心基金將在全國建設100個農民工青少年活動中心，而獲得這個機會是需要付出努力做大量實際工作爭取的，杜廣興會長當即個人墊資九萬九千元購買了這個機會。

　　在林老師的愛心支援及BSE雲南家人榮譽會長王淑輝，秘書長丁玉琴，副會長王正亞、高發新、簡飛、紀祥、王先平、朱建雲、周邵光、李思穎、飛雪梅、楊輝、家人何瓊芬、周成偉、唐陽琴等等的熱心努力下，經過一年多認真走訪考察數十家學校後，終於成功的將這個專案落地。它的落地能幫助七百多貧困學生改善生活和學習環境，其中一百多個準孤兒兩百多個半孤兒基本解決了吃飯和文教活動問題。這次走進盤龍區德馨學校的活動中心，共捐贈了八萬元的學生活動物資設備和兩萬

四千五百元的大米，BSE家人何瓊芬另行捐贈一噸大米，BSE雲南同學會秘書長丁玉琴個人捐贈十箱食用油。

BSE雲南同學會會長杜廣興表示，幫扶弱勢群體，傳遞社會正能量，是我們每個企業家的社會責任。家人們希望通過這樣的愛心傳遞形式，能夠幫助這些孩子們快樂成長，能夠讓全社會把愛傳遞下去，帶動社會力量幫助孤兒和貧困學生上學。感恩各位BSE、Money&You、富樂家人們，讓我們為這個社會上需要幫助的人多出一把力，多做一些善事，成就每一個有希望的孩子！感恩為了善舉付出的所有的家人們！

由實踐家教育集團創辦的Money&You愛心公益基金，旨在把Money&You畢業生的「愛」傳遞給更多需要的人。該基金計畫五年內在全國範圍內推動建立一百個Money&You社區青少年活動中心。隨著Money&You社區青少年活動中心項目在德馨學校落地，七百多個貧困學生的教學和生活狀況將得到明顯改善。按照愛心基金的設計理念，社區青少年活動中心將成為一個，集結多媒體、圖書閱讀、教室、劇場、遠端教育為一體的現代教學示範中心。

更多見證影片，請看……

無論你要開始什麼投資、什麼理財，
都要有相關方面的專業，
沒有專業就貿然地去做，
一定是危險的。
你可以想像一個不懂開刀的醫生來幫你手術嗎？
那你又怎麼可以一天到晚拿自己的血汗錢對自己「開刀」呢？

全球頂尖商業暨成長課程

MONEY&YOU®

Chapter 07

理財致富學

理解複利的力量與正確的所得分配

1. 評估投資風險的關鍵
2. 善用複利的倍增威力
3. 將每月所得做四大分配

見證故事：中國首個「MY 樂活社區」落戶合肥方橋

理財致富學：
理解複利的力量與正確的所得分配

你可能經常聽人家問：賺錢比較重要，還是理財比較重要？我說：都重要。有很多人很認真、努力在賺錢，可是他並沒有好好地去理財，導致他賺的錢可能跟不上通貨膨脹的速度、跟不上物價的飛漲、跟不上時代的變化。

我以前也是只會賺錢，不會理財，事實上賺錢也賺得不多。大多數的人想要理財，可能會用的是追求市場高風險的做法，例如，他可能去玩金錢遊戲，可能去做非常高風險的投資，最後造成很大的危機，所以理財對每個人來說都很重要，賺錢和理財是一樣重要的。

在你理財的時候，整理的好像也不是只有金錢本身，整理的也是你自己的人生。有句話說：「你不理財、財不理你」，當你能理財，而且還整理出一個不錯的規模，那麼你的人生也會因為有能力去進行更大的投資，而更有能力去過一個你想要的富足生活。

有一個真實故事：在三十幾年前，有四姐妹要買房子，房價大約是台幣一百萬元，在當時，如果你的手上有二十萬元就可以買，因為貸款可以貸百分之八十。其中三姐妹的手上都各有二十萬元，也都買房了，

唯一的一個姊妹手上有八十萬元，但這一個姊妹卻沒有買房子，因為她不想欠銀行二十萬元。

現在的結果截然不同了，因為這個一百萬元的房子原本是在一個很糟糕的地區，第一個是在基隆河邊，以前基隆河會淹水；第二個，房子周圍雜草叢生，以前沒有公園；第三個，屬於工業用地，很偏僻，沒有人願意去的工業地帶的房子。這三間當時市值一百萬元的房子，經過了十二年，這房子變成了多少錢呢？它變成了一千二百八十萬！

很多人會覺得很離譜，原因是什麼呢？第一個，基隆河的河流整治完成了，不會淹水，堤防也蓋起來了，變得沒有那麼髒了；第二個，以前的雜草叢生，現在變成了河濱公園；第三個，有很多當年是工業用地或農業用地的地段，之後變更成了住宅用地。再加上這些年來時代的改變，經濟的進步，所以慢慢地這個房子就以驚人的速度漲到了一千二百八十萬元。

這個房子是六十坪，當年也不過一坪二十萬元，但是你現在再看看今天的基隆河邊，今天的「看河第一排」，一坪八十萬到一百萬元起跳。也就是說，現在的一坪，只是當年的一間房子，當年一間房子一百萬，現在一坪可能就要一百萬。

如果你分析這個速度，當年價值一百萬、六十坪的房子，到了現在六十坪的房子，房價已經是隨隨便便都是四千萬到五千萬元左右的，是不是前後差了幾十倍？那麼你想想，一個人有辦法在這十年、二十年、三十年當中，漲工資就漲了幾十倍嗎？沒有，工資不可能漲了幾十倍。可是，如果經過投資，它就真的可能變成幾十倍，所以如果你只有賺

錢，沒有去理財，你就會發現：你不理財，財就真的不會理你，這是一個很重要的觀念。

但是，如果你只有理財而沒有去賺錢可以嗎？不可以。我經常說，你沒有錢，那麼理什麼財？所以你既要有穩定的收入來創造你的價值，但是又要讓自己的穩定收入來創造出更高價的價值。

也就是說，同樣的兩個人都在上班，但是他們的生活品質可以是完全不一樣的：一種人只有上班的薪水，那就是「死薪水」，另一種人他上班的薪水已經變成有投資的回報，所以他可以過非常不錯的生活。如果你什麼投資理財都不會，那麼最簡單的方法當然就是買基金，你用這種定時、定額的方法，至少也是一種投資的開始。

但是記住，無論你要做什麼投資、什麼理財，都一定要有這方面的專業，沒有專業就貿然去做，一定是危險的。很多人都知道做事情需要專業，可是偏偏在投資這件事上，有時候不相信專業，卻相信自己的直覺、相信自己的膽子，那麼你就很容易為自己帶來危險。

評估投資風險的關鍵

人們很容易受到數字的誘惑，然後就去投資，因此帶來高風險。舉例來說，最近很常見的，有人會和你說：「你可以免費拿到三十萬，這個錢可以拿去用。」你一聽，會覺得很離譜，怎麼可能免費給人三十萬呢？而且是人民幣。當然他的做法是有問題的，他會和你說：「你可以去辦一張信用卡，然後你拿這張信用卡去買東西，買了東西之後，立刻還錢。」那麼東西呢？不用給

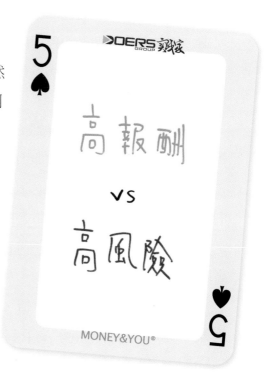

你，因為他做了一個商品平台來讓你刷卡，你刷了一千元之後，因為你既是刷卡者，又是這個商品平台的商家，就像你刷卡給自己。他用這種角度來看，你在這個平台刷了一千元，他就在這個平台扣了手續費，可能是千分之一、千分之二、也可能是百分之二。扣了手續費之後，他再把這個錢還給你，你再把錢拿去還這筆信用卡刷卡的錢給銀行，還給銀行之後，因為你有在付錢，那麼你一樣繼續在這個平台刷卡買東西。

例如，你刷了二千元，然後扣了千分之三或者扣了百分之一的手續

費，之後你又補了一點錢，再把二千元拿去還給信用卡銀行，這個意思是：不斷地透過刷卡以及還款的過程，為什麼刷卡又還款？因為這個平台就只有扣你手續費而已，所以你還是有這個錢，補一點又還、補一點又還，因為銀行看到你的信用紀錄非常好，因為你每一次還款很正常，他就主動提高你的額度，那等到你有這個高額度之後，就可以利用這個額度去把錢借出來。

但是你忽略了信用卡借錢的利息是非常高的，在剛才的那個過程裡，你並沒有提自己的專業能力，你只是不斷地利用刷卡、還款來提升了表面的信用額度。所以我必須要強調，這種像是免費得到了三十萬元的資金，真的是免費的嗎？不是的，那是借貸，而且利息很高，因為那是信用卡的循環利息。所以任何看起來是高報酬的東西，後面一定跟著高風險。

一般人都要小心這類的事情，務必要記住：任何的高報酬都一定伴隨著高風險，不要貿然地只有看到那個報酬，就忽略了它的風險。

這是一個利益與誘惑越來越多的時代，面對這麼多利益、誘惑，你要能夠記得真正的基礎原則，那就是「天下沒有白吃的午餐」，不要只看到前面的好處，而忘了後面的危險。

例如，你買股票，買股票是一種投資的行為，可是你沒有那麼多的錢，就不要一天到晚融資、融券地去買股票，因為一旦出現像中國大陸最近的股災，從二千二百多點漲到五千一百七十八點左右，然後再跌到三千多點對，在這個過程裡，看起來好像股市賺錢了，從二千多點漲到五千多點，有很高的報酬，但其實在快速漲的過程裡面也伴隨著快速的

風險，所以一切事物一定都得以風險為優先。

　　所以，我經常說：「就算你要借錢，你要借哪種錢？借錢要借風險最低的錢，不是看利息，也不是看借錢的投資報酬率，而是看哪一種是風險最低的錢。」有時候別人投資你，你要拿最多的錢？還是拿最少的錢？不一定，但是我要拿到最安全的錢。因為只有最安全的錢，我才能避免別人投資我的公司，結果主導權就變成別人的，變成別人在投資我。因為這個錢有對賭協議，我如果簽了，如果我沒有做到多少業績，就得犧牲多少股權，那麼股權就被別人拿走了。而我不要因為借了這個錢，到最後發現我還不起的時候、公司經營不過來的時候，我的公司就垮了。所以，如果你要借錢，請去借最安全、風險最低的錢，才是最好的。

 善用複利的倍增威力

　　愛因斯坦說：複利的威力比原子彈還大。就投資理財這個角度來看，其實你只要固定地、重複地做著同樣的事情，你的回報有時候是遠遠超過你的想像的。

　　例如，在Money & You的課程裡面，第一天晚上會玩一個理財的遊戲，在我們玩遊戲的過程中去弄懂投資理財的方法。

　　假設有兩個人，其中一個人每個月的收入是五萬元，可是這五萬塊元的月收入，他存了兩萬元，他把兩萬元放在每一年有百分之二複利的工具，如果是一百元，到了年底會變成一百〇二元，那之後的每一年再持續地放進來。

　　例如，A先生每個月的收入是五萬元，他存了兩萬元，存了兩萬元之後，兩萬元乘以十二個月是二十四萬元，二十四萬元乘以到第一年的年底，他多了百分之二的利息，所以就變成了二十四萬乘以一點零二，就是二十四萬四千八百元。

　　到了第二年，他再存二十四萬元進來，所以就是二十四萬元再加上前面所存的二十四萬四千八百元，加起來再乘以一點零二，總共這個金額，然後今年再多得百分之二，一直以此類推，累計下去。

　　經過了二十年，他的本金有四百八十萬元，但是利息也有一百一十四萬七千九百九十五元，也就是四百八十萬加上一百一十四萬多，一共是五百九十幾萬元，將近六百萬，這是放在一個百分之二利息的地方，像是銀行存款，可能利息就只有一、二、三，不是很多。

　　但是相對的，B先生他賺得比較少，他一個月的收入只有三萬元，他只有存一萬元。A先生是五萬元裡存二萬元，B先生是三萬元有存一萬。可是B先生將一萬元放在一個每一年平均百分之十獲利的工具上，其實一般的基金長期來說，接近這個回報。

　　那麼，一萬元乘以十二個月，一年十二萬，十二萬到了年底會獲利百分之十，所以十二萬乘以一加百分之十，就是一點一倍，就變成了十三萬二千元。第二年他一樣每個月存一萬元，又存了十二萬進來，這個十二萬元加上第一年的十三萬二千元，總共二十五萬二千元，所以第二年算利息是用二十五萬二千元來算，乘以一加百分之十，每一年有百分之十的獲利。

　　以此類推，等到B先生存到第二十年之後，他光是本金的部分就已經有二百四十萬元，因為他是一個月一萬元，二十年十二個月，是二百四十萬元。可是利息的部分有五百一十六萬元，所以二百四十萬元加五百一十六萬元，總共有七百五十六萬元，反而比剛才A先生每個月存二萬元還來得多。

每個月存二萬元的利息才一百多萬元，本金四百八十萬元，加起來不到六百萬元。而每個月存一萬元，將它放在一個對的工具裡面，利息就五百多萬元，本金二百四十萬元，加起來就有七百多萬。所以，你必須很認真地去分析、去觀察。

以臺灣來說，從歷史上看，在一九八二年到二○○一年，前後將近二十年之間，平均起來每一年單年的股票投資報酬率也在百分之十二點二十左右。意思是如果你不是買股票，你是買基金，在長期投資上來看，其實它的額度是不錯的，所以我們才會說複利的威力是很恐怖的，因為你的複利是每一年的「本金」再加上前一年的「本金加利息」合在一起計算，到了第五年的時候，你是第五年的本金，再加上前面四年的「本金加利息、加利息、加利息」乘起來的結果，它是不斷往上乘的結果。

如果懂得複利的效果，然後做長期投資，以一般不是很會投資的人來說，以個人的投資者最簡單的方法，就是「隨時買、隨便買、不要賣」。「隨時買」是定期買的概念，每個月來買；「隨便買」是分散的意思，你不要只有投資一個東西，要分散來做投資。最後是「不要賣」，「不要賣」不是真的不要賣，而是要你長期持有的意思，長期持有自然就會有複利的效益。

所以，如果你願意這樣做的話，你就會發現，真的複利的威力比原子彈還要巨大，我們還是再一次強調：「以一般人來說，如果你不是很會理財投資的人，最好的做法就是基金投資，定時定額就可以了。同時「定時」、「定額」是符合「隨時買、隨便買、不要賣」的原則。

3 將每月所得做四大分配

每月所得的分配

金錢是最富於流動性的，我們所擁有的財富數量隨著收入和支出每天都在發生變化。如果你希望自己的財富能夠安全並持續地增值，就要學會管理自己的金錢。我們在賺錢的同時，時時刻刻也在花錢，同時錢自身也會因受環境的影響增值或貶值。不去妥善管理自己的財富，賺到的錢可能不知不覺間就流向了別處，而如果學會成功理財，財富則會自動發生增值，就是俗語所說的「錢會生錢」。所以，賺錢固然重要，理財同樣重要。

這裡有一個基礎概念，那就是將每月所得做四大分配，即使是一般的上班族還是可以理財致富的，因為他並不是做大型投資。

為什麼？因為每個月的所得假設是一百元，我個人的建議是不要立刻拿去花掉，你要先存下三個十元，剩下的七十元才作為花費。而這三個十元，一個（也就是10%）放在「保障」，一個放在「知識」，剩下的一個放在「投資」，最後的70%才是拿去使用的。

我們現在說明為什麼要這樣分配：

第一個10%是「保障」：保障是什麼？保險。事實上你有很多東西需要保險，你的生命要不要保險？你的智慧要不要保險？智慧保險就稱為「專利財產權」、「智慧財產權」，你的產物要不要保險？各種機器、設備、工廠、廠房都需要保險，那就叫做「產物的保險」。其實，你如果不願意花一點小錢為這些東西買一份保障，當它損失的時候，帶來的就會是巨大的虧損。

舉例，如果你買房子，有向銀行貸款的話，那麼銀行一定會請你保火險、這一間房屋的傷害保險，否則的話，一把火燒掉了，就什麼都沒有，對吧？所以保障的觀念一定要有，什麼錢都可以省，就是保障的錢不能省。

就算你很認真努力地工作，你在工作的過程中沒有任何的職業傷害，可是怎麼會知道你出門去上班、你去旅遊、你出去買東西，就發生了一場車禍，讓你有半年到兩年沒有辦法工作。像這次八仙樂園的塵爆事件如果沒有保險的話，真的很難去應付這麼龐大的醫藥費與這麼辛苦的生活，所以你需要「保障」，生命要保險、財務要保險、智慧要保險、一切的東西都要保險，所以請你將薪水的百分之十放在「保障」，這看起來是小錢，但是它卻能夠在關鍵時刻裡避免你損失大錢，還可以為你帶來足夠的錢，讓你去應付關鍵時刻的困難生活。

第二個10%是「知識」：知識，就是學習，與智慧的提升。很多人不願意去上課、或者不願意看書、不願意做一些知識的增長，這是很可惜的，因為其實增長知識是非常重要的。

　　舉例，我們前面說到，只有你更懂得理財，才有辦法去創造財富。以實踐家來說，我們更懂得政策、趨勢，經過學習與瞭解商業模式，我們才更有辦法掌握一個企業運作的道理，這是因為我們學習了，我們因學習之後所創造的財富，其實經常多於我們的學費百倍、千倍以上。

　　如前面所說，因為不懂得理財、沒有這方面的知識，所以一百萬能買房子的時候沒買，等到一千多萬的時候再買就太可惜了，因為十幾年的光陰不可能讓你賺到一千多萬，可是房子一下子就漲到一千多萬。所以知識的提升是必要的，而且常說「知識就是力量，知識就是財富」，事實上也是需要靠知識來讓你創造出更多的價值。

　　第三個10%是「投資」：投資，是量力而為，你只要適當地進行投資，這個投資是能為你積累財富的。我經常說：「如果你願意每個月省一點錢，你以後會有很多錢，你不願每個月省一點錢，你以後就沒有錢。」所以你省下一點錢，這就在為你創造未來的財富。

　　就像是「保險」，保險到期了有一筆錢，也是一項不錯的回報；「知識」，學了東西，你更有能力了，你就能過更好的生活；「投資」，小錢慢慢積累，經過了複利的效應，就可以創造出更大的價值。

　　所以我說「今天省小錢，明天變大錢，今天不願意投資小錢、不願意儲蓄小錢，你明天就要虧損更大的錢」，這個就是有效投資的基本概念。

　　放在投資、知識和保障上面的30％收入，每一項對我們的生活都具有非常重要的意義，是明智理財不可缺少的部分，而無論在哪一方面，都要及早開始。理財最重要的一點就是時機，抓住時機，管理好現有的

財富，未來的財富就掌握在你手中。

　　當然，如果你有極強大的專業能力，我並不反對你可以去做其他投資，但是這是個人的投資。可是就專業上的投資來說，我建議你可以做「股權投資」，股權投資有五個基本原則：第一個：「投資自己」，投資自己的回報是最大的；第二個：「投資合作夥伴」，多一個合作夥伴，就少一個競爭對手；第三個：「投資好賺能幹」，行業很好賺、老闆很能幹，就可以做為一個投資的方向；第四個：「投資大數據」，任何小數據的連結都會成為足夠的大數據；第五個：「投資九〇後」，一九九〇年後出生的人都稱為「九〇後」。

　　我們以前談，都是說個人投資，那麼現在來說，企業投資還是蠻重要的，而「股權投資」的好處是你確確實實地擁有某些公司的股權，你不是只是買一張股票，百萬分之一、千萬分之一、一億分之一，這對那家公司沒有什麼影響力。所以如果你擁有一定能力的時候，就可以學習、嘗試去做「股權投資」。

　　最後也是最大的一部分70％就可以用於生活。賺錢和理財的目的就是為了更好地享受生活，只有懂得享受生活的人才能夠更好地創造生活。但如果只懂得享受，沒有讓自己的能力獲得保障和提高，那麼在未來就會因喪失創造財富的能力而陷入困境，正確理財可以有效避免這樣的情形發生。理財並不複雜，掌握了合理的分配方式，我們就能夠充分而持久地享受生活的快樂，並為未來的成功打下堅實的基礎。

除了這些，Money&You 還可以教你……

第七單元：理財致富學

👍 瞭解賺錢與理財的關係

👍 投資理財的三種類型

👍 如何評估投資的風險

👍 善用複利的倍增力量

👍 每月所得的四大分配

👍 長期投資的三項思維

👍 財富安全的三大保障

👍 從農業經濟到知識經濟的財富變革

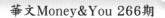

M&Y見證故事

中國首個「MY樂活社區」落戶合肥方橋

二〇一四年五月二十日，實踐家「MY樂活社區」專案啟動儀式暨合肥方橋Money&You社區青少年活動中心揭牌儀式在合肥市新站區方橋社區活動中心舉行。

「MY樂活社區」是Money&You愛心基金的品牌專案之一，該愛心基金是由林偉賢博士、郭騰尹老師以及二十多位Money&You課程畢業生捐款四百二十三萬發起成立的愛心公益組織，旨在把Money&You畢業生的「愛」傳遞給更多需要的人。目前，該基金開展的公益項目主要有「MY樂活社區」和「圓夢計畫」。

正式宣佈啟動的「MY樂活社區」公益項目，旨意是「創造屬於我們的健康、快樂、可持續的社區生活」。建成使用的MY樂活社區，將關注社區中農民工子女的教育，支持社區環保、宣導志願服務。

在方橋社區，已經建成的Money&You社區青少年活動中心，分為兒童閱覽室、家庭生活功能室，心理諮詢室、四點半課堂等四個不同區域。在兒童閱覽室，總量為二千五百冊的少兒圖書擺滿書櫃。

新站區瑤海社區管委會副主任賈旭東對此說道：「方橋社區目前常

駐流動人口有五萬餘人,其中未成年人有一千八百人,Money&You社區青少年活動中心的建立,將為這些孩子提供更為貼心的服務。

在Money&You愛心基金的設計理念中,Money&You社區青少年活動中心是一個集結多媒體、圖書閱讀、教室、劇場、遠端教育為一體,分布在城鄉結合和老舊城區等打工人群聚居社區中的標準化活動場地。

這是一個公益組織參與建立的社區活動中心,為打工子女提供校外教育、素質教育、課餘活動等服務,是為實現公平、公正、共成長的教育環境而提供的解決方案。

Money&You在全國各地都有學員,Money&You社區青少年活動中心也將在全國範圍內開建。根據五年發展一百所活動中心的計畫,平均每年需要建設二十家,這在我們看來是可以實現的。我們同時也歡迎和宣導企業家學員,自主認捐十萬元,在他自己的家鄉或他願意資助的地方,成立相應的Money&You社區青少年活動中心。

Money&You宣導的是一種生活模式,「愛與支援」就是我們的文化,合肥方橋Money&You社區青少年活動中心成為了這種理念的真實載體,我們要繼續努力,將這個活動中心更好的持續運營下去。

更多見證影片,請看⋯⋯

掌握正確有效的方法不但能增添你的信心和勇氣，
還可以減少你的投入資本，
發揮事半功倍的效果。
學習帶給我們知識，
要使這些知識轉化為我們人生的財富，
就要學以致用，
這些都是經營企業最重要的核心關鍵。

全球頂尖商業暨成長課程

MONEY&YOU®

Chapter 08

加速企管學

發揮經驗、利基與槓桿操作的力量

1. 避開誤區，才能善用過去經驗
2. 在事業的經驗基礎中尋找利基
3. 使你用更少，得更多的槓桿操作系統

見證故事：新加坡愛齡學院創辦人 / 校長——蔡淑卿

Chapter

08

加速企管學：
發揮經驗、利基與槓桿操作的力量

這一章節將談到經營企業的基本概念與方法，要經營一個企業很不容易，不過現在中國大陸正在提倡「大眾創業，萬眾創新」，因此整個環境都非常鼓勵人們去「創業」。因為創業的過程可以帶動更多創新的力量、可以帶給更多人就業的機會、更可以帶來企業升級轉型的變化。

中國大陸也好、亞洲各地也好，各種的創業孵化器越來越多（臺灣稱為「育成中心」），有越來越多的人願意投資創業者，而實踐家自己也創立了「DBS創業學院」，經由創業學院，提供給更多的創業者完整的創業教育，提升他的創業能力。

只有第一次創業的人才是「創業」嗎？創業是所有的、現有的經營企業的人，都必須要有再次的、創業提升的能力。現有的企業經營者都必須要用創新的精神、創新的能力，再次地將自己當做一個新的創業者，將自己的企業做一番整理，否則的話，我們就容易留在原地，因為其他的競爭對手都很容易可以超越你。

我們經常提醒：如果你是老闆，就要開始加速注意創業這件事情，

因為有太多的員工都被鼓勵去創業了，如果你的員工都跑去創業，那就沒有人為你工作了。所以，第一點在於，如果他是本來就不太適合公司的員工，那麼他去創業當然是一件好事，因為他原本在公司是不太適合這份工作的。可是如果他是優秀的員工，那麼你要開始考慮要如何和他進行更多的股權分配，給他一些適當的股權激勵的機制，讓他有更好、更明確的保障，讓他願意在你的公司裡繼續努力。

現今要創業的人越來越多、風潮越來越盛，在這樣的大環境之下還是要知道該如何用正確的方法去做。大學生的創業越來越普遍了，中國大陸是鼓勵大學生休學去創業的，因為以中國大陸來說，一年畢業將近八百萬個大學生，失業問題是非常嚴重的，可是現在只要你願意創業的話，中國政府給你各種補助，給你各種政策上的支持。如果八百萬的大學生多數都投入了創業的大潮，那麼其實是非常可觀的，無論在任何地區，我都會認為創業的本身也是一種責任的承擔，同時，也只有創業能帶來更大的價值。

當然，創業會有一些精神是需要做到的，所以真正要創投的話，你要有一個完整的創業模型。在我們的DBS學院裡面會提到六個環節，如下說明：

第一個是「企業家的靈魂」。例如，你可以把實踐家所有的財產都拿出來、把我所有的房子、地產都拿走，把我的所有公司都拿走，從現在起開始三年的時間，我可以和你保證，你可以看到比這些大一倍的資產清單。我的意思是，只要你的精神存在，那麼一切都會存在。談到「企業家的靈魂」，創業者有沒有這樣的氣魄呢？沒有這樣的氣魄，就

不要說你要創業，這代表你只是個小販，只是個路邊攤，做企業如果沒有這種自我要求，不要說你想要創業。

第二個是「政策」、「趨勢」、「商機」。你得瞭解政策就是趨勢，趨勢就是商機，我前面提到「一帶一路，互聯互通」等等，理由很簡單，因為我的錢都是從政策抓出來的，只要你比別人更先瞭解資訊、更快能卡位，就會有很多機會出現。

第三個是「創業模型的設計」。做企業要有模型，蓋大樓也要有模型，算數學有公式，物理、化學也有方程式，那麼，我們做企業怎麼能沒有模式呢？有人會說：「老師，我做公司沒有模式也沒有倒啊？」但是你不知道明天、後天會變成什麼樣子，所以要有一個完整的模型。你想創業，但是不知道商機？不知道項目？我們就帶著你從項目開始找起，你完成DBS學院的課程走出來，你就能拿出完整的一本創業計劃書。

第四個是「落地實踐的系統」。做事要有完善的系統，如果一個老闆天天需要坐在辦公室，那麼這個老闆就是無能的，因為只要他不在公司，就會出狀況。但若老闆不在公司，公司還能繼續運作，這就稱為「系統」。要有一個完善的系統，才能去做更大價值的開發。

例如，你很會做菜，但是你只能開一家餐廳，因為你是廚師。但是如果你會教別人做菜，你就能開五十家，因為你可以開廚師學院。但是如果你不會做菜，你懂得建置出整個系統，那麼你就可以開三萬七千家的店面，那就是「麥當勞」，因此我說，「懂得落地執行的系統」才有辦法幫助更多的人。

此外，這個時代裡面有兩個字非常重要，那就是「爆款」，爆炸性的產品就叫做「爆款」，臺灣用的是「神器」，例如：自拍神器。我強調，你得設計出一個完美的爆款商品，拋出一個有影響力的產品。而「爆款」的基本定義是：當這個產品做出來時，別人願意主動購買，買完之後還願意主動幫你賣，賣的時候不拿你的錢，還到處說你好話，叫大家都來買，如果有別人批評你，他還跳出來和別人打架，這個就是「爆款」的威力。

第五個是「群眾募款」，也就是「眾籌」（大眾籌款），「眾籌」不是只有籌錢，而是籌四個東西，籌「人才」、籌「技術」、籌「資金」、籌「資源」，一切交由眾籌。所以現在很多網站都有平台，讓你去找人才、找技術、找資金、找資源，只要你知道怎麼做，把你的方案說明得很清楚，馬上有人找你。所以現在年輕人創業是不需要資本的，只要你有想法，一切的資源都可以因為你而集中。

第六個是「完整的商業計劃書」（Business Plan），如果你沒有擬好商業計劃書，別人又要如何知道你的投資進度而想投資你呢？而寫好商業計劃書代表著兩件事，因為你寫了白紙黑字，代表：一、你願意負責任，二、代表你想明白了，如果你沒有做到這樣，那麼表示你的東西還是不夠明確，你還不願意負責任，而一個負責任的方案可以得到更多人認同。

而商業計劃書你要懂得運用「三一八」，也就是在「三分鐘」吸引投資人的目光，在「十八分鐘」搞定投資這件事，這應該是你的基本能力，因為投資人的耐心極有限，你給我看方案，三分鐘之內我沒興趣，

我就可以丟掉了，有興趣可以找你來聊，頂多三十分鐘，如果你過了十八分鐘還是沒談完，大約會有超過一半以上的投資人放棄你。

缺乏勇氣和信心的實際原因在於沒有掌握正確的觀念和方法，因為不知道如何去做，內心一片茫然，才會導致行動力的缺乏。即使有人會不顧一切地去嘗試，也只是一種盲目的冒險，最終的結局無疑是以失敗告終。

同時記住，在創業的過程裡還要有「自律」、「彈性」，因為「自律」是對自己最嚴格的要求，而「彈性」是對外界最無窮的包容，這就是「內方外圓」。所以在我們整個DBS創業學院當中，我們非常、非常地重視這些部分，因為這些都是經營一個企業最重要的核心關鍵。

所以，實現人生的理想首先要學習，掌握正確有效的方法不但會增添你的信心和勇氣，還可以減少你的投入資本，取得事半功倍的效果。學習帶給我們知識，要使這些知識轉化為我們人生的財富，就要學以致用，將它們應用到行動中。

1 避開誤區，才能善用過去經驗

如果你在創業上想有更穩健的成功，那麼過去的經驗就是一個非常重要的依據。很多人可能看到別人某件事情做得不錯，就馬上出現跟風，這樣做法存在著很大的風險，因為我們只是看到了事物的外表，但並不瞭解真實的內幕到底如何。相反地，如果我們做的是自己有經驗的事情，就可以預計到很多風險發生的可能，從而做出有效的規避。

很多人認為創業很好，經營一個企業很快，但是可能會有一些誤區產生：

首先就是「黑手起家」，什麼是「黑手起家」？就是大部分的創業者當中，有很多人他過去可能在一個汽車修理工廠、保養工廠裡工作，他做黑手的工作，結果發現修理一部車，可能老闆收了人家五千元，可是自己的工資部分可能只能拿到五百元，他就會覺得：「哇！那我如果自己開個工廠，我就可以拿到五千元，我就不會只有五百元。」很多人會這樣認為，但是其實他們忽略了，老闆收到五千元，他給你五百元，

他還要買配料、開發票、買廣告，他還要有其他的費用要付，全部結算下來之後，搞不好老闆只有拿到兩百元。

很多人會以為「只要自己做、只要有一個經驗，就可以自己當老闆」，但是請注意，可以做基層工作者，不一定可以當管理者，可以做技術資源的工作者，不一定就可以做一個管理維護的工作者。有些人去創業，說「我拿一點小錢，就開始做了」，可是你可能會有問題，因為你是小額資本創業，你的資本可能不夠，開業可能可以經營第一天、經營第二個月、經營第三個月，可是你往往撐不到半年、八個月、九個月，之後你可能就倒閉了。所以黑手起家是最大的挑戰之一，那當然，你過去的經驗對你有沒有幫助？絕對是有幫助的。

例如，我自己最早以前是在教育基金會工作，我是金車教育基金會的副總幹事，做了很多公益性質的活動，那些公益活動歷程的經驗對我來說，的確是幫助非常地大，因為我有做大型社會活動的經驗，所以臺灣的國家發展基金要成立社會型企業的公益創投基金，就會找上我們，因此我們就有機會來參與這個基金的投資，以及投資更多的社會型企業。

如果不是我自己過去有在公益基金會工作的經驗，那麼今天這種所謂的公益創投的社會型基金成立的時候，可能就不會找上我。

那麼因為我自己在基金會待過，實踐家也成立了三個基金會，一個是台北市教育局這邊成立的「實踐家文教基金會」，一個是花蓮縣政府文化局成立的「播種者文化藝術基金會」，一個是在中國大陸成立的「安徽實踐家文教慈善基金會」，我們從事更多公益性質的活動，因為

我們在從事基金會的過程裡接觸到更多的社會型企業，所以今天當我們在成立這筆社會型企業的公益創投基金的時候，我們就更有能力知道怎麼去做判斷、做分析與協助。

那麼，社會型企業還是可以創造財富，只不過對社會有更多的責任，所以實踐家在DBS創業學院裡面，就開始投資社會型企業。例如，我們投資一個企業，主要業務是藉由休閒時間去幫助農民從事農業活動，同時能夠當做自己的渡假內容，也就是既能渡假，又能幫助農民的一種休閒方式，這是臺灣的一個社會型企業。

實踐家也幫助了一個在中國大陸的企業，叫做「我有一棵樹」，當每個人到張家界旅遊時，同時可以去種下一棵樹，為環保盡一份力。這些其實都是公益性質的活動，但是我們很瞭解公益性質，再加上我們現在又瞭解社會型企業可以創造財富，所以，我們就將專長與能力結合在一起，將過去我們在商業模式協助別人的經驗，再加上我們在基金會的過程裡對社會公益貢獻的基礎能力，結合在一起，就能夠讓社會型企業也可以創造財富，可以協助更多人創業，也可以協助自己創造更大的價值。

因此，任何經驗的積累都是有幫助的，把好的經驗拿出來發揮，相對地，也要避免掉落自己經驗的誤區。

人生應該有遠大的夢想、宏偉的志向和高遠的目標，但同時必須腳踏實地，因為事業成功僅僅有熱情是不夠的，深入的市場調查、理性的分析判斷、對現有的知識和以往經驗的借鏡等等都是不可或缺的。

有人認為創業應該具有冒險精神，才能抓住機遇。是的，但冒險精

神絕不只是憑血氣之勇，而是全面分析和考量既有條件、對行業或項目的瞭解程度、自身對此的把握能力和承擔風險的能力之後，做出理智的決定。許多人往往憑著一時的衝動和心血來潮就下決定，把還沒有得到的收穫看成是必然的結果，認為別人可以成功我就同樣可以。因為對不熟悉的行業缺乏經驗和能力，在實際問題面前束手無策，起初的激情和自信也消失得無影無蹤，最後不僅自己的利益受損，還連累了其他相關的人。

我們不但在自我創業時要注意到這一點，在別人邀我們加入某項計畫或事業時要同樣謹慎。當別人對你充滿自信地敘說他的宏偉計畫的時候，不要只是為對方的激情所感染，不加考慮地相信他的承諾，要透徹瞭解他對這項事業是否有足夠的知識、經驗和能力，否則很容易成為失敗的陪葬品。

那麼，我還是鼓勵大家，如果你有一定的經驗與能力，也可以開始加入創業的大潮，因為目前在中國的深圳，每六個人就有一個人是老闆、創業者，在山東、青島，每十個人就有一個人是創業者，創業者的數字只會越來越多。

勇於實踐，同時善於利用經驗，才是一個成功者應該採取的創業態度。所以，我鼓勵讀者朋友們，如果要創業的話，先從既有的經驗裡面去開始，然後再允許自己有一個升級的能力，就有機會越做越好。

② 在事業的經驗基礎中尋找利基

　　所謂的「利基」就是從自己所熟悉的事情和經驗當中，找到最能夠創造財富的關鍵。「利基」並不是鳳毛麟角、難以透覓的東西，每個人在自己原來事業的經驗基礎當中，都可以找到很多讓事業真正成功的利基點。

　　當你有經驗了，那就可以從過去的經驗裡面找到自己最好的利基，從過去的經驗裡面找到最能夠創造財富的那個差異化的關鍵。

　　以前，有一家公司叫做IBM，有另一家公司叫HP，那麼IBM和HP這兩家公司以前做的都是大型的電腦，但是在做大型電腦的時候，跳出了一個公司，它就利用IBM和HP這兩家公司的縫隙市場看到了六個字──「小需求、大市場」，因為在以前那個年代裡，電腦都是大電腦，所以在大電腦的時代，你可能不會聯想到小電腦有存在的可能，可是小需求反而可能成為大市場。

　　所以，蘋果電腦什麼都不做，只做小電腦。可是後來證明小電腦的

市場的確比大電腦的市場還要大，所以找到一個當時沒有被發現的利基點，這就是有利的關鍵。

而找到利基的關鍵是：一是「人性化」，例如以前的諾基亞手機，強調科技以人為本，就是找到人性化的關鍵，便可以創造財富。二是「創意化」，例如李開復先生在北京的「創新工場」，他們幫助更多人找到好的項目，然後他一開始很便宜地投資他們當作種子基金、天使基金，在投了項目之後，這些項目可以再引進其他的風投進來，他們就可以非常高倍數地退出，他們就是在投資年輕人的創意。

又例如，有些利基來自於「複製化」的東西，像是你的牛肉麵做得不錯，那麼你就能把牛肉麵作成連鎖加盟的系統，甚至可以做牛肉麵的真空包，或者做成微波幾秒鐘就可以吃的調理包。任何一個東西，它本來都只是個別化存在的，可是，一旦你有機會把它作成複製化的工具、或者連鎖加盟等等，那麼它也可能帶來不錯的機會。

以目前的利基市場來看的話，還有一些不錯的市場存在，舉例來說：

一是「老弱婦幼」：一般來說，大家覺得老弱婦幼好像都是接受幫忙的對象吧？但是其實不是，老弱婦幼到今天反而變成是一個很大的市場，一個利基市場的來源。

例如，整個中國目前六十歲以上的老人有兩億人口，如果你什麼都不做，只針對老人也可以創造出很大的需求。相同的，日本現在的經濟不景氣，百貨公司的生意不如以前，但是日本的百貨公司裡面生意最好的是專門針對老人家開的百貨公司，商場裡的電梯速度比較慢、手扶梯速度會比較慢，裡面不會有太多需要上下樓梯的地方，賣的是平底鞋，也不

會賣垃圾食物，可能是保健食物，它等於是非常精準地針對老人市場的。

例如，殘障人士，在中國光是殘疾人就有約八千七百萬人口，那麼這個殘障人口的市場其實也是非常龐大的，也有各種需要去接受服務、接受商業資源的市場。

再說，女性朋友的市場，現代女性不但更會賺錢，相對來說，她們也更懂得享受金錢帶來的快樂。女性消費和服務在現代已經形成一個不可阻擋的趨勢，而這個女性的利基點是感覺，女性買東西靠的是感覺，如果我們可以創建一個滿足女性感覺的市場，反而能創造出更大的價值。

當然，還有小孩的市場，光是中國二十二歲以下的孩子，就有三億五千二百萬人口，這是一個非常龐大的數字，天下的父母對孩子的關愛和期望是無限的，孩子成為家庭消費的重心，孩子的市場可以說是中國最大的市場利基點。時時關注孩子市場的開發，就會成為我們獲取最大利益的良機。

那加上富勒博士所提出的六大產業：教育、健康、食品、娛樂、能源、遮蔽（安全）產業，這些都是比較大的利基市場。

想想，以前的人都不會想到有手機的發明，而手機就等於電腦，而電腦就可以處理所有的工作。緊接著，優先看到商機的人就開始發展電子商務，速度又比別人更快。

所以，利基一定來自於你看到別人目前還沒有看到的方向，就是你創造最大價值利潤之所在。我們稱為「機會的窗戶」，而那就是我們成功的機會。找到其中的投資方向，每個人可以創造出超越以往的事業和發展的格局，我們的付出將獲得更大的回報。

3　使你用更少，得更多的槓桿操作系統

當我們找到自己的利基市場並投入之後，下一個步驟就是清楚要怎麼做，其中關鍵就是「槓桿操作」，掌握槓桿操作，將使我們的事業有更好的發展。

當我們有好的利基之後，需要的就是更好的作業系統，要建立一個系統的經營模式。系統是對槓桿原理的完美運用，是源源不斷的財富來源。系統解決了個人奮鬥中面臨的許多問題，讓我們可以省時省

力，更迅速地成功。同時，系統透過統一的模式，訓練更多有同樣能力的人，隨時可以代替我們的工作，使我們避免讓自己陷入到工作當中，無法超越工作之上做更多的思考。

在現代資訊社會中，個人奮鬥的道路已經很難獲得大發展，而依靠系統，我們可以創造出事業更大的格局。

而要學會槓桿操作，它的基本原理就是：「用更少，得更多。」

舉例來說，我們小時候都玩過翹翹板，在玩翹翹板的時候，因為你

所在位置的不同，可以翹起對方，就算對方比你重，你還是可以使他翹起板子，只是要調整自己坐的位置，這就是用更少的資源去翹動世界、翹動資源的力量，那麼，我認為最好的槓桿操作就是：連鎖加盟。

因為連鎖加盟是用「別人的人」、「別人的時間」、「別人的金錢」來做你的事，當你把這個系統做好了，別人來加盟，他們給你錢，他們付出他們的時間，他們回去經營，那麼這對你來說就是一種最好的槓桿操作之一，輕鬆、方便，而且還不需要投入很多的力氣。

槓桿操作最好的方式是：你打造一個平台，因為「打造平台，可以決定遊戲規則，而決定遊戲規則的人，一定賺錢，玩遊戲的人，只能給錢。」

例如，因為這個平台是我打造的，那當然規則就是我決定的，所以連鎖加盟總部是我建立的，任何人想要加盟，都得要按照我的方式。所以我只要花一些力氣把一個系統做好，我不用自己去執行，都可以獲得很大的回報，這是蠻有意思的一件事。因此，你一定要去打造一個自己的平台。

假設，有一個遊樂園是我開的，門票要收多少錢是我決定的，所以你要建立系統，因為系統是最便宜的，是你可以花最少時間，卻能創造最大的價值回報的。

那麼，你為什麼要建立一個平台呢？因為自己做的是「營業額」，平台上面分配的是「淨利潤」。例如，我們是一個商城，這個商城裡有一百家商家，而我自己是賣帽子的，我如果賣五百頂帽子，營業額就是五百元，利潤百分之十的話，我可能只有賺五十元。

　　可是，我只要和所有跟我買帽子的人，如果他想買衣服，我就把他介紹給我隔壁的二號商家，如果他想買鞋子，就介紹給隔壁的三號商家，如果他想吃午餐，就介紹隔壁的四號商家，如果他想買泳褲，就介紹隔壁的五號商家，諸如此類，那我是不是就有了一個把我的顧客都變成別人的顧客的機會？

　　但是商家之間得先談好，如果彼此介紹了生意，那麼自己只要把百分之十的營業額作為回報就可以了。那麼你看，我自己賣帽子，賣了五百元，可是他去隔壁買衣服卻買了三千元，他分我百分之十，就三百元了，雖然我賣帽子才賣了五百元，可是我有成本，所以利潤只有百分之十，我才賺到五十元。

　　所以我說，自己做的錢是「營業額」，你的利潤可能就只有百分之十、百分之二十，可是在平台分的錢是「淨利潤」，自己不用做，東西還是人家的，我只是舉手之勞、開口之便，我就能拿到這筆錢。

　　所以最好的槓桿操作，將所有的小數據連接起來，就變成了大數據，所有彼此的小合作連結起來，就變成大平台，這就是最大的槓桿，也就是最好的「用更少，得更多」的槓桿操作概念。

除了這些，Money&You 還可以教你⋯⋯

第八單元：加速企管學

👍 如何累積企業實戰經驗

👍 中國大陸創業調查報告

👍 發現企業必勝的利基

👍 中國大陸十大利基市場

👍 運用槓桿操作的加速系統

👍 激發前衛思考領先市場

👍 善用市場調查研發利基

👍 掌握時間差同步創造獲利

👍 掌握關鍵時機創造利潤

👍 企業效率效益的雙贏系統

當你有夢，雨天也是充滿陽光 的晴天

　　一位朋友介紹我去上Money & You。這門課程讓我眼界大開，通過一些遊戲與同學們的互動，居然讓我們回顧過去，發掘自己也不清楚的潛能，啟動我們的思維，引接我們思考未來。我特別感興趣的是DISC這門分析性格的方法，它使我恍然大悟，殊不知瞭解人的各種性格，更加懂得處理人際關係，處事更能得心應手。看似簡單的遊戲，卻讓我們大徹大悟。

　　上了Money & You以後，就一心想上BSE。我多次在林老師讓我上去分享的舞臺上說：「Money & You就像下了水，發現自己能游的天賦，卻還是上不了岸。BSE能讓我們上岸，行走天涯，而且不孤單，到處都有向你伸出援手的家人。」

　　創業的路也許不好走，只要有個利人益世的目標，再重的擔子你也扛得起來，而且你不會孤單，因為有很多家人願意幫你。

　　富勒博士說，每個人生在這個宇宙中一定有其作用，必須負起解決當地問題的責任。這話猶如暮鼓晨鐘，重重敲醒了我回饋社會的使命感。我決定把BSE，Money & You 積極的心態，以及講求大愛的精神，

給像我一樣失落的樂齡辦學，重拾他們的信心與社會價值。

二〇〇七年一月上完BSE課程，照BSE所學的商業計畫書策劃起來，七月份我就註冊公司，成立愛齡學院。開始籌畫的那幾個月，我把林偉賢老師當顧問、當嚴師。他每次來新加坡，我就呈上作業，報告進展。他經常給我機會上臺分享我的計畫、我的課程。而我的信心與膽量，就這樣建立起來。

愛齡學院自二〇〇七年九月十五日開課以來，創業至今已七年多，看著學員們一天天漂亮、快樂起來，我也感染了他們學習的熱誠，感受到前所未有的滿足感，生命變得更加充實，更有意義。

我要感激林偉賢老師，是他帶領我走進學習的大門，教會我幾十年前沒敢碰的企業機制，讓我這個一輩子受薪的人，立志想回饋社會，奮勇地辦起教育事業來。他馬不停蹄、日夜奔波，一心栽培華人企業家的精神讓我非常感動，驅動著我不計年齡也要為社會出一份力，感召我毅然走上創辦愛齡學院的路。

我也很感謝陪伴我度過艱辛創業過程的同學與同事們，要是沒有你們的付出，我一個人走不到今天。當然我還要感謝我先生和家人的支持與鼓勵，讓我心無旁騖地把事業放在最前面。我天天都在感恩、禱告，感謝上帝給我打開了另一片燦爛的天空。

新加坡愛齡學院創辦人／校長　蔡淑卿

更多見證影片，請看……

理想付諸於行動的關鍵是逐步分解。

目標一旦確立，

往往會由於它看上去過大、過於遙遠

而使人失去了行動的勇氣，

所以，

在目標的追求過程中所遇到的阻礙往往不來自於現實，

而是來自於我們頭腦中的自我設限。

全球頂尖商業暨成長課程

MONEY&YOU®

Chapter 09

規劃你的理想生活

逆轉負面循環，人生自此不設限

1 脫離「老鼠賽跑」，走向「快車道」

2 開始規劃一個值得擁有的生命

3 判斷事實，突破表象的限制

見證故事：當個有錢人！做個有情人！——何燦紅

規劃你的理想生活：
逆轉負面循環，人生自此不設限

對於人生，每個人都會有遠大的理想，從幼年開始，我們對自己的未來就有許多美好的設想和期望，如果這些期望都能夠實現，那麼每個人都會有輝煌的人生，但遺憾的是，許多人常常只是想到而沒有做到。很多情況下，並不是他們沒有實現自己理想的能力和條件，而是缺乏足夠的勇氣和信心將之付諸於行動，一件事情如果只讓它存在於頭腦中而不去實施，那麼它永遠也不會成為現實。

小時候每個人都寫過的文章是「我的夢想」，有的人夢想當老師，有的人夢想當總統，有的人夢想當一個老闆，有的人夢想要當一個農夫，這都很好。

但是我們最大的挑戰是：當你寫下了你的夢想之後，你卻被現實打擊，你不斷地遭受到各種困難、阻礙，使得你沒有做到自己的承諾，即便你一直修改、修正，最後可能連自己想要過的生活品質都沒能達到，這是很多人都發生過的狀況，也是一個事實。

我們說華人與外國人最大的差別是在於，華人可能只會看到自己現有的資源有什麼？現有的能力有多少？才去決定自己能做什麼。可是外

國人不一樣，外國人是「我看到月亮在天上，我想到那裡去」，結果後來他就真的能成功登陸月球！他們是有了夢想之後，再去尋找資源，尋找其他的配置，統合起來去達成那個夢想。而不是看到自己身邊的資源不夠，就覺得自己的夢想是沒有辦法達成的。

然而，更多人之所以沒有夢想，或者是沒有去實現夢想，是因為他每天的生活都是週而復始的忙碌。早上起來說「一天又開始了，真累」，然後去上班，等到白天忙完了一整天，回家就是看電視，覺得自己身心俱疲，要睡覺的時候又想「無聊的一天又過了，真不值得！」有很多人每天都在過著這種不值得的生活，那就是一種極辛苦又消磨心力，而且得週而復始的無限循環。

很多人的生活已經太過忙碌了，他們忙到沒有時間停、聽、看，但是如果你沒有適時地停下來聽聽自己的聲音、看看自己的未來，你當然會永遠走不出自己的方向。你為什麼沒有停下來呢？因為太忙了，沒有時間停下來；為什麼沒有聽聽自己的聲音呢？因為周遭太多事物了，沒有聽到自己內心的聲音；為什麼你沒有去看看自己的未來，因為你的未來方向本來就不清楚，所以你只能茫然。

張艾嘉有一首歌曲叫做「忙與盲」，你忙得失去了生活的方向，你盲得沒有自己的主張，很多時候你真的是很辛苦的，但是我經常說「停、聽、看」，我們不要忙碌、盲目與茫然，你要留出你的時間停下來，去規劃自己的生活，否則過去如果你很忙碌，沒有時間停下來，就會造成你現在很盲目；而你現在很盲目，那麼看向未來就會是一片茫然，這是必然的道理。

　　所以請你好好地、認真、努力地稍微停下來，想想自己到底真正要的是什麼？不要只有盲目的往前走，若是欲速則不達，那不如適當地先減速，或許另有一片風景。

　　我自己也一樣，當我去上Money&You課程的時候，我告訴自己一定要過一個比較均衡的生活、過一個比較平衡的人生，那麼當你開始去規劃的時候，你就有了白紙黑字，這就代表「你想明白了」、「你願意負責任了」，很多人其實都是有想法的，可是從來沒有寫下來過，當你沒有寫成白紙黑字時，就代表著你還沒有想明白，這是很重要的，同時也不代表你真的願意承擔責任，所以你不可能一下子就達到最完美的理想，但是你至少可以從理想的第一步驟、第二步驟、第三步驟慢慢地往上去實踐。

　　理想付諸於行動的一個關鍵要點就是逐步分解。目標一旦確立，往往會由於它看上去過大、過於遙遠而使人失去了行動的勇氣，所以，人們在人生目標的追求過程中所遇到的阻礙往往並不來自於現實，而是起源於我們頭腦中的自我設限。

　　你可以一步步地來，但是一定是要為了自己，而不是只是為了不讓別人失望。因為很多時候我們的理想不是為了自己，而是為別人，你不是過自己想要的生活，而是去活出別人想要的期望，這樣的話其實對你自己很不公平，對別人來說也不公平，你會更辛苦。所以聽聽自己內心的聲音，認真地往前走，真正去過出自己的理想生活。

　　就像現在的實踐家一樣，我們希望能夠幫助到更多人，我也有過我自己的理想，我在六歲的時候，家裡面的經濟條件比較差，當時曾經因

為一個不平等的待遇，讓我看到辛苦的妹妹，那時候她也才四歲。當時我就告訴自己，未來我長大了，一定要做到兩件事：第一個是，我一定要看到妹妹出嫁了，我才要娶老婆；第二個，我一定要讓其他和我一樣家庭很辛苦的孩子，不會同樣地受到別人的欺負。

　　這個理想在我六歲的時候就出現了，感覺起來好像年紀很小，可是我堅持去做了，例如，我十二歲時有機會幫助一個老太太，我唸高中時有機會去育幼院服務，我唸大學時有機會參加服務性社團，直到現在，我有機會成立基金會。如果不是在很小的時候，那個夢想就在我的心裡面萌芽，沒有因，又怎麼會有那個果呢？所以不要小看自己在任何一個時代、任何一個年紀、任何一個階段裡面所萌發出來的夢想，不要小看自己的夢想。

　　只要你不看見你自己，就沒有人看見你。只要你自己不自我設限，必定能夠實現所有的夢想，且超越原來的規劃，擁有自己的理想生活。

脫離「老鼠賽跑」，走向「快車道」

很多人曾玩過「現金流遊戲」（Cashflow Game），現金流遊戲是Money & You的導師之一，也是全世界著名暢銷書《富爸爸，窮爸爸》（Rich dad,Poor dad）作者羅伯特・清崎（Robert .T. Kiyosaki）所提出的，羅伯特・清崎是Money&You的畢業生，他曾在一九八五年到一九九四年期間教授Money&You。

在《富爸爸，窮爸爸》的現金流遊戲裡面，最重要的就是「老鼠賽跑」與「快車道」。像我女兒養了一隻天竺鼠，天竺鼠的籠子裡我們都會放一個圓圈轉輪，這隻天竺鼠每次吃一吃東西之後，就會跑上那個轉輪，然後一直跑，牠跑得越快，轉輪就轉得越快，牠越跑就越停不下來，但是跑得再快也只是在原地轉圈，除非牠停下來，找到另一條路，否則永遠也出不了那個圈子。

想想看，許多人的生活豈不是也像老鼠賽跑一樣？處在一個負面的循環裡面，每天早上都睡得很晚，起床來不及了，趕著去上班，公車

216

趕不上，到了公司遲到了得罰款，然後很疲累，等著中午的時候吃飯，吃完飯睡個午覺，到了下午的時候，度日如年，因為自己覺得工作就是一件無聊的工作不斷地在重覆，沒有打起工作的精神，等到了六點多下班，下班之後又開始擠公車、擠捷運，回到家累攤在沙發上，吃個晚飯，看看電視，甚至有時候一覺醒來發現自己還在沙發上，每天過著這樣的生活，到了明天早上又一樣……當我們每天重複著相同的事時，是否清楚自己正在做什麼，知道自己最終的目標？你每天的生活是在不斷地改進和提升，還是像老鼠一樣，只是在原地繞圈子？其實，我們可以將自己從這種毫無意義的重複中拯救出來，因為和老鼠不同的是，我們可以思考，我們可以決定從毫無目的老鼠轉圈賽跑中停下來。

有許多人每天都處在這種負面的循環當中，你知道這種生活你不想要，但是又不得不在這種不想要的循環裡過日子，於是你越來越辛苦，很想停止，卻又停不下來，因為你沒有真的給自己一個機會去停下來，那麼你就變得在原地空轉，不斷地原地踏步，就浪費了很多的力氣。

一般的上班族，過著每天一樣的生活，每個月領著固定的工資，等待一年一次的小加薪，每天過著可能入不敷出的生活，沒有辦法創造效益和價值，這是很多人都正在經歷的負面循環，但是只有你離開這個負面的循環，才有辦法走到你的快速道路。快速道路就像是你在市區裡開車，遇到紅綠燈就得停下來，而且有限速，但是在高速公路上你可以開到時速一百公里，上面沒有紅綠燈，你可以跑很快，那以現金流遊戲來說，「快車道」就代表了一種夢想的實現，或者是財務的自由。

所以你不能只是每天原地踏步，過著這樣子週而復始的生活，你要

懂得你有工資，你就要用你的工資來創造更多的「非工資收入」，大部分人的收入都叫做工資收入，就是每個月領多少工資，可是你必須要再創造非工資收入。

舉例，你有一個房子在出租，你就擁有「非工資收入」，你寫了一本書，你有版稅，那就是「非工資收入」，你做了一個網路上的商店、做了一個電子商務，即使你晚上在睡覺，還是有人在網路上透過自動購物系統買你的東西，那個帳就會直接到你的銀行帳戶裡，這都是「非工資收入」。

所以你不能只是每天忙碌，日以繼夜地循環，拿著工資收入，過著老鼠賽跑的生活，你從現在開始替自己找「非工資收入」。真正的財務自由，就是你的「非工資收入」大於你的「支出」，也就是說這個月就算我都不工作，在沒有領到工資的情況之下，我的「非工資收入」仍然可以讓我支付這些所有該支付的費用，那麼我就是財務自由了。

所以我們應該要離開自己不想要的負面循環，進入自己想要的正面循環的生活。

② 開始規劃一個值得擁有的生命

在Money&You裡有一句話：「大多數的人使用生命中大多數的時間在賺錢，而不是規劃一個值得擁有的生命。」所以我們強調「值得」是非常重要的，像前面提到的一樣，一天忙碌就過了，非常不值得，值得才是核心。那麼什麼時候才能離開這種自己並不想要的生活？除非你停下來做規劃，否則你每天都是和昨天一樣的在做「不值得的循環」，在迎來未來「不值得的來臨」。

> 7 ♦
> ▷DOERS 夢踐家
> GROUP
>
> 大多數的人
> 使用生命中大多數的時間
> 在賺錢
> 而不是規劃一個
> 值得擁有的生命
>
> MONEY&YOU®

我也一樣，我們自己以前就是一直做業績、開拓據點，每天想辦法就是如何有更多的業務員、創造更多的顧客，然後從更多的顧客帶來更多的收入。後來發現不是這樣的，當你開發的據點大於你的服務能力的時候，你的服務就做不好，你會發現客戶開發地越多，反而自己的損失就越大，因為沒有做好服務，帶來的是負面的口碑，反而更辛苦。

所以你不能只是矇著頭，以為自己是在創造成績，但其實你並沒有能力去保有、擁有，甚至去鞏固好這樣的成績與結果。

　　像是創新工場董事長、Google 全球前副總裁李開復，他寫了一本書叫做《我修的死亡學分》，他說：「生命如果只剩一百天，你會怎麼過？」李開復在發現自己腹部有二十幾顆腫瘤、面臨生死存亡之際，開始思考這個問題。一個集名利、財富於一身的大企業家在健康面前，與平常人一樣渺小。

　　他突然發現每天不斷地工作，還以為自己很能幹，以為自己的時間、效率非常高。我也曾經有過同樣的誤區，覺得自己在短時間內可以做好多事，但是我還有停下來的時候，如果沒有停下來就完蛋了，就會變成你只有不斷地在賺錢，而忽略了自己真正要去擁有的那個生命。

　　我認為過好生命真的比賺到錢還重要，我也經常說：「有命，就有錢」，可是很多人他賺了錢，卻沒了命，賺了錢，就賠了命。這種人非常、非常多，所以讓你自己先過得快樂、過得充實、過得有價值，當你過得有價值的時候，這個生命就是值得擁有的。

　　證嚴法師曾說，人有四等人：「富中之富」、「貧中之富」、「貧中之貧」、再來是「富中之貧」。有四種不同的人，如果讓你選的話，你當然希望過「富中之富」的生活，因為「富中之富」是經濟富足、生活快樂、生活豐富，那麼「貧中之富」呢？是經濟雖然不富足，可是至少過得快樂。「貧中之貧」則是經濟不富足，心靈也不快樂。而「富中之貧」是當中最可憐的，經濟富足了，可是心靈一點也不快樂。雖然賺了很多錢，可是他讓全世界都討厭他，這種「富中之貧」就是最糟糕的生活。如果你目前在「貧中之貧」，你就要往「貧中之富」前進「，貧中之富」再往「富中之富」前進，千萬不要讓自己落入「富中之貧」的

生活，這是最辛苦的。

「只要目標在，路就不會消失」，這很重要。我經常和人家說：「你要相信你自己，相信你自己所說的話和相信你所做的計劃，因為人們的目標能不能實現，其實是自我意志力的結果！」

我們正在規劃Money & You永久園區，基地有一百八十畝，這個園區在花蓮——臺灣最漂亮的地方，我們希望能讓所有的人，不僅來學習Money & You，也有一個永久的、共同的家的感覺，所以我們選擇在臺灣最乾淨、最純淨、最好的花蓮蓋這個園區。希望能讓所有人，每次回來這個地方就有很多上課的共同回憶，來到這個地方可以在大自然的環境裡安心下來、充電再出發，到這邊自我沈澱。這個是很重要的，如果你真的很忙，你就沒有辦法仔細規劃，就不知道你自己的未來在哪裡。

就像我自己也很清楚，現在已經五十一歲了，不是年輕人了，那麼我的父母親也一個七十三歲、一個六十九歲了，接下來會需要更多的陪伴，所以不要讓自己留下遺憾。老人家的晚年是最需要陪伴的，而這種陪伴是最有價值的，我認為我們應該保持這樣的價值、善用這樣的價值，因為錢是賺不完的，可是因為賺了錢而失去健康、失去家人的陪伴、失去社會的尊重，那這些都是非常不值得的事。我再次強調，我並不是說金錢不好，但是你要用金錢來創造出一個真正值得擁有的生命，那才是你比別人更富有的地方。

 ## 判斷事實，突破表象的限制

這張圖，看起來是一個箱子，但是這個其實是蠻重要的基本概念。

意思是指，我們經常以自我的主觀去判斷什麼是「事實」，可是我們往往並沒有看到真正的事實，許多人看到的都是表相，不是真相，是樣子，不是裡子，這是多數人經常會有的盲點，所以避免用自我的主觀意識去做判斷，這些都是我們在生活當中容易出現的麻煩。

例如，我們不要表面上看到這個人的學歷不夠好，就覺得這個人的能力不夠強，其實不是的，不要被那些既定印象來綑綁住你自己。有一個概念也是相同的，就是，有一個溫度計，有一個調溫計，而你要去當一個「調溫計」體質的人，不要去當一個「溫度計」體質的人。

什麼意思呢？如果現在這個地方很熱，你把溫度計拿來測量，這裡是三十五度，它就是顯現三十五度，這裡很冷，這裡十五度，它就是顯現十五度。

　　可是調溫計的人是不管外在多少度，只要我的空調一打開，我可以設定室溫在二十五度，設定二十五度就是一直是二十五度，我可以自己決定我所要的溫度，而不是隨著外在環境而改變。

　　意思是說，我們應該要有自己的意見、有自己的主張，我們不要被自己過去的這些限制所迷惑，因為自己過去的成績很差，你就盪到谷底，一蹶不起，環境很冷，你就顯示了零度，不是的，你應該可以決定自己的熱情，決定調高你的溫度在三十八度，調高自己的溫度再往前邁進，這些都是你可以自己決定，而不是由別人決定的。

　　其實有很多走進Money & You的人有一個蠻大的收穫，就是他們拋棄了自己過去的障礙與限制。像我自己，我自己是個大學退學生，一九八六年時我被大學退學，在一般人的認知上，我被退學就不太可能去找到一份好的工作，可能就留下一個人生的污點，可是現在的學生休學去創業的人一大堆，這反而變成了一件好事。所以，並不是說一件事情發生了，就一定得承受唯一的表面或者是社會制度裡的結果，你有更多的機會可以去做自己、活出自己。

　　像我雖然被退學，可是今天我是一個教育工作者，我反而透過教育工作去幫助更多的人。我雖然被退學，可是正因為我被退學，所以我更瞭解當年沒有好好讀書的那一種苦，所以我今天反而有機會幫助更多的年輕人把書讀好，這些是不是都是另外一種價值？所以我們一定不是只有單一的價值。

　　我雖然被退學，可是我沒有受到「退學」這個溫度的控制，我得要重新調整溫度，讓自己再努力，所以我現在可以在大學裡教書，我可以

拿到榮譽博士學位，我今年可以再回到我的母校東吳大學，獲得了傑出校友的頒獎，我可能是唯一一個退學生獲頒傑出校友獎的，因為我用我的努力來突破原來的限制。每個人其實都有這樣的能力和機會，不要被一些表面的、表相的事實障礙、限制，你的生命可以過得更精彩。

當然，有時候你也不要迷惑於別人和你說的那一些美好的表相，例如：「這個人講得天花亂墜」、「這個合約寫得非常精彩」，但是很有可能事實並不是這樣。除了你不要受到過去那些障礙的限制之外，相對的，你也要懂得去看清楚、去判斷什麼才是真正的事實，每個人都得要有一定的判斷能力，才不至於受到一些表相的宣傳而被欺騙。

因為在這個時代裡，假消息滿天飛，假資訊到處都存在，你必須要能自己清晰地去做判斷，判斷的時候要能清楚地找到一個明確的遊戲規則，看到別人過於誇大不實，看自己是不是過度貪心而受到傷害等等，都是一樣的道理。

除了這些，Money&You 還可以教你……

第九單元：規劃你的理想生活

- 👍 從做「習慣」的事到做「知道」的事
- 👍 如何脫離「老鼠賽跑」的循環
- 👍 如何停止繳付事業與生活的「罰單」
- 👍 解除「背景」與過去事實的限制
- 👍 規劃未來五年的理想生活

當個有錢人！做個有情人！

　　二〇一三年上Money & You時，適逢媽媽的肺癌病情惡化，我在課堂上分享時，哭到稀里嘩啦。特別是當她在十一月中接受電療後，短短一個月內看著她身體發生巨變，頭髮全部掉光、不能走、不能說話、不能吃，只能用鼻咽管餵食牛奶，像個植物人躺在床上。

　　記得在她做完電療約兩個星期，有天在幫她沖涼時，她抱著我說，還好有你這個女兒，聽了這話，我的心裡好酸，眼淚像斷線的珠子不停地流。特別是她臥病在床過著像植物人一樣生不如死的日子，一路陪著她走過那七個月非常痛苦、極度煎熬的日子，深深體會到生命的脆弱。

　　感謝Money & You，感恩媽媽，讓我從中領悟到：

　　珍惜應該珍惜的！感恩應該感恩的！放下應該放下的！

　　今年六月在臺灣上BSE時，就在年會當天，接到媽媽去世的消息。很感恩林偉賢老師第一時間從會場趕出來，給予安慰和支持。同時安排實踐家淑茵和香港同事親自護送至機場，並陪伴至登機後才離開。抵達新加坡後，這邊的亞穗和Kendy在機場接機後，又親自陪同我到媽媽的靈堂。感恩林老師和實踐家家人們的愛與支持，讓我倍感溫暖和感動。

　　在生意上，透過上Money&You、BSE、CMSA及執行系統，學到許多生意竅門和方法。例如，我不再像過去那樣，凡事親力親為一腳

踢，學會把工作分散給員工去承擔，去執行。讓每個員工學會「負責任」，做好自己的工作，創造更多的價值，同時也讓員工分享紅利，找到自己的利基點。

任何生意或工作，在前期，資金和資源都有限時，就是苦和累相結合吧。我相信，沒有一盤生意不努力付出就會成功的，只要捱過、挺過那段辛苦期，就會看到明天的太陽，收穫甜美的果實。

當你彷徨無助遇到困難時，請多回到Money & You、BSE等充滿正能量的課堂來複習，從中領悟課程裡的精髓，可能會讓你靈光乍現，找到解決方法。

我現在想要說的是：很感恩能有一個這樣的機會和平臺，讓我能以媽媽和我的故事為題材，來紀念她，很有意義。也很高興在這裡和大家分享這個故事，謝謝您們的愛與支持！

華文Money&You 418期／BSE 70期　何燦紅

更多見證影片，請看⋯⋯

每個人都有能力創造出屬於自己的成功、
都有能力維繫住屬於自己的關係，
只要關係夠強大、方法夠明確，
都是可以成功的。
可惜的是，
很多時候我們忽略了過去曾經成功的經驗與過程，
忽略了那些方法現在也能使用。

全球頂尖商業暨成長課程

MONEY&YOU®

Chapter 10

成功的方法與關係的支持

善用過去的良好經驗來面對挫折

1. 100% 成功的經驗 & 100% 被愛的關愛
2. 善用挫折轉化成為積極的力量
3. 助你建立更好人際關係的四大心態

見證故事：長春企業 / WaterSource 創辦人——鄭秀英

成功的方法與關係的支持：
善用過去的良好經驗來面對挫折

Chapter
10

無論是經營家庭也好，過自己的生活也好，處在創業的歷程也好，其實有時候我們經常會開始懷疑自己是不是真的能夠面對目前的挑戰？是不是真的能達成目標？是不是真的能解決目前的狀況？每個人應該都經常會懷疑現在的我是否有這個能力可以去完成目前自己正在做、很想做的一件事。然而，其實只要你回頭去看看，每個人都曾經有過某些成功的經驗是可以幫助你繼續往前邁進的。

也就是說，你不必去懷疑、擔心自己做不到，我一直相信每個人都有能力創造出屬於自己的成功，每個人都有能力去維繫住屬於自己的關係，只要你的關係夠強大、你的方法夠明確，你都是可以成功的。可惜的是，很多時候是我們自己忽略掉自己以前曾經成功過的經驗與過程，忽略那些方法其實現在也能使用，所以我們就一直以為自己做不到。

在我自己發展事業的過程裡，我有一些學習的對象，例如我自己永遠的精神導師就是證嚴法師，每當我碰到狀況、遇到困難的時候，我就會想：「這件事，如果是證嚴法師，她會怎麼處理？她會怎麼做？」所以你模擬她的角度、模擬她的角色、模擬她的思維時，肯定可以為我們

帶來一定程度的啟發。這種時候，我就會發現我一點也不孤單、一點也不寂寞，她也曾經經歷過這些困難的時刻，在這些困難的時刻，她撐過去，所以她將事情做更好，她就創造出更好的結局、更美好的結果。

一個人不可能什麼都會，可是你至少可以從別人的身上去找到很多成功的關鍵，可以當成一種參考，可以當成一種學習，你也可以從維繫某些事情上，去找到更多的關心和凝聚，因為這個時代並不是屬於一個人單打獨鬥的時代，所以每個人都需要維繫更好的關係。

然而，屬於現代社會比較大的恐懼會是：你的關係其實是用「按讚」按出來的。現在人們的關係可能在FB上面，文字可以非常直接、親近，可是一旦見了面之後，卻反而一句話都說不出來。我們在網路上可以給人一個擁抱的符號，可是當這個人在你面前的時候，你卻表現地非常生疏。

所以，我認為目前的這種網路時代或者社交平台的時代，其實給多數人帶來了不少偽裝的關係，這一點其實應該要注意，因為這種偽裝的關係並不是一種正面的、積極接觸的關係。因此我會說我們必須要感謝這些工具給人們的表面上拉近了距離，但是我們更要在實際上去做出應有的付出，這是非常重要的。

舉例來說，某一天的一大早我就做了一件事，我在公司與一個共同基金的發起者見面，我們要成立一筆公益創投基金，原則都談好了、出多少錢也知道了、人員都有了，而且我的工作團隊也已經對接好了。可是即使都安排好了，我還是要來和合作者好好聊聊，為什麼？因為要建立更好的關係。不要簡單地讓這件事情就交給員工就處理完了，給別人

誤會我這個老闆自己一點都不重視的錯覺。

　　例如，有一次我在Money&You教課，總共有三天的課，結果教到第二天晚上，我接到一個訊息說「我的爺爺快往生了」，不過他是高壽九十幾歲，於是我立刻找了另外一個人來幫我代課，我立刻訂了隔天的機票回台灣，因為我不希望給自己帶來遺憾，我要在他最後的時間裡陪伴在他身邊。

　　很多時候，你可以從別人的身上學到成功的方法。以及你的關係的支持，那個關係其實都需要透過不斷地用心去投入與凝聚的，這是非常、非常重要的。

　　像是前面有提到馬來西亞的張主席投資了實踐家，但是他不是說只是聽我們的一場簡報，他一樣帶著他所有的工作團隊飛到這裡，他在杭州、上海、臺北三天三夜的時間，都帶著團隊來視察項目，同時不是只有看項目，而是帶著他的團隊與我們的團隊建立更好的關係。

　　所以關係不論是在工作上、朋友上、家庭上，其實都需要用心去支持、用心去凝聚、用心去創造，才會真的是最紮實的關係。一個人是不是真心的，別人都聽得出來，別人都能夠感受得到，所以我們才會經常和人家說，你說出來的事情對方有沒有接收到比較重要，也許對方會和你說：他接收到的只是你想控制他，接收到的只是你不信任他。所以不是你做了就對了，還是要「人之所欲，施之於人」，要用對方能夠接受的方法，讓對方真正有效地感受到，那才是一份真正的愛、一份真正的好關係。

1 100％成功的經驗 & 100％被愛的關愛

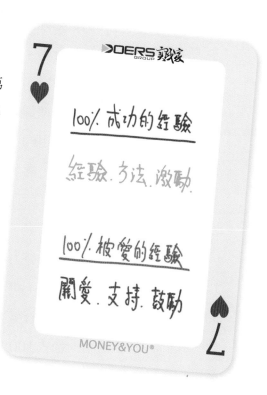

　　我們在Money&You課程裡，第一天的晚上會請大家去回憶這兩件事情，一個是過去的「100％成功的經驗」，一個是「100％被愛的經驗」，為什麼要去回憶100％成功的經驗呢？因為我們相信也認為當每個人遇到困難不知道怎麼做的時候，請放心你自己過去都曾經成功過，你過去有過成功的經驗，你只要能夠回想過去成功的經驗，你腦海裡面就不會全部都是放棄與負面的思維。

　　例如，我現在想要再創一個事業，可是創造一個事業的時候，我會思考我做得到嗎？那麼，回想一下你當年第一次創業時的勇敢，過去的那個經驗一定能為你帶來啟發。回想一下你當時創業是靠什麼方法成功的？就靠著勤於拜訪顧客嗎？靠著大量積累客戶數據嗎？可以的，那個方法今天還可以用。

　　所以過去那些成功的經驗可以給你帶來一些啟發，也可以帶來一些

自我的激勵，你就會發現原來自己「Yes, I can！」原來我還可以，原來不難，所以很多人他找經驗、找成功，不一定是從別的地方去找，而是自己的身上都曾經有過。

甚至，你的100％成功的經驗只是你小時候第一次上台演講，你很認真努力地演講完，並且走了下來。那麼放心，那個經驗對你也是有幫助的，因為你過去靠著勇氣、靠著紮實的準備、靠著背演講稿非常認真付出，「勇氣」、「做足準備」、「認真付出」這三點，可能就是你今天在創業的時候也可以運用的三個重點來成就，雖然以前是上台演講，現在是創業，可是一樣的，勇氣、做足準備、認真付出這些方法在過去讓你上台成功了，現在就有可能讓你在經營事業、面對困難時挑戰成功。

所以，其實只要你認真努力地做過了，你完完整整地付出了，全力以赴地，就是成功，成功是不需要比較的，是沒有一百分與零分的差別的，都是一百分，只要你認真努力、全力以赴去做的，都是一百分。因此，我們說你可以從「過去100％成功的經驗」裡面找到經驗、方法來激勵你自己。

接下來，談到「100％被愛的經驗」，因為一個人往前走時，你需要Money，需要You，需要方法，需要人，所以當你遇到困難的時候，你可以回想過去100％被愛的經驗，從「100％被愛的經驗」去找到更多的關愛、去尋求更多的支持，在遇到困難的時候不要忘記那些曾經100％愛過你的人，他也給你帶來很多的鼓勵，當全世界都遺棄你，他也不會遺棄你，所以試著去找到這樣的人。

在Money&You課程的第一個晚上，請學生去尋找這些人的時候，很多人會很感動，還有人找了半天發現，一幕一幕感人的畫面就浮現在眼前，他才發現自己原來曾經是個非常富足、非常被愛、讓人感到非常溫暖的人。

當我自己遇到困難的時候，會想到100％被愛的經驗，對我來說，可能就是母親的嘮叨，母親永遠說：「唉呀，你可不可以早點休息？」或者晚上回家之後，她總是一句話：「要不要先吃水果？」你一回家就問你吃飯沒？菜幫你熱好或是水果幫你準備好，因為她知道你在外面吃飯，可能沒有機會吃太多的水果，所以每次你一回家的時候，幾盒水果切好了放在那個地方，那個其實就是一種100％的被愛。

此外，我的100％的被愛還來自於女兒，每次我在大陸工作、在東南亞工作，打電話回來時，她的第一句話就是：「爸爸，我愛你喔！」她的最後一句話總是「愛你喔！嗯嘛嗯嘛（親兩下）！」在電話那一頭的我，其實每天不管白天有多麼地累、多麼地忙，可是到了晚上被「嗯嘛」一下之後，即使是透過電話，都會覺得自己充滿力量、充滿能量。

每個人都有自己規劃的理想生活，當你規劃了理想的生活你就會想要去完成、想要去做到，可是你在行動的時候一定會遇到困難，沒關係，就從「過去的成功」找經驗、找方法，從「過去的被愛」裡找到更多的力量、找到更多的支持、找到更多的關愛，你就可以讓自己一路不孤單，一路不寂寞的繼續往前邁進。

善用挫折轉化成為積極的力量

人們最大的力量其實是當你遇到挫敗的時候，如何以它作為起點往上跳，所以，我認為人其實並沒有那麼地寂寞，也沒有那麼地孤單，因為只要你懂得「珍惜應該珍惜的」。

在生命中，我們首先要珍惜的並且最值得我們珍惜的是那些我們所愛的人和愛我們的人，他們是我們生命中最寶貴的財富，是我們成功的支持力量，我們幸福和快樂的源泉之一。許多的人往往對獲得的關懷和愛護習以為常，對擁有的幸福往往不再重視，結果不知不覺間失去了許多珍貴的東西。

我在唸書的時候，每天起床我都會大笑三聲，因為我發現自己還活著，活著真好。每天早上我只要起床，就會用力地把手移到心臟，發現它還在跳，我就覺得太高興了，因為有很多人是真的晚上躺下去，隔天再也無法起床的，所以，「珍惜應該珍惜的」。

此外，「感謝應該感謝的」，因為感恩的心可以讓人們變得更年

輕，感恩的心可以讓人們變得更富有。

　　沒有人單單只靠自己就能取得成功，無論你是多麼的優秀。在我們追尋成功的道路上，可能受到許多人的幫助，然而人們常犯的一個錯誤就是：當我們真的成功之後，往往認為這一切都是靠自己，忘記那些曾給我們協助的人，忘記感恩，這種心態會成為我們獲取進一步成功的最大的障礙。一顆自私的心是封閉的，它會阻擋未來的幫助和機會；而感恩的心是面向世界打開的，它會吸引更多的力量來到自己周圍。

　　老實說，我個人非常感謝目前在這個美好的時代裡面，我不用過得像以前那麼地辛苦，每個人都不知道自己為什麼來到人間，可是至少你沒有出生在戰爭的時代，每天得躲子彈，至少你沒有出生在物質匱乏的年代，總是挨餓吃不飽，甚至就在現在的二十一世紀，你要慶幸你沒有出生在非洲那些非常辛苦的地方，你沒有出生在中國大陸非常偏遠的山上，成為那些留守兒童的家庭之一。

　　我說不明白各種不同的宗教會如何解釋為什麼此刻我們是這樣子，但是至少，無論如何，你此時此刻生在這裡，你都應該知道有更多人比你更辛苦，你都應該感謝你該感謝的。

　　然後，「發現應該發現的」，我們常常可以發現生命中一些特別的機遇，某些特殊的機會，但是當我們發現的時候，卻不一定懂得如何去把握，而這些機會往往都是稍縱即逝的。例如可能有很多的人，並沒有發現最愛我們的人就在我們的身邊，或幫助我們最多的人就是在我們的身邊，常要等到失去了才悔恨不已。

　　我們很多時候缺乏了眼光、缺乏了發現的能力，我們只會要求人、

不會給予人，我們不會發現原來父母親每天簡單的幾句噓寒問暖，是這麼地重要，當你到了異國他鄉，發現沒有人和你說話的時候，你才發現自己多麼地孤單。所以，我們的身邊原本就有很多的美好，你要用特別敏銳的眼光去發現它。

接著，「把握應該把握的」，每個人的每一天都一樣是二十四小時，也就是八萬六千四百秒，可是有太多的人浪費了自己的生命，蹉跎了自己的光陰。所以必須要去「把握應該把握的」，你好好的把握住、懂得惜福，你才有辦法往前走，所以我們才會說「知福、惜福、再造福」，這是慈濟證嚴法師說的。

因為每個人的資源是一樣的，同樣都唸過小學，同樣都有小學同學，如果你把握住了，同學之間好好保持聯繫，可能今天你們可以是創業夥伴，求學過程中，老師教的東西都好好把握住了，可能你會一輩子受用無窮。把握你現在還有父母親在身邊、爺爺奶奶在身邊，把握應該把握的好好陪伴。

然後，「原諒應該原諒的」，因為「原諒別人，就是成就自己」。其實，不原諒別人，就是和自己過不去，就像我一樣，也有人曾經拿走我的錢，不還錢之外，還找人來告我們，他以為惡人就可以當道，但其實不是的，當你放下的那一刻，你就會發現他所做的那一切都只是為了掩蓋自己內心不安的偽裝。事實上，他知道自己無理、知道自己理虧，所以他反而用更激烈的手段，想改變這種局面，然後讓自己過著這種存在的價值。

或許你會覺得「我不能原諒我的父母，他們從小到大都打我」，可

是我相信如果父母親可以再重新來一次，他們可能也不願意用打罵的方式去教養你，那是因為他們不懂得怎麼教育，對吧？人們其實都有同樣的過程，所以請去原諒應該原諒的，你一定要相信傷害你的人比你自己還要難過。

所以，對於所有的傷害，我們要學會原諒和忘記，這樣才能清除生命裡那些怨恨的垃圾，放下包袱，走向更高遠的未來。

接著是，「忘記應該忘記的」，任何事物都是一樣，你不可能馬上能忘記不好的回憶，但是你可以用一個新的經驗來取代壞的經驗，你可以用一個新的回憶來取代一個舊的回憶，那麼當你在腦海裡面正能量的東西越多的時候，你原本的負能量的東西就會減少，慢慢地你就會忘記那件事了，這是真的。

當你有好的、正面積極的力量可以去做事情的時候，你就不會讓自己掉落到那一個負面、消極、憂鬱的心境裡面。所以「忘記應該忘記的」，或許你無法全盤忘記，但是你一定可以藉由正面的記憶來占據你的腦袋空間，讓生活過得更有價值。

然後，請「發洩應該發洩的」，在臺灣是「ㄍㄧㄥ」，有時候你就是讓自己硬撐住，因此過得很痛苦，但是其實是沒有必要的。

我以前寫過一本書《男人其實很愛哭》，意思是說，其實你沒有必要給自己那麼大的壓力，任何事情都得裝得表面上無風無浪的樣子，其實適當的發洩是更健康的，山洪都要爆發，水庫都需要洩洪，血液需要暢通，那麼，為什麼情緒上要這麼ㄍㄧㄥ呢？而我認為，「哭」有時候也是一種發洩，「大喊大叫」也是一種發洩，我經常因為出差的關係，

需要住在外地的飯店，有時候我回到飯店裡自己一個人時，會用棉被將自己蓋住，在裡面大叫，或者在洗澡的時候大聲地唱歌，因為我需要適當的發洩，如果你不給自己適當的發洩，你一直不斷累積起來，那就太辛苦了。

表達情感並不是軟弱，正好相反，勇於發掘自己的情感的人，才是真正有勇氣的人。所以要給自己表達的機會，適當發洩積壓的情緒，可以幫助我們舒緩壓力，使身心得到合理的調節。

再來是，「接受應該接受的」，我說「接受，是所有成就的來源」，我們要相信這個定律，當你事情發生了之後，你只要能接受「它就這樣了，我還能怎麼樣？」有時候事情真的就是這樣子，你有辦法改變它嗎？沒有辦法改變的。

有一部戲演的是：有一個女生，她十八歲談了戀愛，結果受到傷害，自此之後走在路上看到男人，都稱他為賤人。那麼你說她還能戀愛嗎？連續三十幾年，她也接觸不少更多可能的好人，她這輩子就遇到了一個壞男人，可是讓自己減少無數個與好男人產生更好結果的機會，每一個男人都可能成為她終生唯一守候的人，可是她卻被過去的壞男人留住了，這輩子永遠不能自由。因此我說「接受，才有辦法往前走」、「接受，才有辦法放下」。

③ 助你建立更好人際關係的四大心態

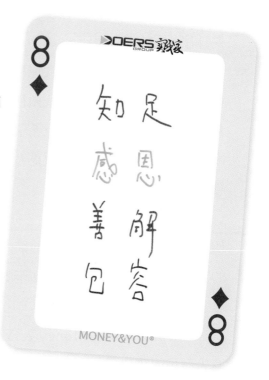

證嚴法師說：「要知足、感恩、善解、包容」。因為當一個人擁有知足、感恩、善解、包容的能力的時候，他身邊的關係都會變得更好，變得更快樂。

我有一個同事，這個同事是在以前的工作單位認識的，我最近才知道，他的母親很遺憾地，在下樓倒垃圾的時候，竟被垃圾車撞到而離開了人世，這是一個完全的意外，因為駕駛視線不清的一個死角的倒車事故。那麼，他本來和母親的關係也不是非常地好，就是不是那麼地親近，可是一夜之間發生了這樣的事情，他全部的世界都改變了。他從本來只有自己家庭的生活，到公司上班，到了後來，他成為非常棒的志願工作者，因為他知道自己需要在遇到困難的時候，有人來支持他、有人來撫慰他、有人來幫助他渡過難關，結果他現在希望他更有能力了，可以去幫助更多的人渡過難關。他才發現到，自己的母親雖然這樣地離開了，可是他慶幸自己還有父親，還有外公、外婆，還有更多可

以彼此照顧的力量，他更要好好珍惜這些緣分。

我因為參與服務的關係，也遇過很多這樣子的人，有一些人會和志工說：「你去做志願工作，做了那麼多，那麼你應該都在積福啊，可是為什麼妳的女兒卻得了血癌？」其實她的角度就會不一樣，她說：「唉呀，我做了這麼多，我的女兒還不是遇到這樣的情況而離開人間，那我要做得更多，因為這代表我做得的還不夠。」於是，她就更積極投入在幫助別人上，她說：「我也希望我女兒將來再投胎，能到一個更好的人家，所以我要更努力地去做更多積極的付出」，這就是完全不一樣的思維。

知足之後，再「感恩」。你要覺得滿足、感謝自己所擁有的這一切。像現在的孩子真的是比較缺乏感恩的能力，他會覺得這是理所當然的，他可能還會予取予求，甚至吃爹、啃娘，他不懂得感恩，但是「感恩」其實是人間最美麗的動力。

也有許多人是在Money & You的課程裡，發現自己不懂得感恩，有人發現原來自己的爺爺對自己很好，媽媽對自己很好，爸爸對自己很好，另外一半為他相守這麼多年非常不容易，這種堅持付出是不容易的，所以他開始懂得感恩。

我有一個投資的企業，叫做「大蔬無界」，這個創辦人也一樣，他為了自己的母親曾經罹患癌症，所以他就發願說自己要走多遠的路，來給自己的媽媽祈福，願意折自己的壽命來消災等等，後來在這個過程裡面，他就發願自己要吃素，那就不要再殺生了，為了幫助母親渡過這個難關，後來母親的情況比較好，不過過了若干年之後，母親也因為高壽

的關係離開了人間，他才發現到，自己其實只是因為從感恩的心開始，他感恩大地眾生、感謝天地萬物，因此就決定去經營素食。就因為自己吃素，之後發現吃素很好，那麼他就用感恩的心、感謝大地的心、不去傷害動物的心，感恩各種動物對世人造成貢獻等等，他就經營了素食餐廳，「大蔬無界」現在已經是上海做得最好的素食餐廳。

　　當你懷抱著一份感恩的心對環境、懷抱著一份感恩的心對自然、懷抱著一份感恩的心對周遭所有的資源，其實有時候不僅只是感恩的心，同時你還創造了無數的價值。

　　接著是「善解」，不同的人說不同的話，可是同樣的一句話聽到不同人的心裡、耳朵裡，其實是不一樣的感覺，所以「善解」意思是說「你不要用負面的方式去解釋」，別人說一句話，有時候不是那樣的意思，但是你卻硬要往那個負面的方向去想，那麼你自己都會過得不愉快，這樣的人還不少。

　　所以善解是非常重要的力量，就像有時候別人問你：「你等一下有空嗎？」你就說「你要幹嘛？你要叫我做事嗎？」但是其實不是，也許他只是問你要不要一起去打球，不是問你有空，就想把工作丟給你。我們經常會用自己的方法去解釋對方的好意，那你如果不懂得「善解」，就往往會把好意變成惡意，可是你能「善解」的時候，就算知道對方是惡意，你也可以把它變成好意，所以「善解」很重要，是善加瞭解的意思。

　　再來是「包容」，意思就是「宰相肚裡能撐船」，所以我認為越好的領導人，或者是事業成就越高的領導人，通常是包容力越高的人。當

你越能夠去包容對方，你其實就越能夠擴大自己的能量、擴大自己的氣場、擴大自己的平台，所以「包容」更是一種重要的力量。

我經常開玩笑地說，我唸國中一年級的時候，英文考試考了九十九分，卻被老師打了十下屁股，我要知足，要感謝老師，我還感謝我自己考了九十九分，差一分就一百分了，感謝老師這樣打我是為了提醒我，這是「善解」。

老師是打我十下，不是只打我一下，因為希望我能深刻地記住，我要包容老師的一片苦心，所以後來我國中時的英文考試都考一百分，只有第一次考了九十九分，這是真實的故事。

如果你用這個角度來看，你不會覺得你被打會怎麼樣。可是有一次我問了一個孩子，我說：「如果你考了九十九分，老師打你十下屁股，那你會怎麼樣？」他說：「那我就考零分啊，老師有種就把我打死好了。」那麼你看這個是多麼辛苦的事，你考零分對自己也沒有好處，你考九十九分，本來只要努力一下，就有一百分啦！可是你卻是抱持不知足、不感恩、不善解、不包容的心態，反而會讓自己過得更辛苦。

除了這些，Money&You 還可以教你……

第十單元：成功的方法與關係的支持

👍 100%成功的經驗、方法與激勵

👍 100%被愛的經驗、支持與鼓勵

👍 如何善用挫折的力量轉化為成功

👍 如何與親人朋友同事建立更好

的關係

👍 運用音樂重整個人的心靈動力

M&Y見證故事

人生要活得坦然、充實、有意義、有價值！

　　我一向省吃儉用，腳踏實地、分秒必爭地勤奮工作、逐漸地集蓄了些本錢。 一九七三年，我應兄長的邀請，創辦了第一份企業——長春書局。當時我完全沒有創業的經驗，只憑著一股毅力與衝勁，決心突破命運的安排！為了經營長春書局，我做了多方面的準備。除了學習基礎商業與法律課程以外，還努力聆聽英語會話，熟悉行業相關的英語詞彙，並且積極地向有關人士學習行業相關的知識，以求更全面瞭解各種品類及其使用的方法。

　　創業初期，長春書局的門市生意只靠零售業務，客流量稀少，結果慘澹經營，收支無法平衡。後來，我警覺到企業不能守株待兔，必須走出去，我立刻嘗試發展文房供應項目。一開始，因為沒有經驗和名氣，價格也難與其他市場老字號競爭，因此無法取得定單。我只好盡量與客戶溝通，尋找客戶的需求。我以客戶在別家找不到的產品為切入點，為他們提供最好的服務，和他們建立良好的友誼關係， 增加他們對我的信任度，終於累積了我們的客源。

　　為了取得較好的價位，我決定增設批發部。首先找合適的供應商協

議批發價；其次，找廠家供應我們獨家產品，同時進口國外產品，爭取品牌總代理，增加我們在市場上的競爭優勢。另外，我又增設分店，增加銷量，擴大客戶網，提升知名度。

二〇〇六年，我參加了實踐家主辦為期八天的BSE（美國企業家商學院）培訓。 多年來，我謹遵林偉賢老師的商業系統教導，努力建造新加坡品牌，以誠信為本，以客為尊，對客戶信守承諾！

二〇一四年，WaterSource很榮幸得到政府的認同，批准贊助品牌的建設計畫，並聘請專家顧問團，有系統性地檢討，與規劃未來三到五年的發展方向與具體計畫，並付諸實行。 一旦WaterSource的新加坡品牌成形，生意模式優化好，我相信能借助實踐家的資源與互補平臺，與其他健康企業資源連結，與中華總商會及政府接軌，開拓國外市場。

我認為人生要活得坦然，活得充實，活得有意義有價值！在此與BSE家人們共勉之！

長春企業和WaterSource創辦人　鄭秀英

更多見證影片，請看……

一個團隊的負責人，

他有必要去創造出好的硬體環境，

有必要去營造出好的軟體氛圍，

他也有必要去要求團隊的每個人遵守共同的規則、

共同的制度，

如此，

這個團隊才能更和諧地繼續往前邁進。

全球頂尖商業暨成長課程

MONEY&YOU®

Chapter 11

創造水果杯的遊戲規則

因應發展過程的不同而調整制度

1. 組成團隊水果杯的硬體、軟體及要件
2. 制定並遵守團隊的遊戲規則
3. 西雅圖派克魚販的四大工作哲學

見證故事：名留美容美髮集團董事長——鄭茂發

創造水果杯的遊戲規則：
因應發展過程的不同而調整制度

「水果杯」是在Money & You課程裡面所提出來的一個比較特別的觀念，意思是指：一個團隊就像一個大的水果杯一樣，這個大的水果杯裡面有很多的水果，而這個杯子就是一個團隊組成的元素，裡面的水果就是組成團隊的個體，所以不同的團隊是由不同的個體在不同的規則之下所組成的，這就是水果杯的一個基礎的概念。

當然，每個人可以設定自己不同的杯子，這個杯子包括了所有公司的組成，例如：它有自己的目的、有自己的政策、成品、有自己強調的目標等等，這些是屬於遊戲規則的部分。那麼團隊成員的部分則是：我需要用什麼人、企業的文化是什麼、需要什麼精神將它連結在一起等等。

各種不同的團隊，對人也會有不同的要求。舉例來說，有的團隊可能較為要求學歷，有的團隊可能較為要求工作資歷，就像每一所大學在錄取學生的時候，它會有不同的要求，例如東方的大學和西方的大學就很不一樣，這個大學如果是一個「水果杯」，它所要求的環境與學生都是截然不同的。

在東方來說，特別是在中國大陸、臺灣，你要錄取一個學生，學校一定先看他的分數有多高，分數幾乎成為主要的重點。所以如果有一個學生他的高考成績，也就是臺灣說的大學學測、指考，可以考滿級分的話，我相信在中國大陸，應該會有北大、清華等名校都要你，而在臺灣，應該是台大、政大、清大、交大、成大等名校都要你，那麼這就是以分數做為選擇水果杯成員的做法。

但是在西方學校的話，分數就不是唯一的標準了，它可能有一定的比例是放在學生其他的表現，可以分為兩種：一、你有沒有一些社團服務的經驗、對社會服務工作的經驗？有沒有曾經在讀高中的時候、讀中學的時候，參加什麼對社會能帶來一些價值的活動？二、有沒有得到任何教授的推薦？因為校方認為他人對你的推薦，代表著他人的看法與認同，那是更為重要的，所以他們更看重的是這兩個部分。每一個團隊在它形成的時候就不一樣了，因此它選擇人的標準也會不一樣，所以說「水果杯」是一個基礎的概念。

但是水果杯會破掉嗎？當然會破掉。假設杯子裡面裝的水果太多了、太大了，導致最後這個水果杯無法容納時，那麼杯子可能就會碎裂了。所以你也很有可能會需要再換一個大一點的水果杯，這代表團隊在發展的過程裡面，在不同的階段也需要有不同的目的和要求，不同的階段要有不同的規則。

一個團隊在剛剛成型的時候，最早期時員工可能對於薪資、對於制度等等不會太在意，因為是創業團隊，多半都是自己人，因此不會特別地在意，每天加班也沒關係，然後日以繼夜的工作也是應該的，這個月

付辦公室的房租比較重要，工資先免了也可以，所以剛開始有可能規則是不明確的。

但是當這個團隊一直不斷地走下去的時候，就不可能一直處在一個不明確的規則裡，你在不同的階段，就需要去因應修改這個杯子，否則最後杯子就會爆裂，一旦爆裂了，那麼這個團隊也就瓦解了。

究竟要如何創造水果杯的遊戲規則？又要如何來進行團隊的目的、政策、產品、目標等商業規劃？而好的團隊又應該擁有哪些好的遊戲規則呢？我將和讀者朋友們分享。

最好的水果杯機制，「系統化的運作」是最重要的，如果我們的系統對了，後面就都對了。

例如，美國總部要將台灣的麥當勞整體出售，那麼還是有很多人對於接手麥當勞是很有興趣的，因為麥當勞是一個完整的系統，它有企業文化、有工作的哲學，在整個工作規則明確的情況之下，它有它用人的標準，如此，它當然就可以在世界各地進行複製。

所以這樣的水果杯，在未來如果可能，它會有一系列的水果杯，會有各種不同的團隊在一個大集團裡面共同來實現，一個大集團在一個更大的水果杯裡面，例如P&G、寶僑，他們在全世界各地都有各種不同的品牌，而且是單獨的品牌去做獨立的運作，但是這些品牌依然都屬於寶僑，並且在寶僑主要的核心文化裡面去執行。接下來說明水果杯的遊戲規則。

① 組成團隊水果杯的硬體、軟體及要件

你可以看到一個明確的水果杯，在這個水果杯裡有容器、也有水果，那麼「容器」就是政策、規則與制度，內容就是裡面的「水果」。

在生活和工作當中，其實我們經常會需要和別人合作，會需要很多別人的力量，現在的資訊越來越多，而且是瞬息萬變，我們要如何能夠靠集體的力量，而不是只有靠個人的奮鬥來成功，已經變得越來越重要。

好的團隊如果要成為高效運作的團隊，首先需要先提供一個環境，在這個環境裡面，每個人都要有很高的歸屬感，能夠確認自己的位置，然後互相合作、齊心合力，彼此為了共同的目標去努力。所以我們說：一個團隊就像一個裝滿了水果的水果杯一樣。

我們以圖示上的這個水果杯為例，說明一下團隊的關係：

做為容器的水果杯，代表的可以是我們的公司，也可以是我們的團隊，也可以是我們的家庭，甚至可以說是我們一段要新展開的合作關

係，那不管它代表的是什麼，做為水果杯其中的成員，每一個人都有責任要去維護並建設這個水果杯，讓這個水果杯變得更強壯之後，就能有更多的水果來加入這個水果杯。

如果這個水果杯象徵的是「團隊」，那麼裡面所擺設的這些水果就代表著「團隊全體所有的成員」，杯子與水果之間它們彼此是相互依存的關係，它們同時也證明了對方存在的意義與價值。水果杯為水果提供了聚集在一起的環境，讓水果不會散落各處，而水果填滿了這個空的容器，讓它成為一個真正的水果杯，來實踐自己的價值。

團隊，有選擇自己成員的權力，就像水果杯不會容納所有的水果，只有經過挑選的水果才能夠置身其中。相對地，團隊的成員也有選擇的權力，也就是說他們可以選擇要不要進入這個水果杯，當他選擇進入這個水果杯的時候，就表示他們接受這個水果杯裡的環境、規則、制度，同時也接受杯子裡面的其他水果。

這個共識非常地重要，因為當你進入團隊的時候，除非你是初創團隊，自己開公司當老闆，否則剛進入團隊的時候一定會有其它的成員在裡面，所以當你接受這些水果杯與制度的同時，你也必須要開始學習接納這個水果杯裡的水果，也就是這個團隊的其他成員。

那麼，水果杯可以分成三個部分，一個是「硬體」的部分，一個是「軟體」的部分，另外一個則是「規則與制度」。

硬體來說，就是硬體環境的建設，無論你是董事長、是家長、是團隊的領導人，你都要盡最大的努力讓這個杯子，也就是這個團隊成為一個最安全的、最穩固、最舒適的地方。讓你的公司或你的家庭成為每個

人可以從裡面找到安全感、可以獲得支持、可以獲得依靠的環境。

軟體來說，軟體的環境指的是公司裡面的氛圍，應該是溫暖的、熱情的、快樂的，很多人進到六星級的辦公大樓上班，可是卻感覺一點都不舒服。因為硬體是六星級的，可是氣氛是冷冰冰的。

除了硬體要好，軟體的氛圍也要好之外，還必須要有完整的遊戲規則，要有完整的制度和完整的政策，形成團隊的向心力和最大的凝聚力。如果你要讓團隊成員一起合作，發揮最大的效益的話，每個人就必須要共同來遵守裡面所訂出來的規則、制度、政策，這就變得非常地重要，不論每個人是對自己還是對別人，都應該要有一致性的標準可以遵循。

有時候，我們在這個團隊裡太注重氛圍了，彼此只注重感覺，以至於我們沒有遵守規則，那麼反而就破壞了團隊。你出於愛團隊的心理，反而可能解散了團隊，那麼這就太可惜了。只有彼此都願意團結在共同的水果杯，在團隊的凝聚之下，才能創造出更大的價值。

所以我們必須要再次地強調，一個團隊的負責人，他有必要去創造出好的硬體環境，有必要營造出好的軟體氛圍，他也必須要求團隊的每個人遵守共同的規則、共同的制度，如此，這個團隊才有辦法繼續地往前邁進。

② 制定並遵守團隊的遊戲規則

在我們經營事業當中，「遊戲規則」可以說是最重要的一環，如果你遺忘或者忽視了遊戲規則的制定，往往整個團隊與個體都會受到很大的傷害。

如果公司或團隊缺乏清楚的遊戲規則，做錯同樣的事，卻有不同標準的話，那麼這個公司就完蛋了，這個團隊馬上就會遭到很大的質疑，因為不管是內部的成員還是外部的成員，都會對你產生不信任，進而讓整個團隊很快就瓦解了。

例如，我們有Money&You課程，也有青少年Money&You課程，有青少年BSE課程，也有成人BSE的課程。我自己的乾女兒在加拿大讀高中，她也是我青少年BSE的畢業生，她在二〇一五年的暑假就做足了準備，從加拿大趕到中國大陸參加青少年BSE的義工，在這之前兩年她就申請了，可是很抱歉，因為我們規定年齡要十六歲，她當時不到十六歲，所以她不能申請，這就是規則。

現在她在加拿大唸書，過一、二年就要申請大學了，在這樣忙碌的情況下，她依然提出申請，想當青少年BSE的義工，而且一路趕去中國大陸。可惜名單一發表的時候，裡面仍然沒有她，可能她送件比較晚一點，即使說我是她的乾爸爸，我依然沒有權力去更動這個遊戲規則。意思是說，團隊領導人最大的罩門就在於「如果你認為你有特權，任何規則可以由你來訂，朝令夕改的話，那麼在團隊裡就完蛋了。」

遊戲規則的組成有幾個要點：第一個是有「核心的目的」，一個組織的成員應該要有明確的核心「目的」，必須共同來遵守，例如Money&You的共同創始人是馬修‧賽伯先生（Marshall Thurber），他曾經在舊金山擁有一家房地產公司。公司裡有很清楚的規定，那就是公司員工開會時，如果有任何人開會遲到的話，就必須立刻被開除。

為什麼會去界定這個核心目的呢？因為他們認為從事房地產的銷售或者買賣，都必須要贏得顧客對自己的信任，只有顧客信任我們，我們才有辦法去把生意做得更好、更往前邁進。你想要顧客信任你，你自己一定要先守信，如果一個企業本身不守信的話，又怎麼有辦法去要求自己對顧客的承諾呢？

如果員工忽略公司的規定，那當然他就不太可能會去注意到有關顧客的約定，所以這個政策實行之後，有一位年薪百萬美金的銷售代表，那是在七〇年代，那時候的百萬美金銷售代表非常、非常地多，他在開會的時候遲到了一分鐘。雖然他很優秀，業績也很傑出，可是公司為了維護「核心的目的」，依然把他開除了。

相對的，當你把優秀的業務人員開除之後，你是不是會認為這家公

司的業績會受到很大的波折？但是沒有，反而讓員工發現，這個老闆為了維持公司的核心目的的決心，這個決心是如此之明顯，反而讓更多員工相信：「對，我們只要願意跟著公司一起做，我願意共同來捍衛核心目的的話，我們就一定可以有更好的發展機會。」所以，在第二年之後，這家房地產反而產生更多的百萬年薪工作者，在那之前只有一個百萬年薪銷售代表，在那之後卻出現了好多位百萬年薪的銷售代表。

第二個，是「明確的政策」。我們經常說你不能「既要馬兒好，又要馬兒不吃草」，所以不同的目的就應該要有不同的制度，來制定出不同的政策與獎勵標準，這個是非常重要的事情。

例如在實踐家集團中任職也是一樣，業務人員獎金部分的激勵程度是比較高的，然而行政人員的績效也是很重要的，不同的職務應該要有不同的考核標準。

舉例來說，你是一個銷售型的團隊或者是一個服務型的團隊，獎勵的政策也是不一樣的，但是實踐家強調學習是非常、非常重要的，因此我們在各地都會強調學習與互動，我們認為所有的員工都應該彼此要有更大的交流，所以每一年都舉辦非常大型的實踐家教育集團太空船星球會議，這個星球會議每次都是需要四百萬到五百萬人民幣支出，因為幾百個來自於亞洲各地的員工，光是機票和五星級飯店的住宿、餐點、各種會議，還不包括我們必須承擔減少工作日而產生業績的減少，因為員工有三到五天的時間不上班，我們將本來應該創造績效的時間拿來做共識會議，但是我們認為這就是每年大家都應該見面，我們的政策就是認為多溝通、多交流是好的，認為所有人都應該擁有海外共同的發展、共

同流通的機會。

第三個，是「產品」，產品是公司裡最重要的影響，每個在公司裡工作的人，對公司的產品都有著同等重要的責任，因為在其他人眼中，你不是只有做為「你個人」而存在的，你代表的是你所在的公司或你所代表的團隊。

你可以想像一下，如果今天一個標示著麥當勞logo的車子，在下雨天疾駛而去，你站在路邊被他掀起的泥水濺到了，那麼你會去罵那個司機？還是會罵麥當勞呢？肯定會罵麥當勞。因為每個人在外面都代表著公司，所以產品是公司最重要的股票，而顧客最經常做的事就是「用腳投票」，意思是如果他不喜歡，他立刻就走開了，就代表他對這個公司投了不信任票了。所以產品是每個人都必須要努力將它捍衛到最好，有最佳的品質和最好的服務。

最後一個是「目標」，目標是公司遊戲規則的一部分，不管是一個公司、一個團隊，都有一個共同的奮鬥目標，所以團隊負責人一定要注意到，你有沒有去關注公司員工的個人目標？並且要將個人目標、團隊目標想辦法將它連結在一起。如果我們只有注意到公司的目標，要求員工不斷地為公司付出努力，可是忽略了員工個人目標的重要性，那麼員工可能就會覺得：「我幹嘛呢，我都為團隊、公司努力，那我自己的目標、需要都沒有被公司重視，公司都忽視了我。」那麼他在工作上就會缺乏動力，熱情與激情也一定會相對地開始降低。

舉例來說，今天你知道某個員工他要買房子，這個房子需要五百萬元，那麼他在團隊上的績效，如果說獎金有百分之十二的話，那麼一百

萬元的業績就有十二萬元。他要買一間五百萬元的房子，分十年來算的話，一年是五十萬元，一個月的貸款加上利息大概就五萬元左右，所以他只要今天衝出去，做出一張一百萬元的單子，你覺得這太棒了，他已經賺到了二個月的房貸，所以你將績效上的提升和他個人的目標捆綁在一起，是最有效率的。或者是他可能有想陪孩子的需求，那麼，如果他達到了某個目標，就有獎勵假七天，這七天的假期就可以和孩子在一起。

　　所以將公司的目標和個人的目標綁在一起，反而更容易達成公司的目標。而且在這個過程當中，個人跟團隊也都可以獲得比較大的價值提升。

③ 西雅圖派克魚販的四大工作哲學

如何讓員工或團隊成員熱愛自己的工作，在工作中幹勁十足，齊心協力創造佳績？這是每個領導者最為關注的問題。

我們都知道，人會努力做事的動機通常只有兩個：追求快樂和逃避痛苦。所以，要使員工對工作產生發自內心的熱愛，就要讓他們在工作中找到快樂。我們每個人都可以感受到，在生活中，當我們做自己喜歡的事時，我們的效率最高，並且覺得非常地輕鬆自如。但並不是每個人都可以根據自己的興趣愛好而自由選擇工作，許多人因為工作與愛好並不相符，因此覺得自己的工作枯燥乏味，從中感受不到樂趣。

這是一個真實的故事，發生在美國西雅圖派克魚鋪，那裡的員工把工作變成充滿快樂和激情的事。我想很少有人會喜歡賣魚的工作，因為那裡大多充滿骯髒、魚腥味、單調無聊，可以讓任何人的熱情消失，陷入沮喪。

　　派克魚鋪的魚販卻讓所有到過魚鋪的人震驚，他們讓一個潮濕的、彌漫著魚腥味的魚市場成了快樂的來源，以至於有許多人到那裡去找尋快樂。那裡還被許多媒體評選為工作最有趣的地方，甚至全球五百大企業的老闆到西雅圖時，並不是去參觀位於那裡的星巴克總部或者比爾蓋茲的微軟總部，而是去看派克魚鋪是怎麼樣賣魚的。派克魚鋪一共只有十七名員工，包括兼職的員工在內，但這十七個人卻創造了世界上的一個人盡皆知的奇蹟，他們是怎樣做到的呢？

　　派克魚鋪有個不同尋常的工作哲學，這個工作哲學把整個的魚鋪，變成了一個很特別的水果杯，不但使在這個水果杯裡面工作的成員在那裡可以快樂、專注、忘我地工作，還使得每位到這裡來消費的人都被這裡的氣氛所感染，喚起心中潛藏的活力和熱情。這個快樂的工作哲學包括四個要素：

　　第一個要素是「選擇自己的態度」。

　　任何人都有可能做自己不喜歡的工作，但即使你無法選擇工作本身，你還是可以選擇工作的方式。賣魚是一件既髒又累的工作，不斷的伸手進冰冷的魚箱中拿魚，然後收錢……許多人都會感到單調乏味。但人可以選擇自己的態度，同樣是來上班，我們可以無精打采地度過沉悶的一天，也可以選擇充滿激情和活力的一天。派克魚鋪員工的選擇是：只要我們工作一天，最好還是讓這一天過得快樂。選擇自己的態度是四個要素中最核心的一種。當他們用不一樣的態度來對待這份工作時，工作就變得不再是以往印象中無趣、髒亂的樣子了，每個工作日都變成美好的一天。

第二個是玩耍。工作不是單純的遊戲，老闆需要賺錢，員工需要取得收入，所以賣魚是一項實實在在的生意。但在做生意的同時，也可以樂在其中。進入這個魚市場的時候，你會發現魚在空中飛來飛去，每一個人都像快樂的大孩子。而且顧客也可以和員工一同玩耍，員工們會主動關心那些來買魚卻看上去不快樂的人——開玩笑、變戲法、鼓勵他們自己動手，帶他們參與到遊戲中。用玩的方法來工作，這不但激起員工的活力，使單調的工作變得開心，而且賣出了更多的魚，創造出令人驚訝的銷售成績。

第三個要素是「讓別人快樂」。

他們常常用各式各樣的方法吸引顧客，使顧客融入其中，和大家一起分享快樂。顧客到這裡來不僅是買到了魚，而且得到了更大的收穫。這些愉快的記憶會長時間留存在記憶裡，每一個來過的顧客都會受到這些美好記憶吸引而再次來到這裡，而且這種讓別人快樂的工作風格又會吸引更多的顧客。當員工們關注著讓別人快樂，而不僅僅是賣魚給他們的時候，相互之間就會產生積極的情感交流，從而獲得對方真誠的回應，雙方都能從中獲得更大的快樂。

真正帶給對方快樂的時候，對方也會給你更多真誠的回應，也因此可以創造出更大的快樂，讓整個氛圍，本來只有員工在帶動的氛圍，就連這些顧客們也都一起帶動起來、凝聚起來，這個氛圍就越變越好。

第四個要素是「投入」。

派克魚舖的所有員工都全心投入到工作中，他們從不分神，而是時刻關注著顧客的需要和感受。他們重視現在的每一刻，真正表現出對顧

客的關懷，讓顧客感到被人尊重。而且，我們在工作中都會發現，心不在焉和全神貫注的工作效率是大大不同的。面對一項相對枯燥的工作，當我們專心的時候，時間會過得很快，往往不知不覺間就完成了。因為這種哲學，派克就成為了洋溢著快樂的水果杯，而這四個要素對所有的團隊，則是具有很大的參考價值。

一個小小的魚鋪，最後能做到舉世聞名，成為西雅圖最著名的旅遊景點，是因為這個小魚鋪的工作大哲學。他們在二十多年前訂下目標，就是讓自己的魚鋪舉世聞名。希望每天都給別人帶來積極而正面的改變，這就是他們的工作理念。讓你的產業和企業變成充滿樂趣的事業，讓每個在這裡工作的人都更加熱愛自己的工作，全心投入到工作；讓每一個走進它的人，都從裡面獲得更良好的感覺，找尋到更大的快樂。你的事業將由此而獲得巨大的進步和提高。

除了這些，Money&You 還可以教你……

第十一單元：創造水果杯的遊戲規則

👍 團隊與成員的共同關係

👍 成員選擇團隊的主要關鍵

👍 組成團隊水果杯的硬體、軟體及

　　要件

👍 團隊的目的、政策、產品及目標

👍 卓越團隊的二十項遊戲規則

👍 西雅圖派克魚販的四大工作哲學

👍 如何謹慎用詞避免傷害團隊

👍 富勒博士的蛻變與自律

「合作的關鍵」於我受益良多、心有戚戚焉

自上完M&Y課程至今已多年，回想之前亦上過不少成長課程，感覺獲益良多，但M&Y卻不同凡響地讓個人激盪出很多管理實務技巧與領導火花，我將其關鍵之Key作充分運用，打開了不少問題中之「負責任的Key」，使本人在事業上更加不敢懈怠，緣因帶領名留集團旗下眾多夥伴，係身為Leader的我應負起的責任。

「講真話」的力量也讓不少夥伴卸下不能面對自我或他人的面具……等。相信，以上的言詞勿需多言，上過課程的學員都能認同且肯定key的power。

其中，最適於本人事業的利器應屬「合作的關鍵」之key，身為組織的領航者，除需為自己規劃人生的藍圖外，更必須給團隊一個「明確的未來」，讓目前旗下同仁皆知道我們集團未來的方向。但在完成目標之前，難以避免組織中之歧見紛出，故「頻繁的溝通」是必要地。深度的會談，使本人與夥伴之觀念更加契合，障礙也在頻繁的溝通下一一化解。

然而，公司裡的成員就像水果杯一樣，有芭樂、蓮霧、香蕉、葡萄……等，會有些變質水果，也會有易碎的水果。是故，破壞制度及紀

律的人不乏其人，是讓組織繼續腐壞呢？亦或捨棄淘汰其人呢？不論結果如何皆是痛！因此，「適當的憤怒」乃是身為Leader的我需收放自如的key，不再抱持以往鴕鳥心態任其破壞，所以合作的關鍵對我而言真是受益良多、於我心有戚戚焉。

　　當然課程中有更多精采且實用的技巧工具，不管是業務員、老師、家長、管理者甚或企業領導者，M＆Y實是一套非常完整且實用的課程，而更撼動本人的是偉賢老師已屬富中之富者，卻還是抱著「己達達人」精神，三天兩夜不眠不休不食地投入「用生命在教課」。學術界講師何其繁多，能有偉賢老師這種授課精神者屈指可數，本人不禁要向他致上最高敬意。

　　喜聞偉賢老師要出書，真是讀者福音，上課也只不過三天，老師也無法跟隨身邊，把書帶在身上，猶如護身符般隨時地「取之不竭」。相信，偉賢老師的書是現代人追求money的至寶，更是You可獲得生命喜悅自在的寶書。

名留美容美髮集團董事長　鄭茂發

更多見證影片，請看……

任何企業在這個知識爆炸的時代，
都必須要能有效地儲存公司的資訊、
有效地將公司處理過的事情、
可以成為內部員工共同使用的資產保存下來，
這才是最重要的資訊系統，
因為企業最重要的核心價值就在於此。

全球頂尖商業暨成長課程

MONEY&YOU®

Chapter 12

企業知識系統的建立

從紀錄過去的經驗與學習開始

1. 避開團隊中經常出現的四大麻煩
2. 94% 的事情決定在系統，6% 決定在人
3. 從過去的經驗與學習建立知識管理系統

見證故事：One World 創辦人——蔡秋萍

Chapter
12

企業知識系統的建立：
從紀錄過去的經驗與學習開始

我們說這個時代已經是一個知識管理的時代，知識管理的時代在以前還不太容易，因為那時還是「大數據」沒有辦法完全開展的時候，現在每一個人都很清楚地知道，「大數據」已成為了所有的公司、所有的國家生存運作，非常重要的基本關鍵。

在大數據時代裡，以前你要找一份資料，你可能到圖書館去找一本書，或者可能去翻一下舊報紙，如果報社燃燒起來就完蛋了，底片都被燒掉了，文件資料都被燒掉了，所有的歷史也就都不見了，因為在過去的時代裡不可能有這麼龐大的地方保存這麼多的數據。

我們再回想一下現在所用的USB，最早時候的儲存器，可能只能存6G、8G、16G，或者是32G，可是現在隨便一個行動硬碟的容量就是500G、1TB或更大，還有各種不同的容量天天在推陳出新。不僅如此，現在其實根本不需要再透過USB來儲存，因為現在最大的資料庫就是雲端的資料庫，也就是「雲端儲存」。

因為現在是一個科技時代，更方便儲存資訊，因此人們在歷史上第一次有機會可以將過去所有知識有效地保存起來，並快速地分享出去，

而且還可以將它做「拆解」來分享。怎麼說呢？以前你看一本書，如果是想要從這本書裡找到幾句關鍵字，你得不停的翻找，但是現在你只要在Google或是中國大陸的百度上面，輸入那個關鍵字，瞬間就可以找到所有相應的資料。

你更可以在Google上面訂閱服務，你只要將你所關注的關鍵字做了訂閱，那麼在你的信箱裡面，每分每秒，只要出現和這個關鍵詞有關的資訊，就會立刻送到你的電子郵件裡面。

所以現在並不是知識不夠的時代，而是知識太多的時代，當面臨這種知識爆炸、龐大的資訊量在你我身邊流竄時，一個企業就更需要去建立「知識管理的系統」，這就變成是必定的要務。很多的企業可能還在用舊方法來保存公司的檔案，這當然就是不對的，我們一定要去關注「雲端儲存」，同時要注重分享，才是最有效率的做法。

例如，你可以想像在「古老」的時代裡，現在的年輕人可能已經無法想像，以前要批一份公文，你得要帶著一份公文，帶著它到A去簽章、再到B去簽章，老闆如果在出差在外的話，還簽不了，等到一個月之後老闆從美國回來了，然後再繼續簽章。等到所有的流程都做完之後，一個本來可以明天就開始的工作，可能等到了一個月、二個月、三個月之後才有辦法進行。可是現在，我們在整個雲端系統裡面，我們可以用電子簽單，你有主要的電子客服，你所有的一切事情都可以經由這些系統來完整的做到。

因此，任何企業在這個知識爆炸的時代裡，都必須要能有效地儲存公司的資訊，有效地將你公司所發生過的事情、可以成為內部員工共

271

同使用的資產保存下來，因為公司最重要的核心價值就在這裡。假設，你的公司開了十年、二十年、三十年，每一個員工在這家公司裡所經歷過的經驗、所拜訪過的顧客、執行事情時曾經有過的思維，這些東西如果都能被保存下來的話，那就能成為企業裡非常重要的數據，可以避免公司在運作的時候再發生過去所發生的錯誤。因為如果你有做系統的管理，你就會很清楚地知道從以前到現在最主要的錯誤是什麼？最正確的事情是什麼？我們已經修正了，那麼修正的過程是什麼樣子？這些經驗其實都應該被系統化地保存起來。

所以我必須要強調在這個新的時代裡，企業的資訊系統不是只有外來學習的系統，更重要的資訊系統其實就是自己企業內部每天都在發生、每天都在積累、每天都在儲存的事物，那才是最重要的資訊系統。

1 避開團隊中經常出現的四大麻煩

這一單元的重點在於避開團隊中經常出現的四大麻煩，例如：做事情的時候，不要害怕「找錯人」，不要害怕「做錯事」；在一個團隊裡，也不要害怕「問錯話」，或者「要求錯責任」。

在一個團隊裡面，當然最大的挑戰是我們「找錯人了」、「做錯事了」、「問錯話了」，可是其實每個人都是需要不斷地修正而改進的，因此團隊選擇人首先要有一個對的標準，否則的話，人找錯了，基本上事情就已經錯一半了，我想很多人應該很清楚「找錯人」的結果。

因此，企業用人一定要有自己的一個明確的標準，就像實踐家教育集團引進英國最好的「DISC」人格評量測驗系統，使用這樣的能力測驗系統可以很清楚地看到每個人的強項、弱項、他在團隊裡面表現的樣子、他的領導風格、他遇到挫敗調適的方式、他和別人溝通的模式等等，你可以很清楚地知道這個人適不適合這家公司。在有關人的任用方

面，大量地使用工具是正確的，正因公司裡有各種不同的工作崗位，在甲公司裡所需要的人與乙公司裡所需要的人，即便是同一個崗位上，但是基本要求仍然是不一樣的。例如，甲公司想找一個秘書，乙公司也想找一個秘書，但是我們不能一樣看待，因為輔佐老闆的特質不同，而且老闆不一樣，秘書配合的方式就會不一樣。

在我們的「DISC」這套系統裡面，每家公司都可以去設定一套自己公司所需要人才特質，或是不同的工作崗位所需要的不同特色的人，這套系統能夠非常清楚地幫助個別企業做客製化的設定，能清楚地找到自己真正最需要、最適合的人。因此，我們也鼓勵你可以來使用這套系統，避免找錯人的後續麻煩。

接下來，是「做錯事」。人是對的，可是每天做著錯誤的事，這是非常、非常可惜的。就像很多團隊的領導人，他可能一開始就制定公司在這個階段裡最重要的事情是什麼？可是當你一群人進來之後，他沒有去做公司現階段最重要的事情，他卻做了明年、後年，或者過去重要的事情，而白白花了很多時間，這對企業來說也是很大的挑戰。

所以做企業的人一定要很清楚、要非常明白，最重要的是每件事情都有輕重緩急，有一個前後次序，所以針對每個不同的階段，你要有不同的任務要求和執行的重點，只要你執行的重點明確了，那麼後面進行的事情也就不會太離譜了。

然後，是「問錯話」。在一個團隊裡面，經常有時候會有這樣的問題，因為某個人不在這個崗位上，你問錯人了，或者你問話的方式不一樣，而沒有辦法得到自己真正想要的答案。就像現在有很多民意調查，

這個調查的問題事實上是經過設計的，如果你問的方式不一樣，你得到的結果就可能不一樣。那麼一般來說比較糟糕的是問話時，你採用了「封閉式問法」，就是：你說「是不是？」、「對不對？」、「好不好？」、「要不要？」那麼這樣就麻煩了，因為很多東西不是只有二分法，不是只有一種結果。你必須要有更多開放式的問題來讓對方可以說出更多心裡真實的意見，這才有辦法真正地去得到你所想要的答案。

再來是，「要求錯責任」，這也是在團隊中比較大的麻煩，我們當然知道責任必須要到位，可是責任到位是承擔應該承擔的責任。有時候，上級犯錯了，可是卻要下級來承擔責任，那麼你就把責任承擔的這件事完全地搞錯了。

例如，是業務出問題，你卻把它變成是客服的問題，那麼這個就是「要求錯責任」，只有正確地讓每個人都承擔起自己應有的責任，並且有一定的獎懲制度，這個責任才有辦法去做更大的、更具體的落實。我們不是只有建立知識，而是建立一個系統，一個好的系統是找對人，讓他可以做對事，問對了話，他當然就可以承擔起對的責任。

94%的事情決定在系統，6%決定在人

有94%的事情決定在「系統」，只有6%是與人有關的，所以系統非常、非常地重要。

可以想像，你在一家餐廳裡，這家餐廳的地上有一道高高的門檻，每次只要有客人進來時，沒注意到就會絆到這個門檻，腳會很痛，而且不小心還有可能因此就跌倒了。當老闆發現這件事情之後，他便每天派一個服務生站在入口的門檻旁邊，一有客人進來就提醒他：「小心！有個門檻！」，再進來一個，又喊：「小心！有個門檻！」每個客人本來走得好好的，反而被嚇一跳。

有一次，就在服務生準備喊「小心！」的時候，有一個調皮的小孩突然衝進門來，甚至還來不及喊小心，那個孩子就踢到門檻，直接摔傷了。於是這個老闆非常生氣地對員工說：「你看，叫你要提醒顧客，你為什麼沒注意到呢？」老闆後來就決定換另外一名員工站在入口的門檻

276

旁邊，要他做一樣的事情，提醒客人們：「小心！有個門檻！」可是，如果有人進門時不小心，還是有可能會跌倒，不是嗎？所以這就不是一個真正有效的系統來解決問題。

真正能解決問題的方法是：一、如何把這個門檻變成一個斜斜的小斜坡讓人可以順順地走上來、順順地走下去？或者做一個小小的、斜型的木頭放在那個地方，就可以墊著讓客人走進來，或者是這個門檻如果真的沒特別的用途的話，是不是就應該直接把它拆掉呢？這才是真正的系統化解決問題。

然而現在很多人解決問題的方式都是，只解決最後那件枝微末節的結果，這並沒有真正地從系統裡來改善，只能治標不治本，因此「系統」絕對是非常重要的關鍵從根本修正的地方。

有三個部分可以形成「系統」，一是「標準化」，二是「科技化」、三是「人性化」。舉例來說，你去餐廳吃飯，走到餐廳的門口，看到服務生穿著制服、披著彩帶，站在門口很標準地向你說：「歡迎光臨」，這個就是「標準化」。

然後，服務生問：「您幾位？」你說：「兩位」，於是他們立刻用嘴巴上的小型麥克風和耳朵上掛著的無線對講機，聯絡二樓的服務生：「樓下客人兩位，樓上請接待。」這就是「科技化」，也就是用設備來聯絡與運作，現在更方便了，用手機掃一下二維碼（臺灣稱為QRcode），有個客戶在幾月幾號幾點、訂位幾個人，這些資訊只要掃一下就知道了，就可以帶領顧客到包廂裡去，這就是「科技化」。

最後一個關鍵詞是「人性化」，現在很常見的問題是，服務生穿著

標準的制服，身上戴著最先進的設備，用最先進的二維碼掃描紀錄，可是，他們的態度不好，所以「人性化」成為其中一個核心關鍵。

　　例如，麥當勞很努力地建立了一套標準，有前檯點餐，後檯的做餐與控制，他們早就使用科技化來點單，可是最重要的是，這些速食產業更要求他們的員工要有積極、熱情的態度展現，這才是你真的會想要到一個地方去吃飯的關鍵。否則今天就算是「標準化」地做出一碗非常好吃的牛肉麵，「科技化」地讓你知道這碗牛肉麵的成份、對身體的好處、網路上能進行點單等等，可是當那碗牛肉麵端到你面前來的時候，那個服務生是擺一副臭臉的，以不悅的情緒在服務你，那麼你是不是會覺得這頓飯吃得像是自己欠人家三百萬，對吧？這就是沒有做到「人性化」。一個好的系統必須要在「標準化」、「科技化」、「人性化」的部分，都一起做好完整的建立。

③ 從過去的經驗與學習
建立知識管理系統

「知識管理」在不同的時代裡，內容已經是完全截然不同了，在承接價值的做法上也改變了。過去的農業經濟時代，人們依靠的最多的就是「財富」，依靠的是「土地」，也可以說土地就是你的財富。那麼工業經濟時代呢？最大的財富由土地變為資源，誰擁有資源、擁有能源，誰就擁有財富。如今是知識經濟的時代，最大的財富就是「知識」，我們都必須知道知識的力量是無法被取代的。

> 9 ♥
>
> ▷OERS 實踐
>
> **知識管理**
>
> 過去的經驗
> 過去的學習
>
> 影像化. 圖像化
> 音像化. 文字化
>
> MONEY&YOU®
>
> 6 ♠

教宗若望保祿二世在一九九九年對世界發佈的文告裡說：「人類生產的決定因素，先是土地，然後是資本，到如今已經移轉到人類所具有的知識。」知識的重要性無論多麼高估量都不過分，而知識所創造的財富價值遠遠高於土地和資源給我們帶來的價值，可以說知識的價值和力量是不可限量的。

中國大陸「雜交水稻之父」袁隆平，僅僅這個名字就被中國國家物資局認定價值為一千億人民幣。為什麼呢？因為他的水稻研究成果解決了全中國十幾億人的吃飯問題。這就是知識價值的最好體現。

知識的優勢不僅止於此，因為以前的知識、以前的資源時代，資源只要用完了價值就不見了。而知識的優勢更在於不會像其他資源一樣因為使用過而失去本身的價值。

舉例來說，在農業經濟時代，如果你擁有一片價值兩百萬元的土地，你在上面耕作、收穫來創造財富，但是如果出現需要將這片土地賣掉的情況時，那你最多只能收回它的原有價值：兩百萬元，而且再也不能從它那裡獲取新的價值了。

在工業時代，假設你在價值兩百萬元的土地上，投入兩百萬元的資金，蓋起了工廠，如果遭遇到經濟不景氣，需要出讓的話，可能連原來的成本都無法收回。但是在知識經濟的時代，你的腦袋不會因為曾經創造過一個很棒的點子讓自己賺過兩百萬之後就變得不值錢，剛好相反，你的腦袋會變得更加值錢！

所以，在這個知識經濟時代，知識是我們獲得最大財富的根本條件，是現代人致富不可或缺的主體。不但每個人都要不斷增加自己的知識儲備，擴大自己的知識資源，對任何一家公司和組織來說，都要意識到這是「管理的關鍵」。有效的知識管理可以幫助我們把過去的經驗和過去的學習，都變成有效的、有序的經營方向。

而談到「知識管理」，我認為有四個重要的部分：一是「影像化」，二是「圖像化」，三是「音像化」，四是「文字化」。

　　舉例來說，我們都知道行銷人員的流動性相對來說是比較高的，許多公司常常出現的情況是，經常因為一些表現非常好的行銷人員的離職，而讓公司的經驗斷層，讓公司的智慧難以保存下來。但是，如果在優秀的人才在職時，我們能有意識地採取知識管理措施，就可以避免這種情況的發生。

　　例如一個很簡單、但很有效的方法，就是用攝影機錄下來他對成功經驗的分享，以及他所做過的好案例分析，作為資料保存下來，那麼就可以作為以後的行銷人員作為學習和借鑒的資源，這就是「影像化」的記錄。

　　我的建議是：公司裡針對銷售人員與行政人員，可以在每個星期評選出表現最好的員工，無論是業績最高的人，還是績效處理得最好的人，當我們在下個星期一早會的時候，就請他們上台來分享，也就是請做得最好的人上台和大家分享他在上個星期是怎麼做的？而他在分享的過程當中，我們就使用錄影機將他的畫面錄起來，這就是「影像化」。

　　接著，將他與顧客往來的信件、相關的見證推薦信函、他所使用的DM、透過拍攝或掃描，或者現在可以透過手機的截圖，將他和各種顧客營銷的資訊做出「微信版」、「FB版」、「微博版」等等來進行快速分享，將這些資料與圖片保存下來，這就是「圖像化」。或者是，這一個優秀員工可能和大家分享了一個小時，他在分享的過程當中，我們可以將這名優秀員工的分享錄音下來，這就是「音像化」。如果有新來的員工或者是原來的員工沒有聽清楚、聽不太懂的，可能需要再學習一次的，我們也可以透過文字將內容整理出來，那麼，他的這個實際有效的

經驗，以後每一個人都可以參考得到，這就是「文字化」，這些就是公司最寶貴的資產。

對公司或者團隊來說，最寶貴的資產和經驗就是「歷史」，而最大的浪費就是我們每次都得要回頭再向歷史學習一次。所以當我們開始去有序地、有效地去保存我們的知識或者去集結我們團隊裡面每個人的經驗，他們過去所學習的內容與修正、成功的方法，都是企業裡最龐大的價值。所以我鼓勵大家可以透過「影像化」、「圖像化」、「音像化」、「文字化」的部分來為公司積累最重要的知識，讓我們的知識可以傳承，讓我們的績效可以提升。

想想看，如果人類沒有記錄下自己的歷史，我們可能錯過多少前輩的智慧？不僅如此，我們也會失去現在和未來發展的基礎，因為一切可以說都是在過去的經驗和教訓上建立起來的。所以，一旦有了好的方法和觀念，我們都應該立即運用剛才提到的這四種方法，迅速有效地記錄下來，這樣才能確保我們的知識不會遺失。

有人提到過，光是西元二〇〇〇年一年的知識產量，即是過去的所有一九九九年的知識量總和，這個令人驚訝的數字給我們的提示就是：當我們面對無數的競爭對手，不斷地累計知識、創造知識的時候，不要落後於保存知識的行列，因為只有知識的掌握多寡，才是決定你財富高低的關鍵。

因此，知識管理非常重要，只有這樣，我們才能把有價值的思想、經驗記錄下來，讓所有我們掌握的知識能夠在未來幫助更多的人，共同開拓出一個生命成長的新天地。

除了這些，Money&You 還可以教你……

第十二單元：企業知識系統的建立

👍 需求與答覆的處理系統

👍 94%決定在系統，6%決定在人

👍 建立系統的標準化、科技化與人

　　性化

👍 從經驗與學習建立知識管理系統

👍 如何避免溝通過程的誤差

世界是我家——One World的理念

　　二〇〇六年，我認識了一位對房地產又熱情又執著的女孩子Shirley。我們決定重新出發，一起報名參加實踐家教育機構所辦的課程Money & You以及BSE。這些課程讓我徹底覺醒了。公司沒有完善的系統根本無法成功，我一向以為公司有錢賺就行了，上了BSE才知道系統該怎麼運作才能臻達完善，事業才能發揚光大。

　　在學過了Money & You與BSE之後，水果杯給我的印象最深刻。一個公司如何容納各方人才，讓他們各自發揮所能，又能融洽相處。我決心給我的團隊建立合適的工作環境，就是如何把對的人放在對的地方。

　　此外，我們應用DISC招攬人才，每個經紀進來我們會以DISC系統分析他們的性格，才把他們分配給適合的團隊。進入公司以後，領導每天會下達指示，該做什麼，要怎麼做，仔細地引導他們。同時培訓他們熟讀DISC這個系統，當他們懂得分析別人的性格，就能愉快地與人相處。接著領導會以公司所有的系統，培訓他們走上成功之路。

　　我要深深地感謝林偉賢老師，他讓我有機會踏上Money & You的平臺。二〇〇七年我面對事業瓶頸，連上課的錢都籌不出來。我跟Jason Zeck Lee老師提起我的狀況，他很理解我的困境，幫我跟林老師說明。感謝林老師答應讓我分期付款去上課。這課程激發了我的潛能，徹底改

變了我的人生。我決定再接再厲，照舊以分期付款的方式，上BSE企業家商業課程。

　　過後他們從不間斷地鼓勵我，每當有什麼不明白的事情問他們，他們總是一針見血地幫我解答。最巧妙的是，林老師隨時都能把我看透，我當下處在什麼階段，接下來的情況會是怎樣。當我的事業有了一些成就，他們還給我機會走上BSE的講臺，甚至到北京的年會去分享。

　　Money & You與BSE讓我們隨時免費去複習，複習時就像充電，吸收到大量的養份，幫助我事業前進，煥發我生命的光彩。而我最大的成就是，居然能說動林老師在吉隆坡買了他馬來西亞的第一棟大樓。在這個過程中，我真正學到了他的獨門師法，如何談判。這大大幫助了我在房地產的事業，懂得如何把版圖做大。

　　我也要感謝我身邊的人，他們都是我的老師，例如我先生，Shirley，Ivan，Dave等等。他們陪我去上課，不斷地提醒我、鼓勵我、支持我，如何把所學到的技巧，運用在工作上，積極建立公司的營運系統，擴充公司。我真的很感恩，有這些老師陪我一路走來，才能把生意發展到今天的規模。

One World創辦人　蔡秋萍

更多見證影片，請看……

多數人沒有正確地理解並掌握金錢的遊戲規則，
因此讓自己遭受到許多沒有必要的損失，
在 M&Y 遊戲中你可以發現自己在
現實生活中賺錢或賠錢的原因，
並學習到商業經營與投資理財的正確模式，
同時能正確地認知遊戲規則的重要性。

全球頂尖商業暨成長課程

MONEY&YOU®

Chapter 13

金錢遊戲規則

面對沮喪與擺脫貪快錢的心理

1. 從沮喪裡瞭解、接受、肯定、喜愛與發展
2. 今天貪小錢，明天就和錢說 bye-bye
3. 處理金錢遊戲規則的十大提醒

見證故事：深圳久愛珠寶有限公司總經理——羅萍

金錢遊戲規則：
面對沮喪與擺脫貪快錢的心理

Chapter
13

在Money&You的課程裡，我們也進行了大量的遊戲，從遊戲裡面來發現人生，從遊戲來解釋人生，從遊戲來觀照人生。我們經常說：「人生如戲、戲如人生。」遊戲可以反應出人類真實的行為，但是遊戲也可能是人生的縮影，我們對人生的認識與掌握，就起始於幼年時代所玩的遊戲，小時候的我們透過遊戲學習接觸社會、學習自我發現、學習發現別人，不同的遊戲有著不同的遊戲規則，對規則採取的不同態度就產生了不同特質的人。

例如，有些人他會服從，有些人他不服從、不遵守，有些人則會試圖去修改，有些人可能會創造出新的規則，那麼這些在遊戲中所展現出來的個人特色，其實將來也會延續到生活當中，決定了其人生的成敗高低。從這個意義上來說，人生就是一連串遊戲的繼續，而我們的事業、家庭、情感都是人生遊戲裡的一部分。

整個Money&You的課程其實就融合了模擬商業環境的遊戲，只要你積極地去投入，每個人都可以從這些遊戲過程當中，去審視出自己在現實人生中處理金錢的態度與原則。之所以會呈現這樣的遊戲，正是因

為有太多的人沒有正確地理解並掌握金錢的遊戲規則，而讓自己遭受到許多沒有必要的損失，所以在遊戲中你可以發現：自己在現實生活中賺錢或賠錢的原因，並學習到商業經營、投資理財的正確模式，同時能正確地認識到遊戲規則的重要性。

如果我們能將遊戲裡的收穫應用到現實生活當中，就可以避免那些盲目導致了錯誤的行為，讓自己的財富得到更大的保障與增長，所以我們特別強調「金錢的遊戲規則」，是因為有很多人在這方面犯了很多錯誤，不但造成經濟上的嚴重損失，更傷害到人生的其他方面。

例如有許多好朋友，由於彼此之間沒有明確的遊戲規則，特別是在金錢方面的遊戲規則，就導致了利益上的衝突，讓友情破裂了。尤其是我們東方人，受到傳統文化的影響，因為面子、交情等因素，而放棄了對金錢遊戲規則的界定，最後反而因為金錢的矛盾而撕破臉，甚至斷交，造成事與願違的結果。

所以處理金錢關係最好的方式就是將它當成一場遊戲，每個參加的人都必須要認真地遵守遊戲的規則，否則就不能參與這個遊戲，而遊戲應該在一個公平的基礎上開始，遵守規則是最基本的，遊戲當中如果有人不遵守遊戲規則，那麼這個遊戲就不能繼續，我們應該把他請出這個遊戲。

對待金錢與對待人生的其他方面也是同樣如此，規則的真正作用是要對參與遊戲的各方做出約束與保障，因為人性當中有時候會存在著我們一些無法掌控的弱點，生活中也常會發生一些超乎我們意料之外的事情，而處理這樣的情況唯一可以依據的就是：良好的遊戲規則。遊戲

規則的確定不僅能幫助我們更正確地處理金錢的關係，同時還會對人生的其他方面產生影響。因為當我們認知到違反遊戲規則會得到一些壞結果，甚至會出局的時候，相對地，我們就會更加地負責任。

透過遊戲的啟發，人們可以更快地找到並學習真實生活中很多事業成敗的原因何在。舉例來說，我們曾經有一位住在台中的破產老闆，他剛損失了三千多萬元的投資金，在Money&You的課程裡，第二天下午我們玩了一個不到二分鐘的遊戲，他馬上就弄懂了，過去真正導致自己損失那麼嚴重的原因為何，並且痛定失痛，掌握自己所學習到的關鍵金錢規則。在課程結束之後的兩年之內，他很快地重新賺回自己所有的財富。所以在這個章節，讓我們好好來談談遊戲規則，讓你把握住自己應該有的精準的財富。

1 從沮喪裡瞭解、接受、肯定、喜愛與發展

我們都知道在生活中，沮喪是一定會有的，但是不需要擔心，因為所有的沮喪都是認清事實的機會。

然而一個小挫敗，其實可以帶給我們小道理，大的失敗，則可以讓我們認識人生的真理，只有從逆境當中才有可能會誕生出偉大的生命。

有一位英國哲學家大衛說：「感謝上帝沒有把我造成一個人工巧匠，我的那些最重要的發現，是受到慘痛的失敗之後所獲得的，所以每一個偉大的人、跟偉大的成功都是從逆境當中產生的。」當然，也不是所有的人在逆境當中就都會變得偉大、都可以創造出非凡的成就。然而，你對失敗、對挫折採取了什麼樣的態度，就能決定你能從這裡面獲得多大的成長、多大的進步，也決定了未來會有什麼樣的發展。

你可以利用五個步驟去處理這個情緒：那就是「瞭解」、「接受」、「肯定」、「喜愛」與「發展」。舉例來說，我曾經在大學四年

所有的沮喪
都是認清事實
的機會

MONEY&YOU®

291

級的上學期被退學，第一個，我瞭解到我現在有一個挑戰，這個挑戰是「我被退學，必須要立刻離開學校，而且必須要強制當兵」。在我那個年代，一般讀完大學是要服兩年兵役的，我得去「瞭解」為什麼會有這麼一個挫敗，因為我才能接受每個「挑戰」，因為我知道我不可能再重新再來了。而且當時父母親為了我，甚至非常委屈地到學校去跟校長下跪，這件事就變成了我這輩子心裡最大的痛。之後在被退學第二十八年之後，我獲頒美國的奧克拉荷馬大學的榮譽企業管理博士，在被退學之後的第二十九年，我回到了東吳大學，獲頒了校方的傑出校友獎。

接著我「肯定」這個時候發生這件事一定能對我有所幫助，也是提醒我專心讀書真的非常重要，不要只跑去做社團活動。

再來就是「喜愛」，你會想「怎麼可能？你喜愛退學？」沒錯，你要自己告訴自己：「我被退學了，但是我的大學只要唸三年半，別人要唸四年。」你從好的方向去看待這件事。最後是，「發展」，我才有辦法從一個退學生，到今天成為一個學校的老師、成為創辦學校的人、成為教育的工作者。

如果你一路都過得太平順了，反而會不清楚自己是怎麼走到今天的，所以當你開始真的從挫敗當中去發現更多新的事實的時候，這反而是幫助你的人生能往上跳的一個非常重要的跳板。

② 今天貪小錢，明天就和錢說bye-bye

　　這個章節談的是有關「貪」和「貧」的概念，我們說「貪多了，就貧了」，你看，「貪」這個字和「貧」這個字，下面都是「貝」，「貝」的意思就是金錢，上面分別一個是「今」，一個是「分」，也就是「今貝」是「貪」，「分貝」是「貧」。所以我要說的是，如果你今天貪小錢，你明天就和錢說bye-bye，在生活當中我們都會有這樣的情況，你可能明明知道這是一個騙局，你還一直鬼迷心竅或者財迷心竅，你還是去投資了。

　　很多人經常問我們有關於，在中國大陸的某個省、某個城市，在那個地方投資房地產，你只要加入成為會員，就會有200％、300％、400％的回報，可是回報的方式是你加入會員之後，你必須要找更多人來成為你的會員，那麼後面加入的會員，他的錢你可以分得到，再後面加入的會員，你也可以分得到，但是其實這種就是「非法集資」的行為。非法集資，就是「金錢遊戲」，很多人其實從小到大都在玩「金錢

遊戲」（Money Game），從小到大他都沒有想過要好好地安於本分，認真努力地工作，他只想要快速達成，如果他有能力想快速賺錢，例如他有一個好的發明、好的技術，我們沒有意見，可是問題是在大多數的情況下並不是如此的，他並不是用他的能力做了什麼提升，而是用一套欺騙人的系統來讓更多人上當，而他已經設計這套欺騙系統，剛好又遇到這些財迷心竅，想賺大錢的人，那麼當然很多人就把錢投進去了。

就像現在中國大陸因為二〇一五年的股市是非常通膨的，很多人就把錢全部都投入到股市去了，好像打算賺一筆之後：「我都可以不用工作了！」但是你仔細想想，如果這個世界、這個社會上的組成是每個人只買賣股票，那麼有誰來負責生產？如果每個人都只買賣股票，那麼有誰來提供你的衣食住行育樂呢？所以這一定是不對的事情。但是很多人只會想到他可以「賺快錢」，但是我必須要說：「來得快，去得也快。」

特別是在金錢遊戲裡面，它的規則有時候是非常不明確的，它的規則裡是充滿著各種漏洞的，它完全只是抓著你對於金錢的衝動在迷惑你的，可是當你認真地去看清楚一些條文的時候，才發現自己的錢就算全部損失賠掉了，他們也完全沒有任何的責任，這就是我說遊戲規則不明確的可怕，所以貪的人多半是因為自己心裡過度地想要走捷徑才造成的。

另外，就是你對這樣的金錢遊戲規則沒有明確地看清楚，就貿然投入了，這樣的話你就會很容易陷入險境。當你在面對新的缺乏經驗、制度或者規則的事物時，你就要去注意，試著去抓住規定和掌握遊戲規則

的機會，盡量讓自己能夠用最大的努力來掌握事情發展的方向。例如，像是通訊公司、電話公司的網路計費等等的各種話費的標準一樣，遊戲規則都是為提供服務的人所制定的。

在任何行業當中，只要你能夠洞察商業上的心機，看到它發展的方向，就有機會制定出一套新的遊戲規則，如果這些遊戲規則受到普遍的認同，也就能成為行業裡面非常重要的領導地位。舉例來說，有很多收集各種資訊但需付費的公司，可是百度他們提供資訊不用錢，Google提供資訊也不用錢，它們制定了這樣的方式之後，看起來好像沒有遊戲規則，但是其他們很清楚地知道，因為資訊免費的關係，會讓更多人把流量導到自己這裡。那麼流量越多，影響力就越大，他們後面就可以創造出更大的廣告價值與廣告效益，那這也是一種遊戲規則。

也就是說，每一個角度我們都可以看，不同的遊戲規則會帶來不同的結果，可是一定要建造一個合理的遊戲規則，不要讓人為了「貪」，最後反而變成「貧」。

處理金錢遊戲規則的十大提醒

很多事情都是有規則的，當你掌握遊戲規則的時候，也就避免傷害。實際上我們每個人從早到晚，都不斷地在跟金錢打交道，無論你是在賺錢還是在花錢，都是錢。有些人在賺錢、花錢的過程裡面，沒有弄懂金錢的遊戲規則，就可能讓你賺到了不該賺的錢、也花了不該花的錢，所以有關金錢的規則，我這裡有幾點基本的提醒：

首先第一個，是年輕人最容易忽略的「遺囑」。首先我要請問各位讀者朋友，你是不是已經把遺囑寫好了？當我在課程中提到這件事情的時候，很多人覺得立遺囑毫無必要——我這麼年輕，或者說我還這麼健康，為什麼要預先立遺囑呢？

可是實際上，遺囑才是真正珍惜人生的遊戲規則。生命中有許多事情是我們無法選擇，無法迴避的，如生、老、病、死，都是人生必經的過程，意外的發生更是我們所無法掌握的，但我們可以及早妥善地對之做出安排，立遺囑至少能達到這個目的。很多人無法接受自己還在世的

時候，就計畫身後事，認為預立遺囑會觸霉頭，是不吉祥的事，因此生前不肯立遺囑，但一旦意外卻最後造成整個家族的混亂爭鬥。

　　但是我們要很清楚的知道，遺囑才是真正「愛與責任」的表現，因為真的愛你的親人、愛你的家人，你要為你所愛的人負起責任的話，請你認真地寫好遺囑。現今社會上有非常多遺產的紛爭，多數都是沒有在生前立好遺囑，那不懂得預立遺囑的人，他往往就會在發生意外的時候使得家族產生了很多爭吵，甚至還付了很多的遺產稅。所以絕大多數負責任的企業家，他們都已經把遺囑立好了，凡事能在適當的時間及早安排、處理，何來紛爭？立遺囑不是出於對生命的懷疑與恐懼，而是出於對生命的熱愛。

　　第二個是「親兄弟，明算帳」。這一點是非常重要的，很多人是家族兄弟一起做生意，結果最後反目成仇，為什麼呢？因為賺錢的時候，大家都很高興，賠錢的時候，大家就不願意了。這時候如果你之前沒有把遊戲規則制定清楚的話，例如，賺了錢應該如何繼續做？如何分紅？賠了錢又應該如何承擔？那你反而很容易親兄弟撕破臉，變成終生的遺憾，因為沒有一個可以遵循的規則。

　　第三個是「借據和契約」。你一定要注意，如果沒有清楚的白紙黑字的話，絕對不要貿然地去和別人合作或是有金錢往來，否則你真的是有理也說不清。舉例來說，有很多人在把錢借出去的時候，對方主動說要寫借據，他卻大方地說不必了，結果最後對方賴帳，自己只有啞巴吃黃蓮有苦難言。

　　借據其實是契約的一種形式。我們在社會上、商業上經營的時候，

如果沒有明確的契約，千萬不要貿然的跟別人合作。而在簽訂契約時更要看清楚內容再決定是否簽，小心中圈套。很多人在這方面都缺乏自我保護意識，購買保險不看保單，申請信用卡不讀資料，買賣房屋不檢查契約，幾乎都只是找到地方簽名而已，這種情況是要冒很大風險的。上述情況下，一定要看清楚契約再做事，否則自己吃虧了也找不到人負責。

第四個是千萬「不要為了面子，而忽略了法律或者規章能夠帶給你自己的保護」。在這裡最顯著的就是消費者的權益問題，我們每個人都有購買東西的經驗，很多人在購買之後發現了東西是瑕疵品或是有問題的貨品。根據有關的法律法規的規定，這些是可以替換或退貨的，可是大部分的人往往會礙於一時的面子，怕別人嫌自己找麻煩而不去追究，或者忍氣吞聲，放棄了對於自己利益的保護，這是非常錯誤的觀念。因為當你對不好的東西姑息，反而會造成整個環境裡面有更多不好的東西出現在你的生活。

第五個是「不明來源的誘惑」。對於不明來源的金錢誘惑，請你不要貿然地接受，我想很多人都曾經在手機裡收到簡訊說「恭喜您中獎！」、「恭喜您抽中了○○○！」其實你也知道天下沒有白吃的午餐，類似的的誘惑現在很多，在這裡我要提醒你：天下沒有白吃的午餐。如果你貪念一起，可能就會使自己陷入困境。

第六個是「明星式的宣傳」，我想很多人其實知道自己的荷包是怎麼變瘦的，自己的錢是怎麼不見的，他們可能看到自己喜歡的明星拍廣告，就以為那樣產品就是好的，但是其實已經有太多的事實告訴你，很

多明星只是拿了代言費，他並沒有真正使用過產品，他也不知道那個產品到底好不好。廣告只是純粹的商業交易，然而因為他的影響力，讓很多人相信他的推薦，結果可能大失所望。所以，不要因為喜歡這個人就買他所代言的產品，要根據對自己是否實用做出判斷，否則既要賠錢又遭受損害，同時又失去了對於這個明星的信任。

第七個是「造假和打假」。你一定要記住，任何事情千萬都不要造假，造假可能使你得到一些錢，但是一旦你被揭穿了，被人家知道了，顧客反彈的力道是非常恐怖的，會使你賺來的錢加上一倍、甚至十倍去賠償這些損失，這種錢是不能持續獲得的，而且還會迅速地損失掉。就像臺灣近年有這種餿水油事件、中國大陸有地溝油事件等等，造假這件事可以將一個企業從雲端直接打到谷底，所以千萬不要造假，任何事情說謊的成本是最高的。

我一直相信一項法則，老天是公平的，也許在某些時段上看來並非如此，但從一個人的一生看來，絕大多數事物都得到了公平的報償。所以，如果你做了損害他人利益的事，就必將為此付出代價；而如果你始終在誠信和誠實的信條下去做事，你終將會得到最好的報償。

第八個是「身分的象徵」，不要因為不必要的身分象徵去花了不該花的錢，這也是非常普遍的現象。舉例來說，很多人已經申請最高的白金卡，他們胡亂刷卡，而且買車子一定買名車，但是其實他們是靠貸款，平常可能偷偷躲起來吃吐司饅頭，可是卻開著名車，以為很有面子，這其實都是不必要的。真正的身分不是用外表的衣著或汽車、房子來決定的，是由你自己的能力與自尊來決定的，

　　第九個是弄清楚「需要還是想要」。在決定花錢去買東西前一定要問自己：到底我是真的「需要」購買這件東西，還是僅僅是「想要」而已？它是否對我有實用價值？我們想要的東西非常多，可是需要的東西非常少，因為很多人沒有弄清楚想要與需要的差別，所以在百貨公司的周年慶就一定會買回一堆東西，等到回家之後才發現，這些似乎都不需要。所以你一定要先弄清楚，「需要」的東西才安排預算，「只是想要」的東西則必須要降低慾望。

　　舉例來說，許多人經常換手機，原因之一可能就是因為不流行了，和新的手機比起來少了一兩個功能，怕跟不上流行。很多人使用手機，也不過就是滑滑網頁，或者是用通訊軟體聯絡事項，簡單地打通電話而已，很多功能根本就用不到，如此就是浪費了不該浪費的錢。

　　第十個是「方便和規則」。你不要貪圖一時的方便，而忽略對自己應該要有的保護。例如對方跟你說：「貨先寄過來吧，過年時再把錢給你匯過去。」這其實是很危險的，有可能因為你的同情或私心把貨先寄出去了，可是你卻因為沒有規則、沒有簽約而遲遲收不到貨款。所以一定要嚴格遵守遊戲規則，千萬不要因為一時方便而忽略規則的保障。

除了這些，Money&You 還可以教你……

第十三單元：金錢遊戲規則

👍 從沮喪中認清事實

👍 從貪到貧的金錢損失

👍 如何避免戲劇化的金錢遊戲

👍 處理金錢的十大遊戲規則

👍 諾貝爾經濟學得主的幸福公式

路上有風景，風景裡有人生

一切的努力與願望，都是因為想要擁有幸福的生活。

三天的學習，氛圍特別好，很有家的感覺。同學們在一起手牽手唱歌，一起遊戲，相互分享……這種感覺，是我一直在尋找的。

在整個課程中，60%是遊戲。整個學習下來，除了溫馨的感覺，最讓人無法忘記的就是玩遊戲時的快樂和遊戲中領悟的寓義。每次遊戲開始時，大家沒有弄懂遊戲規則就開始玩命地拼啊，比啊，最後才發現，遊戲規則關乎成敗。

卡耐基曾經說：「優秀的商人懂得關注遊戲結果，了不起的商人懂得關注遊戲規則，而偉大的商人則懂得制定遊戲規則。」好的領導者，應該創造好的氛圍，環境，並且制定遊戲規則、激勵制度。

而在企業管理中，我們卻顯得很被動。缺乏清晰的規則，員工就會在工作中有不同的執行標準，導致工作效率低下，內部信任遭到質疑，等到出現危機時才恍然大悟。這是我要在今後的企業管理中最需要改進的地方——打造企業文化，制定標準化規則制度，有明確的目標，獎罰分明的標準，同時，讓員工有家的感覺，增強團隊凝聚力。

還有一個套圈圈遊戲，感觸也很深。企業要運營，不單需要有穩健的進帳，並且需要資金周轉快，現金流順暢。電子商務的終極價值，或

者說所有企業的終極價值，都是資金使用效率。我們每天面對的不是單純的報表、數位，我們要掌握金錢遊戲規則，定位規則，讓金錢為我們服務。

Money&You，不僅讓我在事業上有了突破，也讓我重新找到了生活的幸福。在遇見Money&You之前，我的生活除了工作還是工作，家人朋友聯繫很少。聽到朋友跟自己父母感情如何如何地好，看到同學空間裡那些幸福的照片，我只會安慰自己，有人收穫親情，有人收穫友情，有人收穫愛情，有人收穫事業……魚和熊掌不可兼得。而Money&You告訴了我，平衡的人生才是真正幸福的人生。我們常常只顧著趕路，卻忽略了身邊美好的風景。

很慶幸能在自己迷茫的時候來到Money&You課室，讓我懂得如何平衡事業與生活。讓我懂得珍惜身邊的一切，不再匆匆趕路，因為路上有風景，風景裡有美麗的幸福人生。

深圳久愛珠寶有限公司總經理　羅萍

更多見證影片，請看……

過去的一切已經不可能改變，
只要你選擇放下，
就可以讓現在及未來的人生變得更美好。
放下，就能解脫，
就能創造快樂。
不要讓過去負面的感覺成為現在的障礙，
透過情緒管理擺脫不安狀態，
你才有力氣去創造出更大的可能。

全球頂尖商業暨成長課程

MONEY&YOU®

Chapter 14

情緒管理學

讓過去內心的陰暗面重啟光明

1. IQ、EQ 與 FQ 的財富關係
2. 拔除阻礙你的生命成就的爛草莓
3. 讓你的情緒感覺更自由的五大公式

見證故事：馬來西亞 Erican 英語特許培訓總裁——張啟揚

Chapter 14

情緒管理學：
讓過去內心的陰暗面重啟光明

我們已經認知到，是否善於進行自我情緒管理，善於處理與他人之間的人際關係對我們的事業成敗、生活品質都有著不可忽視的重要作用。對於領導者來說尤其如此，你的職位越高，情商就越重要，一個高層領導者是否表現優秀，很大程度上都取決於情商的高低。由此可見情緒管理的重要性。

EQ的重要性我想不言可喻，實踐家教育集團也在二〇一五年時，引進一套來自於澳洲，獲得WHO肯定，最好的一套情緒管理課程，這個情緒管理課程注重於有關情緒的恢復力，我們將這套課程稱為「FRIENDS」，就是「朋友」的意思，期望幫助大家更有效地肯定自己、自我認同，以及在遇到困難的時候，可以有更有效、更快速地自我恢復。

在「FRIENDS」課程引進之後，就受到了非常大的肯定，而實踐家已經訓練了龐大的講師團隊，即將在海峽兩岸，還有新加坡、馬來西亞的各個幼兒園、小學、國中、高中、大學裡開課，我們不僅給孩子們上課，更教他們認識感覺、做情緒恢復的建設。同時也會幫父母親們舉辦

各種講座，讓父母親可以來參與我們有關情緒管理的免費講座，期望能幫助每一個人。

因為我們一直相信，一個性格成熟、情感豐富的家長，其實對他的孩子來說是非常、非常重要的，如果家長自己本身都不成熟、自己的情緒都不穩定，又怎麼能帶給孩子穩定且正面的情緒發展呢？

有時候我們在生命中多多少少會經歷一些負面的事情，讓自己變得比較辛苦，這些負面的事情如果你不讓它過去的話，它就會一直存在你的腦海裡，動不動就馬上跑出來影響你。所以，我們將這些負面的事情稱為「爛草莓」，這些「爛草莓」可能是來自於過去的某些積累，導致在某個時刻特別爆發出來。過去所發生的一些不愉快的事情，如果當時沒有正確的認識，沒有及時地去處理它的話，長時間積累下來，反而就成為我們負面情緒的來源。

在Money&You的課程裡面，我們將所有負面的情緒稱之為「爛草莓」，所以這個章節的宗旨就在於「幫助你管理自我的情緒」，來消除負面的反應，來拔除生命當中的爛草莓。發生在我們身上的事件，會對我們產生什麼影響與結果，並不是只取決於事件本身，而是取決於我們對這些事做出了什麼樣的反應。

面對失敗和挫折，如果我們採取積極的態度去對待，同樣地可以獲得一個正向的結果，從裡面得到有收穫。可是多數情況下，我們往往無法自我控制、無法用積極的態度來面對人生，那正是因為心裡的爛草莓所帶給我們的負面影響，它在我們沒有知覺的情況之下，影響著我們的反應與表現，所以情緒管理的出發點就在於你要好好地認識自我的感

覺，並使用正念去落實行為，進而出現良好的結果。

「爛草莓」有可能出現在我們過去生活當中的任何一個階段，甚至可能從幼年開始，就被種在我們內心。如果你想要將它拔除，就得要正視自己的內心，找到自己心裡所存在的一些過去的創傷，並且接受這個事實。最重要的是，我們要認知到「這些傷害我們的人或事，都已經成為過去了。」只有清除「爛草莓」對現在的影響，我們才有辦法去消除負面的情緒，用健全的心理來面對生活。

因此，情緒管理最重要的重點在於：「你要能夠放下過去。」當我們沉浸在過往的痛苦當中而不可自拔的時候，「爛草莓」便會使我們現在的生活受到負面消息的影響，還會影響到我們周圍的人，這其實是對你自己的生命不負責任的態度，這對他人也是不公平的，因為你並沒有理由將過去對你的傷害一直展露在站在你面前的這個人身上，甚至將它加諸在他身上，由他來做承擔。

正因為過去的一切已經不可能改變了，只要我們選擇放下，就可以讓現在以及未來的人生變得更加地美好，放下，就能解脫，放下，才能創造快樂。所以不要讓過去負面的感覺成為現在的障礙，學會調整、處理自己的情緒，透過情緒管理讓自己擺脫焦慮、灰暗、不安的狀態，走出你生命的低谷，你才有辦法、有力氣去創造出更大的價值。

成功人士起初靠的是努力與拼搏，但是到了一定的位階之後，真正決定成就高低的，就變成了態度與性格。不論外在的環境如何變化，自己都要能保持一份平和並且完整的情緒應對之道，才能做出最好的對策，贏取最大的信服，並創造最大的成就。

1 IQ、EQ與FQ的財富關係

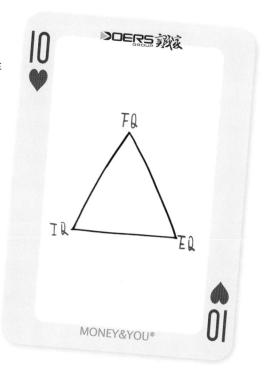

人是感覺的動物，所以人們隨時都在強調理性的重要性，但實際上，我們生活當中很多重要的行為都是在被感覺影響的調動之下所做出來的。

例如，去商場裡買衣服，沒有什麼道理好說的，一看對眼喜歡再貴都會買。我們生活裡的所有的消費行為幾乎都離不開感覺的作用。

我們發現，對一個人的事業發展、家庭幸福等對我們至關重要的方面的影響，EQ甚至大大超出IQ。所以，想要在生活中獲得成功，具有良好的EQ是非常重要的。良好的EQ要我們重視並管理我們的感覺，但並不是要我們一切都只是跟著感覺走，因為未經判斷而完全地跟著感覺走，只能走向盲目。

在這裡我們所要學習的就是表達我們的感覺，重視我們的感覺，還有懂得怎樣來處理我們的感覺，這是對我們現在的生活和未來的發展都非常重要的一個主題。

當有人來向我們推銷產品時，一旦我們的感覺被對方調動的時候，

就會購買這個產品,因為我們覺得購買產品之後,可能真的會得到和他所說的一模一樣的產品或服務。例如,你打算買車,有四輛車子可供你選擇:BMW、Benz、VOLVO和一輛一般的國產車。

我相信如果你買賓士車,並不是買賓士車的本身,而是賓士車所代表的豪華尊貴的感覺;你購買BMW的時候,也不是購買BMW的本身,而是因為BMW車所帶給你的時尚科技的感覺;而購買VOLVO的人,其實只是想購買一部相對更安全穩固的車;如果你選擇國產車的話,大部分是來自於經濟又實惠的感覺。我們在買車時想要獲得什麼樣的感覺,就會購買可以給我們那樣感覺的車子,這就是感覺的作用。

IQ是我們在學校所學的專業知識,EQ是我們所擁有的情緒管理的控制能力,而IQ加上EQ才等於現在的FQ,FQ就是財富商數。

因此,IQ、EQ、FQ這三者是相互彼此加乘、而不可被取代的非常重要的基本元素,如果你想要成為一個富有的人,那麼高的財商是必不可少的,Money＆You的課程裡的一個重要部分,就是幫助每個人學習如何正確面對自己的感覺,如何處理自己的感覺,讓感覺幫助我們獲得更大的提升。

有一本書裡面說:「智商低的是傻子,情商低的是瘋子,可是財商低的就當叫化子。」所以光有高智商是不夠的,我們更要好好地釐清自己的感覺,培養更高的情商,然後才有辦法在理財方面獲得更清晰的認識,做出更正確的判斷,讓自己具有足夠的能力獲得更多的機會,去創造更大的財富。

② 拔除阻礙你的生命成就的爛草莓

我們相信生命當中都有奇蹟，可是這個奇蹟並不是從天而降的，而是我們自己創造出來的。為什麼把它稱做「奇蹟」，而不是成績、不是成就呢？因為這種創造出來的成果總是會出乎我們意料之外，因為創造它的力量，甚至我們自己都未曾意識到的，這個就成為我們的潛意識，也就因為自己都不清楚這種力量從何而來，所以我們把它稱為「奇蹟」，彷彿它是偶然降臨的、彷彿它是上天的恩賜。

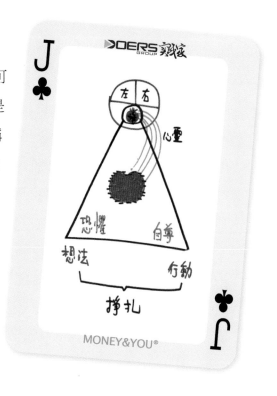

然而，其實所有奇蹟的發生，的確或多或少都存在著偶然的成份，但是其中發揮了最大作用的還是我們自己，是我們潛意識的巨大力量給我們帶來很多正面的成就，當然，也會產生很多負面的影響。

在許多情況下，這些負面反應並非都是從目前所發生的事情而來的，現在發生的事情只是一個引爆點，其實更多負面的情緒是來自過去的長期積累。人的過去，總是會經歷過一些不愉快的事情，有些事情在

我們心裡就留下了創傷，在多年之後依然存在，可是因為我們一直避免去回憶它，就以為它不影響我們了，但是事實上卻是，這些你認為早已忘卻的創傷，仍然一直對你的生活產生深刻的影響。

事實上，每個人的心裡面都有太陽照不到的地方，那個陰影會在你不經意的時候出現，干擾你、甚至打擊你，因此我們就將這些稱為「心靈深處的爛草莓」，這是一種長期積累的負面感覺。

但是Money&You的課程告訴我們：「潛意識是可以面對並管理的。」所以我們可以把握我們的生活，的確我們沒有辦法預測未來、沒有辦法操縱外界的事物，但是我們可以完整地掌控自我。在Money&You裡面，會教你如何去掉負面的感覺、如何拔除掉「爛草莓」。

為什麼呢？因為在遊戲當中，我們會用積木來引導學員回想自己過去生活的經歷，找出那些曾經對我們產生傷害的事情，讓他們盡量釋放出心中那些傷痛的情緒，同時也協助自己找到那些正面的感覺，讓他們可以重新建立起一個充滿著更多愛、信任、喜樂、勇氣與廉正的正面積極的環境。在這個過程當中，我們每個人都要學會很重要的三件事：

第一件事是：如何「傳達」正面的感覺，第二件事是如何學會去「接收」正面的感覺，第三件事是如何去「拔除」負面的感覺。因為每個人在他的生長過程中，小腦袋裡都曾經留下不同類型的爛草莓。例如，你小時候上台發言，那時候年紀還小，沒有經驗，一時沒有講好，被同學大肆地嘲笑，那麼這次失敗的經驗就會在你潛意識裡留下「爛草莓」。自此之後，每當你要上台說話時，這個「爛草莓」就會跑出來，讓你沒有辦法在台上自在地說話。

　　例如，你和別人合夥經營事業，事業失敗了，你被合夥人騙了，這時候你就種下了對別人不信任的「爛草莓」，當你打算再和別人合作的時候，這個「爛草莓」就會跳出來，讓你害怕再次地被欺負、被欺騙等等。而這些爛草莓一直都存在你的心理，你必須要面對它、處理它，把它真正的拔除掉，才能突破這些牢固的想法。

　　而我說最好的方式就是，你回到時間的原點，重新再做一次、再感受一次，將當時那個負面的經驗轉換成一個正面的經驗，把當時上台的錯誤，讓自己再重新有正確的上台準備，再重新用表現好的經驗來取代負面的經驗。

　　我們在課堂上曾經幫助過無數的人拔除掉他們的「爛草莓」，甚至有個母親，她在來上課之前就將遺囑寫好了，她說，她隨時準備去天堂找自己那個年紀很小就因病離開人世的女兒。在這種情況下，她的爛草莓就是根植於女兒當時因病離開人世，導致她衍生出永遠無法跳脫出來，對生命錯誤的信念。所以，我們便透過前面所提到，「傳達」正面的經驗、「接收」正面的經驗、「拔除」負面的經驗的過程裡面，成功地幫助她拔除掉這個「爛草莓」，讓她重新感受到生命的美好、重新燃起對自己生命的勇氣，還有熱愛。

　　她現在知道她的女兒會在天堂上守護著他們全家人，而她也決定和她的先生努力再孕育一個更可愛的小天使來延續這份愛。所以，我們真的將Money &You當成是一個很重要的人生修練道場，在裡面，我們透過一次又一次的課程幫助了很多人，也豐富我們自己更美好的生命。

讓你的情緒感覺更自由的五大公式

我將會說明如何讓你的感覺變得更自由的公式，運用這個公式去調整你的感覺，那麼你對人生的認識和態度、你採取的行動和你所獲得的結果都會發生巨大的變化。這個公式包括下面的五個步驟：

第一個步驟就是要：「警覺並接受」。

回視你的內心，正視那些一直困擾你的陰影，面對自己的爛草莓。你要意識到自己有什麼樣的情緒，不要去逃避它、否認它，不要對自己說：「絕對不是我，我怎麼可能會這樣！」諸如此類的話。其實每個人要接受，你真的有可能是如此。每個人都可以經由過去的累積和現在面對的挑戰，而讓自己做出和以往不一樣的表現。

第二個步驟：你要回到種下這個爛草莓的原點，再次「感覺你的感覺」。感覺這個爛草莓是怎樣產生的？整個事情的經過是什麼樣子的？再次去經歷你當時的感覺，將會幫助你更清楚地認識到事情的真相。

讓感覺自由的公式

1. 警覺並接受
2. 感覺你的感覺
3. 分享你的感覺
4. 對你的感覺負責任
5. 選擇不同的方式

MONEY&YOU®

　　第三個步驟是：「分享你的感覺」。其實每個人都需要從他人，尤其是朋友那裡獲得情感上的支援，需要有自己可以談話的朋友與自己交流。在這種情況下，你應該主動與人分享，分享是很有力量的。大部分的爛草莓或者大部分的負面感覺，在你分享的過程中，就已經不知不覺處理掉一半了。

　　第四個步驟是：你要「對你的感覺負責任」。不管你的爛草莓是對別人不信任，或者是害怕上臺說話，或者是擔心親人離開你，當你分享完這份感覺之後，你會發現唯一對你的感覺必須負責任的人，就是你自己。所以你要學會對自己的感覺負責任，而要對你的感覺負責任，最好的方式之一，就是以後遇到同樣事情的時候，選擇不同的方式來回應它。

　　所以第五個步驟就是：「選擇不同的方式」。自由的選擇，實際上是每個人都擁有的能力，遺憾的是，我們當中許多人常常在不知不覺中放棄了這種能力。選擇，實際上是我們的生命被賦予的最大自由。我們可能無法決定許多事情，但我們可以選擇如何去看待它。許多人可能會驚奇地發現：當我們採取與我們過去完全不同的方式，來對待同樣的事情的時候，我們得到了完全不同的結果——這讓我們明白，對於許多我們原本以為無能為力的事情，實際上，我們完全有能力加以影響，甚至決定它。

　　所以，遇到同樣的事情的時候，請你選擇以不同的方式去回應它。當我今天換一個想法，可能就會讓整件事情在未來得到不同的結果。我想這很清楚，你本來覺得那個事件對你來說是個「爛草莓」，可是到後

來，那可能就變成正面的力量。例如，我說我曾經被退學，那麼「我被退學」這件事是我內心非常大的自我挫敗感，我「警覺到並接受」我對自己有非常大的挫敗感。我「再次地感覺我的感覺」，使自己重新回到那個過程，思考一下被退學的時候，父母親到學校去拜託校長、甚至下跪的那一個恥辱，我再和我的夥伴們「分享這份感覺」，分享之後，我發現自己必須要「對這份挫敗的感覺負起最大的責任」。

當我再有一次機會回到學校讀書的時候，我想我可能會更認真努力地、全力以赴地付出，所以願意負起這個責任之後，今天即使我已經沒有辦法再回到同樣的學校去唸書了，但是我卻可以從中認知到學習非常重要、而且明白專心也非常重要、自己對自己所選擇的課業負好責任非常重要。

因此，我雖然沒有去完成那個學業，可是我卻能「選擇」在我人生很多的志業上、工作上因為負起了責任而創造了更有效、更大的價值。所以在原來那個地方所受到的挫敗，反而可能給你帶來更大的力量，在其他的地方還能有效地產生有效的激勵，讓你自己得到更大的價值。

這件事情讓我明白，選擇不同的方式去面對，我們就可以讓自己的生命得到不同的結果。當我選擇面對自己的感覺，對自己的感覺負起最大責任的時候，就得到了更大的自由，讓自己的生命得到更大的成長。所以，請一起來讓你的感覺恢復自由，讓你創造出生命中更大的分享。

除了這些，Money&You 還可以教你……

第十四單元：情緒管理學

- 👍 IQ、EQ與FQ的關係
- 👍 情緒感覺與市場行銷的關係
- 👍 拔除阻礙成就的爛草莓
- 👍 傳達正面的情緒感覺創造更高

  營業收入
- 👍 接收正面的情緒感覺創造更多

  顧客反饋
- 👍 突破情緒感覺的障礙
- 👍 讓情緒感覺自由的五個公式
- 👍 善用97%的修正力量

我愛錢，更愛你

Money & You

林偉賢博士17年傳奇之
落地實踐成果全紀錄

M&Y見證故事

把腳步停下，讓M&Y洗淨你的心靈

　　在好朋友賴金鋒的邀請下，有緣來到了Money&You，認識了這具震撼力的全方位課程，認識了林偉賢老師，也認識了一群追求真善美的朋友。

　　我非常認同M&Y的處世理念，尤其是彼此要互相信任，互相合作，達至綜合效益的這一環。人與人之間常有許多紛爭，許多矛盾。在高度競爭，人情淡薄的年代，你欺我詐，存心傷害的商業合作行為花樣之多，令人眼花撩亂，防不勝防。這種互不信任的合作模式只可能產生一個結果，那就是失敗。

　　參加M&Y並堅信其理念的人非常有福氣，因為有了正確的人生觀，便能以堅定無比的信念向前邁進。路雖可能仍崎嶇不平，失敗雖可能仍接踵而來，只要明白了「得到」及「學到」的道理，那你就能義無反顧，努力奮鬥了。

　　我覺得M&Y最大的特色是其自我發現的過程the process of self-discovery。很多人每天忙忙碌碌，上班、下班、吃飯、睡覺，匆匆忙忙，沒有回顧過去，沒有把握現在，沒有展望將來。這如同行屍走肉般的生活方式不但對自己不公平，對自己愛及愛自己的人也不公平。

　　朋友們，把腳步停下，把手掌上的瑣碎事暫且放下，把封鎖已久

的心扉敞開，讓M&Y把你的心靈洗淨，林老師的叮嚀作為你生活的指南，讓學員間的相互關懷成為你日後與人相處的模式，你的生活將大放異彩，你的未來絕不是夢！

馬來西亞Erican英語特許培訓總裁　張啟揚

更多見證影片，請看……

當我們真的清楚知道某件事情
必須全力以赴才能做到的時候，
如果你還有力氣和時間浪費在對過去的不捨、
對過去的堅持、
對過去的執著，
那麼你就沒有辦法真正地邁向新人生，
得到你真正所要創造的有效價值。

全球頂尖商業暨成長課程
MONEY&YOU®

Chapter 15

完整迎向新生命

圓滿人生從創造新環境開始

1. 五個元素：金錢背後的真正秘密
2. 負責任使你突破成功的困境
3. 完整是迎向新生命的最好狀態

見證故事：M&Y 是我一輩子的家——田政

完整迎向新生命：
圓滿人生從創造新環境開始

在Money&You的課程裡面，第三天早上是我們最期待、也是最關鍵的一個時間，在這段時間裡，有很多人會真正地放下過去人生裡的「爛草莓」，真正放下人生中所有負面的感覺，重新給自己勇氣、重新給自己一份力量去往前走出一段完全不同的精彩人生。那麼在這個過程當中，人們最需要做的事情就是「從過去的負面環境當中做一個脫離，並且完整地迎向未來設定的目標」。每個人都有很多的目標想要去做、想要達成，但是問題是於他在達成目標的過程裡面，有太多、太多過去負面的因素限制了他、成為他的阻礙，甚至你可以說他被這些不好的原因綁架了，因此無法有更大的自由。

舉例來說，他明明可以開始一段非常好的第二次婚姻，然而卻因為過去自己對婚姻的負面感覺，讓他始終無法放下，他一直被過去婚姻裡的負面情緒所綁架，讓自己不敢去追求未來新一段婚姻的幸福權利。因為他沒有完整地將過去的事情處理完，所以，我們得讓他更完整地放下，才有辦法再往前邁進。

例如有些夥伴，他明明要開始新的事業，他的資源有了、資金也有

了、團隊也有了，他明明已經可以迎向新的事業發展，即使他過去曾經事業失敗，甚至曾經破產過，但是因為他始終無法放下過去那段失敗的事業對他所產生的負面影響，過去合夥人對他的傷害，他始終忘不了，所以他還是無法往前走。

我必須要說的就是：「過去過不去，放下放不下」，那麼我們就沒有辦法往前走，就會變得更辛苦。例如，我們整個實踐家教育集團，其實從二〇一三年開始，就努力地在規劃「實踐菁英」，也就是青少年的事業發展。到了二〇一四年的時候，我們為此辦了一個大型活動來告訴所有人「我們所有成人的事業都一樣會堅持、堅守，不會改變，我們將成立新的部門，大量地往青少年的事業去做移轉。」那麼很多夥伴在轉型的過程裡，如果他沒有清楚地認知到，除非你能全力以赴地、專心一致地對新的這個事業體去做最多的投入的話，你就沒有辦法在這邊得到最大的發展。所以，即便是對新的事業的發展，我們也都必須要將過去完整地放下。

當我們真的清楚知道這件事情必須全力以赴才能做到的時候，如果你還有力氣和時間去浪費在對過去的不捨、對過去的堅持、對過去的執著，那麼你就沒有辦法真正地邁向新的人生，得到你真正所要創造的有效價值。

所以，完整地迎向人生一段新的生命，這需要你為自己創造出一個良好的環境，需要你自己用更負責任的角度往前邁進，需要你自己更完整地去做出人生的規劃。在這裡，讓我們一起來討論：如何完整地迎向新的生命。

五個元素：金錢背後的真正秘密

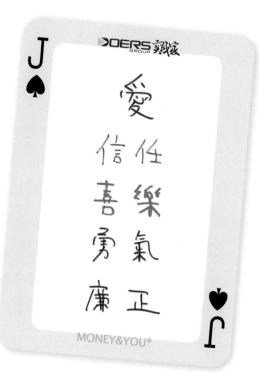

新的生命需要一個新的環境，在我們Money&You的課程裡面，非常強調環境的重要性，可是這個環境需要充滿五個元素，這五個元素是我們認為最為重要的，分別是「愛」、「信任」、「喜樂」、「勇氣」，還有「廉正」。

我們提到「你就是錢，錢就是你」，你是一個什麼樣子的人，決定了你擁有多少錢。可是當你有了錢之後，如果人改變了，那麼最後，你的錢也會不見了。

我想問一個問題：如果今天別人感覺到這家公司、這個團隊、這個組織、甚至這個人，是對人充滿關愛的，那麼，關愛表面上看起來是錢嗎？

你大概會說：「不是。」可是如果別人感覺到你們真的是充滿愛的環境，別人願不願意和你們做生意呢？別人願不願意待在你的身邊呢？我相信這個答案非常地明顯。

　　所以，「愛」雖然表面上看起來不是錢，可是「愛」就是錢後面真正的秘密。「信任」也是如此，如果別人感受到你們是非常值得信任的團隊、非常值得信任的組織、非常值得信任的人，信任表面上看起來雖然不是錢，可是因為人家願意相信你，那麼這個「信任」絕對在日後可以幫你帶來更多的錢。

　　接著是「喜樂」，如果別人接收到，知道你這個人、這個公司、這個團隊，是一個非常、非常歡樂，和你在一起是充滿了快樂、充滿了喜樂的一種感覺和氛圍的話，你說別人願不願意和你做生意呢？毫無疑問，一定是願意的。所以「喜樂」也是表面上看起來不是錢，可是充滿著喜樂的環境和團隊，其實它就能帶來很多金錢。

　　那麼「勇氣」呢？如果別人感覺到和你在一起，你們這個團隊、這個組織、你這個人是充滿著勇氣的、積極的、各種努力向上的，即使是再大的困難都不害怕，一定會想辦法來和你們有最好的合作。那麼「勇氣」表面上看起來也不是錢，但是它就是錢後面真正的祕密。

　　再來是「廉正」，廉正就是廉潔的、正直的、堅持到底的、始終如一的、表裡一致的，「廉正」看起來也不是錢，可是如果別人感覺到你真的是廉正的人、團體、公司，在任何的情況之下你都願意堅持到底、始終如一地為顧客提供服務的話，請問這個「廉正」會不會為你帶來更多的信任、帶來更多的支持？那麼會不會為你帶來更多的金錢呢？毫無疑問，答案也是「會的」。

　　所以，我們說，好的團隊主要是由這些好的元素所組成的，那就是「愛」、「信任」、「喜樂」、「勇氣」，還有廉正。舉例來說，慈濟

基金會是一個非常充滿愛的組織，因為證嚴法師的大愛，凝聚了全世界上千萬的會員，他們擁有四百萬的志願工作者，齊聚在這個地方創造最大的價值，他們為社會所創造的就是對社會最大的資產，而這種愛就變成人間最大的財富。

那麼，談到「信任」，有些人在他所創造的機制裡面，是讓大家可以完全信任的，所以每個人都願意有什麼事情都跟他說，團隊都願意跟他走。談到「喜樂」，還有一個很小的國家「不丹」，梁朝偉和劉嘉玲就去不丹結婚，因為那個地方是全世界幸福指數最高的地方，那個地方充滿了喜樂，那麼全世界會有多少人願意到那個地方去追求一個幸福、追求快樂呢？

例如，談到「勇氣」，充滿了勇氣的國家，從某些角度上來說，你可以說它是以色列，猶太人為了捍衛自己的國土，捍衛自己的民族，做了非常非常多的事情與犧牲，同時，以色列很多的發明產品在世界上也很受到肯定。

談到「廉正」，以新加坡來說，它是一個廉正的國家，因為它在廉潔、正直方面的要求程度是非常高的，也因此讓新加坡這個國家贏得全世界的認同，無論是它的法律、制度、環境，外國人都覺得太好了，所以大家都願意到新加坡去生活或移民，甚至願意到這個地方來設總部，全世界五百大企業的總部，大部分都設在亞洲的新加坡，就是一個這樣的道理。這五個詞看起來都不是金錢，但是它們個個都是金錢背後真正的秘密。

2 負責任使你突破成功的困境

「負責任」毫無疑問地，是我們一切事情的真正核心和真正的重點，我們前面其實也談過，當我們遇到困難的時候，大部分的人就是找藉口、責罵人、否認，但是這些其實對你都沒有任何幫助，只有你真正地負起責任，你才有辦法真正的往前邁進，就像我也一樣。

的確，我在事業合作的過程裡，也曾經受過一些當時自以為的傷害，也就是說，因為當時我自己不明白、不明確遊戲規則，可是我永遠把自己第一階段事業的失敗歸罪到我的合夥人有問題上，但是說實話，我自己也需要負責任的。因為當時我自己也沒有把遊戲規則弄得很明確，所以當發生狀況的時候，我也沒有白紙黑字，這其實自己本來就應該承擔起來、負責任，我們不能老是去怪別人。

所以當我真的願意負起責任的時候，我才發現：「哦，原來自己在這方面真正該學習的是什麼？」原來自己真正應該要承擔的是：以後做

任何事情，遊戲規則要看得更明白一點。

　　我們今天看到的最大的問題就是：政治人物都想要有權力，可是他們都不願意承擔應有的責任，也因為這樣子，所以政治容易搞得烏煙瘴氣、一塌糊塗。有很多的老闆或團隊的領導人，他擁有很大的權力，可是當他惹了事、闖了禍之後，他就不願意承擔責任。

　　因為你在這個地方或許你遇到很好的人給你一次機會，他原諒了你、包容了你，不和你計較。可是他不和你計較，可能反而會讓你以為「你自己是對的」，以為你這樣的方法永遠都有著僥倖之心，永遠可能會有這種意外的機會，但是不可能的，社會是很現實的，好運沒有第二次。

　　如果你不願意承擔責任，永遠在發生事情的時候，只會把它推拖到別人的身上，而且得了便宜還賣乖，那麼其實你最可惜的是在所有人的眼中，你已經被看破了手腳，你就像「國王的新衣」故事裡的國王一樣，你穿著裁縫師欺騙你的新衣服在團隊裡面走來走去，但是很可惜，每個人都知道你沒有穿衣服，只有你不知道你自己光著身體，然而這只是大家不揭穿你，他們不會想再和你合作，這是一件非常可惜的事情。

　　我真的相信唯有「負責任」，才是改善人生最重要的價值，唯有「負責任」，我們才有可能可以真的往前邁進。當你願意為人生負責任、為事業負責任、為團隊負責任時，就算你因此而遭受了損失，至少都贏得了人格的認同與人格的尊敬，唯有「負責任」才是真正地迎向新生命的挑戰。

3 完整是迎向新生命的最好狀態

「完整」這兩個字，真的是非常重要的概念，什麼是真正的完整？如果說我們做為企業，我們可能最後達成目標了，可是自己的身體受傷害，那就不完整了；我們也完成自己所要的業績，可是我們欺騙顧客，那就不完整了；我們可能完成學業，可是我們作弊，那就是不完整了。我們今天可能組成家庭，可是我們放不下過去的某一段感情的牽扯，那就不完整了。

其實，生命當中有太多太多的時刻，都是因為我們的不完整，因此我們無法理直氣壯、所以我們無法圓融和諧、所以我們做事情的時候，總是口是心非。這便是很多人要去觀察與瞭解生命裡面真正最重要的負面影響的核心，所以我必須要說，要迎向新的生命，你必須要「完整」。

當然完整的第一個部分，就是要真正的「拔除掉自己的爛草莓」，真正有效的把它放下，把過去負面的因素全部去除，你自己必須要做好

準備，用一種全新的方式去迎向未來的人生。

完整的第二個部分，是你「必須要和舊時代say bye-bye」，對新的時代做好充分的應對，真正的完整是我們做完事情之後，可以很輕鬆地坐下來說：「唉呀，我沒有任何的遺憾了，我雖然累了一點，可是我覺得我很幸福。」真正的完整不是你在做事情的時候會心驚膽跳的，隨時會害怕以後會不會有人揭發我、會不會被發現。當你一直活在這樣的心驚膽跳的時候，你就不可能完整去創造你自己生命中真正有的那些效能的提升。

所以，我祝福也希望所有的朋友們可以真正的將「爛草莓」好好地拔掉，可以真正地把自己的心態、能力都準備好，去迎向生命下一個真正完整的人生。唯有完整，才能圓滿，也唯有完整，才能圓融，唯有完整，才可以真的讓你自己充滿力氣、精力十足地衝向人生一個又一個的挑戰。

我們在Money & You課程的第三天早上，可以看到好多人他們從此迎向自己新的一段婚姻，因為他終於將自己過去的一些情感「完整」了；他終於處理好自己與兄弟姐妹之間的關係了，他們終於可以在一個「完整」的家庭裡繼續再努力；因為他處理好同事之間的負面關係了，終於可以「完整」地建構起一支真正的團隊。

「完整」的心態可以真正地、無私地將所有的挑戰與困難去除，使你迎向美麗的人生，所以，我祝福所有的人們都可以過得更加地「完整」。

除了這些，Money&You 還可以教你……

第十五單元：完整迎向新生命

- 👍 完整地拔掉所有爛草莓
- 👍 勇敢地面對人生的挑戰
- 👍 積極地突破成功的困境
- 👍 正面地解除生命的遺憾
- 👍 完整地迎向新生的計劃

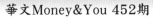

M&Y是我一輩子的家

非常感謝爸爸給我報名青少年M&Y，並且一直督促我來上這個課程。因為老爸很早就上過這個課，當初我並不理解爸爸的用意，一直拒絕來參加。但是爸爸仍然耐心地勸說我上課。現在我才真正明白爸爸的用心良苦，M&Y這個課程真的跟學校的其他課程不一樣，是每一個人一輩子都要上的課。在這裡我非常感謝還在課室外等我下課的爸爸，爸爸我愛你！

我是一個不善表達的大男孩，從小家裡人對我厚愛有加，我一直認為理所當然，這是他們應該為我做的，從來沒有想過感恩和回報。甚至有時候因為爸媽太囉嗦而嫌他們煩。我要對他們說一聲對不起！M&Y課程真的讓我認識到了家人的不容易和用心良苦，我不應當只是一味地索取。我長大了有能力了，是到我作為家裡頂樑柱的時候了，我要成為爸爸媽媽的驕傲。

分享一下我生命中百分之百被愛的經驗。我生命中對我最重要的女人是我的奶奶。我複習那年，爸爸經常對我講：田政有時間給你奶奶打個電話，去看看奶奶。可那個時候貪玩，我總是不去，有一天中午我表哥給我打電話說奶奶沒了（泣不成聲）。我難過得不得了，這個事情現在成了我心中的爛草莓，讓我心裡感到恐懼。如果奶奶現在在我面前，

我會對奶奶說：「奶奶，對不起！」我的奶奶讓我覺得我是全世界最幸福的孫子。每次奶奶問我想吃什麼，都會給我單獨炒滿滿一盆。

有一次，我對奶奶說，我想吃漢堡包，可是奶奶從來沒吃過漢堡包。到了晚上，奶奶給我做了一個全世界上獨一無二的漢堡包。那是用白饅頭夾著蒜炒肉的漢堡包，我的奶奶就是這樣地愛我。最遺憾的是她現在已經離開了我，我對她的愧疚成了我心中的爛草莓。我想，等我回去以後，我要給我的奶奶寫一封信，帶到奶奶的墳前讀給她聽。我相信，奶奶一定聽得到。

珍惜應該珍惜的，感謝應該感謝的，很多的事情錯過了就沒有重來的機會。其實現實生活中每一天都有感人的事情、被愛的經驗，只是需要我們有發現的眼睛和感恩的心。

最後感謝青少年M&Y這麼好的課程對我帶來的幫助，謝謝郭老師用心的付出。M&Y是我一輩子的家，我一定會常回家看看。

華文青少年Money&You 387期畢業生　田政

更多見證影片，請看……

你想要實現夢想，
可是卻受限於每一天不斷重覆的生活模式，
如果你沒有想要勇敢地離開，
創造出你真正的價值，
那麼未來仍然會非常辛苦。
讓你自己從不斷循環錯誤的圈圈中跳脫出來，
去過真正的美好人生。

全球頂尖商業暨成長課程

MONEY&YOU®

Chapter 16

從老鼠賽跑到快車道

釐清個人的收支模式與創富狀況

1. 金錢與人都同樣有資產和負債的差別
2. 不同的收支創富模式決定你是哪種人
3. 人生創造財富的四種象限

見證故事：點燃生命力，喚醒最真的自己──鮑品睿

Chapter 16

從老鼠賽跑到快車道：
釐清個人的收支模式與創富狀況

前面提到，世界上有一本超級暢銷書《富爸爸，窮爸爸》，這是由羅伯特・清崎所著作的書，這本書在世界各地造成了相當大的影響力。羅伯特・清崎在這本書裡談了很多關於創造財富的觀念，這些其實都和Money&You的觀念有關，因為羅伯特・清崎自己也是Money&You的講師，他在教Money&You的時候，也為Money&You確立了不少的觀念，更提出了全世界關注的一些理財焦點。同時他本身又運用這些內容，創造了一個很不錯的遊戲，那就是「現金流遊戲」。

這個「現金流遊戲」裡面的主要核心架構就是「老鼠賽跑」，「老鼠賽跑」是與「大富翁」截然不同的紙板遊戲。「老鼠賽跑」的意思就是指一個人從頭到尾都只做了一件只會增加工資收入、但是不會增加非工資收入的事情，他只會越來越辛苦。例如，大部分的人每天早上起來，起床、刷牙洗臉、上班、工作、回家、吃飯、睡覺，多數人每天都過著一樣的生活，就像是你買了一隻小倉鼠，小倉鼠在籠子裡面整天跑那個轉輪，你就像那隻老鼠一樣，一直跑、一直跑，你越想出來，就越出不來，一般人的理財就是如此，每個月很認真地努力工作、賺錢，拿

到工資之後，付了支出，剩下的只能很辛苦地存一點小錢，那麼這點小錢不管怎麼存，都跟不上通貨膨脹的速度，這點小錢不管怎麼存，都跟不上物價上漲的速度，因此，一般人只能每天不斷地重覆一樣的生活，卻沒有辦法去過自己真正想要擁有的生活。

如果你想要過真正想要的生活，「快車道」是你用同樣單元的時間，能賺比別人更多的錢，你能用更少，得更多，實踐出比別人更多的夢想和財富的自由，你的工具不同，能去到的距離就不同。

你有太多的夢想要實現，可是受限於你原來「老鼠賽跑」的理財模式、生活、行為、工作的模式，這讓你自己只是不斷地重覆，生活卻了無新意，如果你卻沒有想要從裡面勇敢的離開，來創造出你真正的價值，那麼你的未來仍然會非常辛苦。所以我們談的是，讓你自己可以有效地從「老鼠賽跑」這種不斷循環錯誤的舊圈圈中跳脫，去過出真正快速的美好人生，這是我們所談的從「老鼠賽跑」到「快車道」。

我很建議讀者朋友們有機會的話可以去玩玩現金流遊戲，當然你也可以參加實踐家在海內外各個公司所舉辦的這些活動，同時有更新的遊戲也即將引進，我們即將從美國引進「Family Bank」，以家庭銀行的觀念來幫助你可以把好的理財方式傳承下去，因為只會賺錢是沒有用的，賺錢重要，可是理財相對地更重要。

所以，接下來將為讀者朋友們說明：什麼是一種好的理財與創造財富的方式。

金錢與人都同樣有資產和負債的差別

　　資產與負債最大的差別是什麼？「資產」是在你沒有工資所得的情況之下，會養你的，就是「資產」，而「負債」是在你沒有工資所得的情況之下，會吃你的，就是「負債」，所以記住，「資產」是會養你的，而「負債」是會吃你的。

　　「資產」是在你沒有工作所得的情況之下，它要把錢持續地放到你的口袋裡，而「負債」是在你沒有工作所得的情況之下，它還不斷地把錢從你的口袋拿出來。

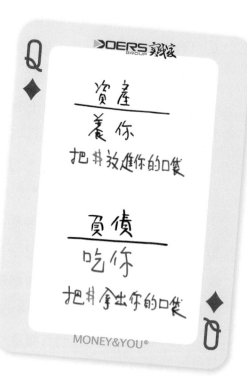

　　舉例來說，你買了房子，這個房子你拿來出租，每個月要繳的貸款是一萬元，你的租金收入是兩萬元，這個就是「資產」，因為即使在你沒有工作所得的情況之下，你的房子每個月幫你賺到兩萬元，扣掉貸款一萬元，你還有一萬元，就算在你沒有工作的情況下，這個房子都可以養你。

　　但是，如果你買了房子，一個月雖然只要繳五千元的貸款，可是你

是自己住的，當你沒有工作，沒有辦法每個月領到工資的情況下，雖然你一個月的工資有兩萬元，每個月的貸款付五千元，你還可以有一萬五千元。可是很抱歉，因為你現在沒有工作，兩萬元的收入沒有了，在沒有收入的情況下，你根本就連這五千元都沒有辦法去付，所以這個就是「負債」。

　　所以，「資產」和「負債」，一個可以養你，一個可以吃你，那是從錢的角度來看。另外一個是人的角度，相同的，在人生的過程裡面，你的朋友到底是資產還是負債？是資產的朋友是在你遇到困難的時候，會站在你身邊，會挺著你一起走過去的。但是不好的朋友，平常就和你一起花錢、玩樂，可是你真正沒錢的時候，他們就離開你了，甚至回過頭來還要倒吃你一口，那麼那些人就是你的負債。

　　任何一個企業、團體都是一樣，想想，你的團隊五年、十年、二十年了，他們到底是你的資產還是負債？是不是有人說「養老鼠，咬布袋」，這個情況也是一樣，就是你真的養了一群人，以為這是資產，以為是身邊的好資源，但其實他們全都是負債，因為他們隨時都虎視眈眈，在公司吃裡扒外，把資源往外帶，那麼這些其實就變成負債。所以，讓你自己可以善用身邊「人的資產」、「錢的資產」來創造更大的價值，而不是累積了一堆「人的負債」和「錢的負債」，來破壞你的人生。

 ## 不同的收支創富模式決定你是哪種人

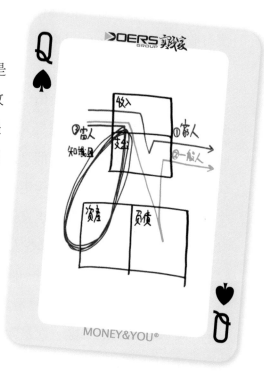

要清楚我們自己現在是富人還是窮人很簡單，只要分析一下自己的收支流程就可以明白。到底我們的錢是怎麼不見的？我們的錢是怎樣在用的？我們不但要學習錢是怎麼賺進來的，還要學習錢是怎麼樣花出去的，我們的支出方式將對我們的資產產生重要影響。

第一種人，我們把他稱為窮人，如果你每個月所賺的錢，從收入進來之後，都已經去支付了支出，支出完就沒了，那麼我們只能說你是窮人。因為你的收入只夠你的支出。你不斷的工作，但每個月賺來的錢都花了，沒有機會累積你的資產。在這種收入等於支出範圍內的人，只能算是窮人。

第二種人，我們把他稱為一般人，是錢從收入進來之後，先付了負債，再支付支出，這種人充其量只是一般人。例如很多人的家庭都有房屋貸款、汽車貸款要付，這就是一種負債。還有的人在使用信用卡，但最後還是要付錢的，沒有付錢還要加利息，所以也是一種負債。

第三種人，我們把他稱為富人，是真正有錢的人，這一類人的行為模式與前兩者是不一樣的。他們的錢每個月從收入流進來之後，有一部分投入資產，資產創造收入後又將其投入在新的資產中，再產生收益。這種能讓自己的錢在資產和收入之中不斷循環的人，就是我們所說的有錢人。

由此可見，我們在支出之後，還有沒有機會累積自己的資產，並運用累積下來的資產去投資賺取更多的財富，使自己的資產不斷增加，是窮人與富人真正的區別。有些人會說：「我的收入很少，就勉強維持收支平衡，怎麼可能積累資產？」實際上每個人都有可能在現有的條件之下來創造最高的收入和更多的財富，關鍵是取決在你是否清晰的瞭解到自己所具有的資產的價值，你要懂得怎麼運用它們來創造最大的效益。

在資產和收入的循環當中，有一個非常重要的關鍵就是知識。就拿我們的資產來說，人脈就是錢脈，時間就是金錢，很多人都知道這個道理，所以人脈是你的資產，經驗也是你的資產，但這些資產並不是馬上就可以創造收入，而是需要你用正確的方法經營、運用，讓它們發揮出自己的效用，才能產生實際的價值。

例如，我們每個人一天擁有的，同樣都是二十四小時，但由於我們管理時間的概念和方法不一樣，就決定了我們的收入不一樣，善於利用時間的人可以在同樣的時間裡，創造出比其他人更多的價值和財富。我們每一個人同樣擁有很多人脈，可是如果在這方面缺乏足夠的知識，沒有能夠妥善地管理人脈和經營人脈，許多可以利用的機會就可能白白浪費了。

3 人生創造財富的四種象限

在用Money & You這個課程體系所寫出來的《富爸爸，窮爸爸》書裡，其中就有談到人生的四種象限，這四種象限分別是：「E」（Employee），就是雇員的意思；「SE」（self-employed），自雇工作者，就是自己創業的、小型的、自己為自己工作的人的意思；「B」（Business owners），就是企業擁有者，老闆的意思；「I」（Investor），就是投資者的意思。那麼這四種人如果我們來分的話：

雇員，他就是為人工作者，雇員也沒有什麼不好，如果說你真的很認真、很努力，你辛苦地為別人工作，你創造很好的表現，說不定一旦有機會，老闆邀請你成為共同合夥人，就像很多的律師事務所、審計事務所、投資公司等等的合夥人概念。所以，即使你是一個雇員，你也可以認真、努力來創造出你的價值，成為不可被取代的人物。

再來是自雇工作者，就是為自己工作的人，他們可能開一個小型工

作室、小工作坊、小實驗室，可以接單子、跑單幫、自己開個小店，自己經營等等，這些都自雇工作者，我們稱為「為自己工作的人」。

　　為自己工作的人，理論上比雇員輕鬆一點，可是依然很辛苦，為什麼？因為雇員是你，不工作就沒有錢，但是為自己工作者，雖然你當小小的老闆，自己為自己工作，可是在你生病或是發生各種情況的時候，你還是沒有收入，如果可能的話，要自己往第一象限「人為己工作者」前進，就是往企業家的方向來調整。

　　再來是企業家，企業家是「人為己工作者」，就是別人為自己工作的人，我們稱為企業家。那麼，像我現在創業了，我就是老闆，做為老闆，就有一群員工來為你工作，那當然老闆不需要什麼事情都自己做，而是要由團隊來為你進行，這叫「人為己工作者」。那麼我們如果是老闆的話，要靠系統、靠制度來進行，否則的話你什麼都要自己做，那麼你一樣不叫老闆，你就是「為自己工作的人」。

　　有些企業家非常努力，超時超量地工作，但企業發展到一定階段後再也無法拓展出更大的格局。他們在工作中付出很多，犧牲很多重要的東西，例如健康、對家人的關愛等，卻沒有獲得相應的收穫，正是因為他們沒有在經營管理中運用系統的觀念和方法。

　　所以要成為好企業家，在Money&You裡面有非常好的進階課程，就是「BSE」，BSE就是學習如何成為真正的企業家的完整的課程，要成為好的企業家，你得要有系統、你有企業家精神、有企業家思維、得要弄懂商業模式等等，才有辦法把企業運作得更好。

　　最後是投資者，Investor，投資者是讓錢為自己工作的人，像實踐家

非常地努力，我們在一九九八年創業，到二〇一五年的七月為止，我們自己100％控股的公司已經有三十五家了，而我們對外投資的公司，事實上也已經到八十八家了，所以三十五加八十八就等於是一百二十三家公司的參與。實踐家已經從以前最早是「為別人工作的人」，到後來是「為自己工作的人」，現在成為企業家，是「人家為我們工作的人」，到現在透過投資、透過一些資金公司的成立、投資投資公司、風險投資公司、投資基金的建立來成為「錢為己工作者」。

就我們所投資的這些相應的企業，即使我們自己沒有去做任何事情，但是因為我們對他們進行了投資，每天就會有一家又一家的公司、一個又一個的團隊，在努力地創造績效、創造價值。這能夠是一個人生中真正夢想的實現，讓你自己更加地獲得財務的自由、時間的自由，還能夠去實現更多自己的夢想。

有的人說：「如果我想成為自由投資者的話，那麼我們立刻就能做到嗎？」請注意，今天不管你是雇員、自雇工作者還是企業家，其實你都已經算是投資者了，你可以把工資的10％做為投資的部分，你是自雇工作者或者企業家都一樣，將每個月收入的10％投到基金或其它長久可以穩定帶來收入的買賣上，這也算是讓錢為你自己工作的第一步，給自己的未來一份更好的保障。

除了這些，Money&You 還可以教你……

第十六單元：從老鼠賽跑到快車道

👍 財富的定義與有形無形的財富

👍 資產與負債的差別

👍 三種不同的收支創富模式

👍 創造財富的四個象限

👍 創造非工資收入與自動收入

點燃生命力，喚醒最真的自己

　　這個課程對我的感觸非常深，它讓我想起了生活和學習當中，給予我人生感悟的點點滴滴，教會了我如何與自己相處，讓我回想起那些在我生命中，家人、朋友、同學 帶給我的感動。Money&You，彷彿就是一把打開我心靈之門的鑰匙，讓我重新發現了自己，讓我對生命有了全新的認識。

　　相處。與自己相處，在Money&You課堂上立志，喚醒了我原本的生命力，面對自己的視力殘疾，更積極向上，自信樂觀。隨著年齡增長，視力問題給我的生活和學習帶來很多的不方便，但是Money&You讓我懂得做事最重要的是能力，而做人最重要的是態度。你的態度和能力決定了事情最終結果。態度不同，周圍世界，自己的生活就會變得和以往截然不同，這就是態度的力量，它可以改變人生。我參加行走北極，用毅力爬雪山；不論多麼嚴寒，我都堅持了下來。因為Money&You告訴我，人生最重要的意義不在於我們擁有多少財富，而在於我們擁有多少美好的回憶。

　　立志。明確了自己做律師的志向，學會了為明天做今天的事。有了成長的目標，參加學校廣播社，為了自己的目標必須努力，因為明天的成就源於今天的努力付出。地球發射火箭到達月球在發射過程中，火箭

有97%在修正，3%在瞄準前進。人生也一樣，需要在不斷地修正中發現自己的潛力，找到最真實的自己。

溝通。我和媽媽都是Money&You的畢業生，我們不光是母子，朋友，現在還是同學了。因為這個課程，現在我們彼此之間能夠更好的溝通和理解對方。很感謝媽媽讓我走進這個課堂，感謝她對我的照顧和支持。我從小視力就不好，一直是媽媽無微不至的照顧我。雖然媽媽平時工作忙，但她從來沒有忽視過我的教育，總是在背後默默地幫我分擔成長的煩惱。她也從來沒有把我當小孩看，讓我學會獨立，有事願意徵求我的意見。

Money&You讓我的人生發生了很大的變化，讓我學會接納和改變。後來我又參加了美國青少年BSE企業家商學院，報名林老師的青少年演說家，因為只有不斷地學習才讓我生命更加充實。

我很希望有更多的家人走進Money&You課室，一起學習。在學習中，重新發現自己，點燃自己的生命力。

華文青少年Money&You 362期畢業生 鮑品睿

更多見證影片，請看……

團隊，

就是一群人有著共同的目標與緊密的協作。

如果無法達到這種向心力，

原因就在於每個人的想法、態度、

做事的方法各有不同。

要如何讓這些具有不同特質的人可以同心合作、

向著共同的目標努力，

就是團隊管理的重心所在。

Chapter 17

創造綜合效益

找到團隊管理的根本價值所在

1 如何創造 1+1+1>3 的結果？

2 專業知識與成功的關係

3 提升綜合效益的六大關鍵

見證故事：成城房地產董事長——姜濤

Chapter 17

創造綜合效益：
找到團隊管理的根本價值所在

在這個合作的時代裡，團隊對於成功的重要性是不言而喻的，只有依靠個人奮鬥的方式去追求成功，會讓你面對更大的挑戰和更多的難題。如果你想要在事業上拓展出更多的格局，獲得更高的發展，最好的選擇就是加入團隊、創建團隊，因為優秀的、高效率的團隊是事業獲取更大成功的保障。

但是團隊的形成並不代表就一定可以產生更高的效益，有時候我們會發現，有些原本很優秀的人才在進入團隊之後，反而表現平平，甚至，有時候整個團隊的情況都是如此，所以建立團隊的目的是為了讓每個人都可以更好地運用自己的能力，同時透過優勢互補來創造更大的綜合效益。

如果不能成為團隊，往往都是因為成員之間缺乏整體的配合，不能夠無間的合作，反而行事鶴立，以至於雖然每個成員都各有所長，卻會因為各自的能力而相互抵銷績效，形成更嚴重的內耗。所以要如何讓自己的團隊效率提高，從而發揮出最大的能量，就成為我們必須要關注的問題。

　　團隊，就是一群人結合在一起，有著共同的目標，緊密的協作，相互的負責。可是如果這個團隊沒有辦法達到這樣的狀態，真正的原因就在於團隊裡面的每個人都有自己不同的特質，他們的想法、態度、做事的方法各有不同，所以要如何讓這些具有不同特質的人可以同心合作、向著共同的目標努力，就是團隊管理的重心所在。

　　在這個問題上，我們特別強調團隊溝通的重要性，因為溝通是所有合作的基礎，當我們真正地瞭解到自己夥伴的真正想法之後，才有辦法選擇適當的方式和他們合作，以產生更高的效率，沒有一個團隊成員不希望自己的團隊能夠合作地最好，創造更卓越的成績。

　　可是往往會由於缺乏溝通，導致了彼此之間的誤解或曲解，使得整個團隊的整體效益往下降，所以只有更頻繁、更坦然的溝通，團隊的成員才有辦法建立起共同的價值觀和奮鬥的目標，更緊密地來做協作。

　　而在團隊建設當中，有些不能忽視的重要觀念，例如「愛與支持」的力量，出現分歧的時候，需要保持適當的彈性嗎？需要遵守承諾嗎？運用這些觀念，不但可以讓團隊的成員相互之間有更高的信任度，達到更高的統一。同時，還能讓每個成員保留一定的個人空間，來消除彼此的分歧和誤會，讓每個人都可以盡展所長，讓團隊的整體教育可以獲得提升。

　　人是社會化的動物，沒有人可以離開群體獨自生存，更沒有人可以完全獨立不跟別人接觸而取得成功，所以團隊所教給我們的就是：「如果你想要成功，就必須要和別人一起成功。」因此態度的正確與否，對團隊的成功有著非常重要的作用，積極的態度會造就更融洽的氣氛、更

和諧的配合與更高效的合作。

　　所以，在成功的團隊當中，夥伴之間不僅是事業上的合作者，同時還是彼此精神的資源和依靠，相互激勵、信任無間、通力合作，這樣的團隊就可以產生最大的綜合效益來創造出最輝煌的成績。

　　有效的教育，就是提升團隊效益最有幫助的方法之一，當所有團隊的成員都經過系統完整的教育之後，就可以具有相同的觀念和方法，減少不必要的內耗和誤解，就可以創造出最高效率的卓越成績，所以，教育也可以說是創造團隊效率最大的槓桿。

1 如何創造1+1+1>3的結果？

　　沒有任何人可以脫離社會存在，我們相互聯繫、相互影響並且相互依賴。因此，靠自己一個人單打獨鬥取得成功是極不現實的想法。尤其是今天，我們已經進入了資訊社會，在網路經濟中尋求成功，就要以網路智慧去思考。在這個合作的時代，要取得成功，你需要的是高效率的團隊。

　　許多人面臨的問題是：找到了最好的人組建了一個團隊，他們在團隊中的表現卻反倒不如自己單獨工作時，結果是整個團隊的效率都降低，1＋1＋1的結果不是等於，而是小於3。這個結果證明：最優秀的人不一定能夠組成最優秀的團隊，最好的人才合在一起不一定就能得到最好的結果。因為越是人才，越有可能自視過高，彼此看不起對方，越有可能會勾心鬥角，不願意互相幫忙。如果團隊成員不能達成良好的合作，將會造成彼此間力量的抵消。這種個人英雄主義支配下的團隊，往往是「內耗」的能量比發揮出來的更多。

　　舉例來說，全世界職業籃球發展最好的就是美國的NBA，NBA的夢幻隊齊集當時美國籃球界最好的選手，也可以說是世界籃球界最出色的選手去打世界盃的時候，卻鎩羽而歸，與世界冠軍無緣。所以，一個球隊即使集中了最好的球星，如果他們之間沒有好好合作的話，可能表現還不如二流球隊。有人總結過NBA夢幻隊的失利原因，其中最重要的一點就是球員太過於單打獨鬥，缺乏整體配合，缺乏團隊奉獻精神。

　　彼得‧聖吉（Peter M. Senge）在《第五項修煉》一書中提出，一個不能達成良好合作的團隊，不但團隊成員的能力會相互抵消或浪費，甚至群體智慧也會下降——當個別成員的的智商IQ達到一百二十時，但整個團隊的IQ卻反而只有六十二而已。中國有句俗語：「三個臭皮匠，勝過一個諸葛亮。」可見合作可以產生出更高的能力與智慧，然而，當三個「諸葛亮」在一起的時候，反倒無法組成高效的團隊，原因何在？就是缺乏合作意識和團隊精神，讓彼此爭執的心占據主導，結果將精力和智慧都浪費在毫無價值的地方，產生的只有負面的效果。

　　只有團隊成員都全心投入，通力協作，才能形成卓越有成的團隊，才能使集體的力量最大限度地發揮出來。1＋1＋1的結果不應僅僅是等於3，更不應是小於3，而應該是遠遠大於3，這就是團隊的綜合效益，也就是一個團隊的根本價值所在。

② 專業知識與成功的關係

　　英文字蠻巧妙的，英文字裡面有三個字，一個是「Knowledge」專業知識，一個是「Hard work」認真努力工作，一個是「Attitude」態度，如果我們將英文裡的A當做1分，把B當做2分，把C當做3分，Z就是26分，照這樣排下來的話，你會很驚訝地發現，knowledge這幾個字的數字組合，例如k是11分、n是14分、e是5分等等，當你把它相加起來之後，knowledge會是96分，hard work會是98分，Attitude卻剛好是100分，所以，我們說「態度決定一切」，這真是很有意思的事。

　　對我們來說，做人、做事都很重要，但是如果你問哪個更重要呢？那就要看態度、看能力。如果專業知識是96分，認真努力是98分，態度是100分，它就代表了「態度決定一切」。就好像你問：「你覺得做人重要，還是做事重要？」其實都很重要，假設你做人就是態度，是100分，做事就是事情的能力，結果是0分，那麼100分乘以0分，還是0分。

那你做人是0分，你很不會做人，但是做事很厲害，是100分，相乘起來也還是0分。所以對一個人來說，你必須要把人做好，也要把事做對。

有一些人，他可能仗著自己的專業能力很強，他是一個博士，他有幾張證照，結果自己跩得不得了，那這個就很可惜，因為你再好的專業知識都沒有辦法獲得有效地發揮，你說：「我很認真努力工作。」很抱歉，如果你每天埋頭苦幹做自己的工作，但是都沒有和別人溝通，認為自己是工作的能手、工作的超級投入者，不願意和人和諧相處，你可能只是「老鼠賽跑」，認真努力卻只能不斷循環，因為你無法有更好的方法去提升你做事的結果。

所以知識也好、努力工作也好、態度也好，都很重要，只不過說態度應該是擺在第一位去考量，你有良好的態度，又很認真努力工作，相對地又能不斷地從工作中獲得專業知識的提升，這就代表你成功的機會還是比較大的。做人做事我們還是強調都很重要，不同的態度會讓你對每一件事情採取不同的做法，最後就會得到不同的結果，就像潮漲潮落一樣，人生總是順境跟逆境的交替起伏，只有保持積極正確的態度才有辦法以平衡的內心來面對，不會被榮譽和金錢衝昏了頭，也不會在遭受打擊與困厄的時候就一蹶不振。

態度決定一切，好的態度不但會讓我們對做人產生正面的作用，還決定我們做事時成效的高低，所以我們可以知道，只要你願意認真努力去付出，在態度、以及認真努力工作、以及專業知識不斷提升的過程裡面，那麼就一定可以創造出人生最偉大的價值。

③ 提升綜合效益的六大關鍵

當我們組建了一個團隊後，都希望它能夠表現出最高的效率，成為一個高效的集體。

而要真正達到提升團隊綜合效益的目的，必須要注意下面六個關鍵點：

第一，主動積極地傾聽。

在人與人的交流、交往、合作中，最重要的不是「說」，而是「聽」，傾聽是瞭解別人想法和感受的最好管道。沒有人能夠擁有全能的智慧和洞察力，每個人看待問題都會受到自身視點的局限，傾聽他人的意見就是彌補自我認識的偏頗和狹隘的有效方法。團隊裡面的每個人的意見都可能是極有價值的，有我們需要好好參考的地方，但如果沒有主動積極地去傾聽，極可能會與某些有價值的意見失之交臂，結果使這個好意見沒有得到實施的機會，損失於無形的，但卻可能是巨大的。在團隊合作中，我們必須學會主動積極地傾聽，因為更好的答案、更有價值的想法和創意、無數潛在的機遇和收益，都可能從一些為人忽視的

DOERS 實踐
GROUP

☞ 綜合效益的關鍵

1. 主動積極的傾聽
2. 相信堅定的直覺
3. 愛與支持說事實
4. 保持適當的彈性
5. 同意所同意的事
6. 給予相對的壓力

MONEY&YOU®

意見中誕生，只有主動積極地傾聽，才能集思廣益，博採眾長，使團隊獲得更大的效益。

第二，相信堅定的直覺。

實際上，直覺正是過去經驗的累積與反射，是我們過去累積的經驗對事物做出的最直接迅速的反應。相信直覺並非沒有科學依據。當經驗無法幫助我們時，如果團隊成員都具有某種相同或類似的直覺，那就應該相信這種直覺，通常它都有一定的參考價值，可以有效地幫助我們做出正確的判斷和決定。尤其是當我們面臨某種潛在的危機或風險時，直覺的反應是最為敏銳的，堅定地相信它將會有效地幫我們避開那些不可知的危險。

第三，愛與支持說事實。

在團隊的交流溝通中，愛與支持和說事實是非常重要的。愛與支持是一種態度，它們表明我們對同伴的關懷、肯定、信任，當我們作為傾聽者時，採用愛與支持的態度，會讓說話的對方具有更大的自信。愛與支持是人們內心的需要，是發自內心的真誠關懷和認同，是每個人都在尋求的也是每個人都應該付出的。

當我們自己在講話的時候，一定要堅持說事實，真誠地表達出自己的真實意見。虛與委蛇地講些應付的假話，很可能傷害彼此的關係，破壞團隊的和諧氣氛，並且會埋下懷疑的種子，導致以後相互間信任度的減弱甚至喪失。同時還要注意，在說出事實的時候一定要同時照顧到其他人的感受，不要因為自己說的是事實，理直氣壯，就得理不饒人，這樣會使別人，尤其是被你的話涉及到的人，產生反感或對抗的情緒，那

就無法再形成無間的合作，整個團隊的凝聚力和效率都會下降。說出事實的目的不止是表達想法，更是為了讓它產生實際的效果，只有當對方樂於接受時，你才能夠最好地達到自己的目的。

第四，保持適當的彈性。

在導致團隊出現分歧甚至解體的原因中，某些成員對自己觀點的過度堅持是非常突出的一點。在團隊裡面，如果每個人堅持貫徹自己的意見想法，沒有商量的餘地，就必然引發衝突，過度的堅持導致僵持，最後不歡而散。團隊或組織中的每個人都有不同的背景、價值觀、做事的原則和方法等，要達到完全的統一是不可能的，但如果能保持適度的彈性，彼此間留有餘地，即使分歧不會消除，仍然可以保留不同的意見並在某種程度上得到調節。所以，堅持要視情況而定，對於某些原則性的事情我們必須堅持，但此外就應保持適當的彈性，在彼此間留有彈性空間。尤其是在處事的方法和溝通的態度上，保持適當的彈性非常重要，因為硬碰硬的結果，最後只能是兩敗俱傷。但彈性並非意味著妥協，而是為了更好地解決問題。當每個人都願意退後一點點，在這個空間中也許很快就可以達到共贏的結果。

第五，同意所同意的事。

同意所同意的事就是強調要遵守自己的承諾，遵守承諾不僅是針對某一具體的人或事而言，它事實上是人格的外在表現，是我們給別人的整體印象中至關重要的構成部分，更是彼此間信任的基礎。要遵守承諾，首先就不能輕易做出承諾，老子曰：「輕諾者寡信。」隨便許下的諾言最終往往都不能兌現，有時是作出承諾的人完全沒有放在心上，有

時是在做出承諾時沒有經過認真審慎的思考，結果承諾了自己完全無法做到的事情，最後不得不失信。而無論是哪種情況，最後都會產生事與願違的結果。無論在何種情況下，都不應因考慮到自己的利益而違背承諾。同意更應該是發自內心的，同意之後就要全力支持，而不是表面同意，背後反對甚至作梗。無論是對於人際交往還是團隊關係來說，守信都非常重要，當團隊中的每一個人都能夠說到做到的時候，這個團隊的能量和情感支持的力量，就會迅速的增大，在未來取得更好的發展。

第六，要給予相對的壓力。

在人生中的很多時候我們都可以發現，當面對某種壓力的時候，我們的能力反倒會更大地發揮出來，創造出更好的成績，可見，壓力可以激發出人的潛能，使我們完成平時無法做到的事。同理，團隊如果要產生高效率，也需要有一定的壓力，如果每個人在團隊中都感受不到任何壓力，就會變得散漫隨意，團隊的績效無疑會受到影響。所以，壓力可以成為能力的催化劑，相對的壓力是非常必要的，團隊的領導者應該有意識地不時賦予自己的團隊成員一些相對的壓力，這對於提高團隊的士氣、增強團隊的競爭力和創造力，都會產生突出的效果，整個團隊的績效也會隨之提高。

除了這些，Money&You 還可以教你……

第十七單元：創造綜合效益

👍 如何創造1+1+1>3的結果

👍 專業知識與成功的關係

👍 企業的決策方向與策略分析

👍 領導者與整合者的角色轉換

👍 決策模式與人事溝通

👍 提升綜合效益的六大關鍵

👍 善用性格特質處理決策分析

👍 如何妥善解決異議而非妥協

M&Y見證故事

如何讓 1+1+1>3？

　　我是Money&You第51期的畢業生，基於對這個課程的認可，我又參與了美國BSE企業家商學院的學習。無論是三天兩夜的Money&You的學習，還是BSE長達七天八夜的奮鬥，都給我的事業、我的家庭帶來了很大的變化。

　　我是一個事業心很強的人，平時除了公司就是出差，為了企業的發展，我經常不回家，忽略了家人的感受。我以前總覺得，給家人富足的物質生活就是我奮鬥的目標，我忘記了家人需要更多的是關愛和陪伴。在上完Money&You之後，我對家庭方面進行了重新規劃，增進了和愛人孩子的親密關係，新的生活規劃也讓我越來越覺得家庭的重要性。

　　三天兩夜的課程，一幕幕的遊戲刺激著我的神經。我突然明白合作共贏對一個公司來說是多麼地重要。公司發展離不開團隊的合作共贏，離不開員工的信任和支持。彼得‧聖吉在《第五項修煉》中曾說過：「一個不能達成良好合作的團隊，不但團隊成員的能力會相互抵銷或浪費，甚至群體智慧也會下降。人與人之間最重要的是信任，沒有信任就不能產生共識，公司最重要的是團隊的合作共贏，沒有合作共贏，公司就不能長久地發展下去。在上課之前，我總是以懷疑的眼光去看待下屬，總是擔心他們幹不好、做不到，總會過多的干預他們的行為，本是

授權給他們的工作，到最後還是由我來做。分身乏術總是讓我頭痛不已，對下屬的不信任、不認可，也讓員工的積極性下降了很多。

在意識到這些問題之後，我決定改變。我重新反思了公司的管理制度，並重新把授權交到員工的手中，讓他們相信自己的能力；同時，關注員工的個人成長，讓他們在團隊中充分發揮自己的能力，培養他們合作共贏的能力。

在我上完Money&You課程之後，我為公司的四名高管報了Money&You課程，並讓高管趙力強走進了BSE的課堂。因為Money&You讓我知道，在一個團隊中，只有團隊成員全身心投入，齊心協作，才能形成一個卓越有效的團隊，才能將集體力量發揮到極致，才能使結果不僅僅是1+1+1=3，而是1+1+1>3！

成城房地產董事長　姜濤

更多見證影片，請看……

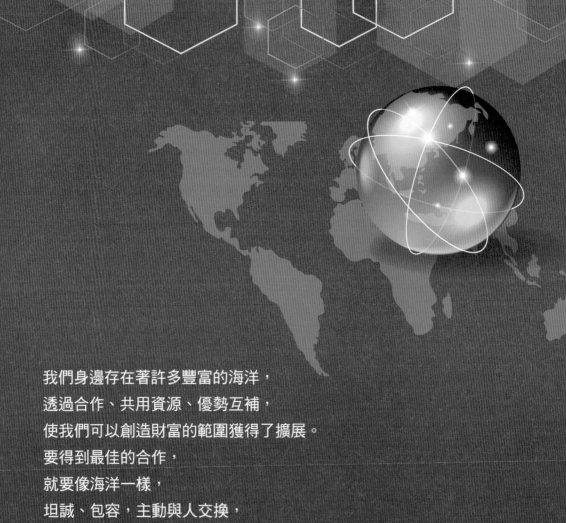

我們身邊存在著許多豐富的海洋，
透過合作、共用資源、優勢互補，
使我們可以創造財富的範圍獲得了擴展。
要得到最佳的合作，
就要像海洋一樣，
坦誠、包容，主動與人交換，
吸收所有對我們有用的東西，共同創造成功。

全球頂尖商業暨成長課程
MONEY&YOU®

Chapter 18

事業永續成功的模型

資源整合與創造海洋的重要性

1. 資源整合＝創造最大的商業平台
2. 如何創造海洋般豐富的資產？
3. 新世紀事業成功的最佳模型

見證故事：我們是豐富的海洋，就是要給予！——曹德智

Chapter 18

事業永續成功的模型：
資源整合與創造海洋的重要性

每個人經營企業都希望企業是可以永續發展的，不是只有短暫的，我們都希望是在歷史的長流裡面留下永恆的影響力，不希望這是曇花一現的事業。因此在Money&You的最後一堂課裡，我們其實在探討到底什麼才是讓事業可以永續經營的關鍵？在Money&You第三天的下午我們會玩一個遊戲，這是一個非常、非常重要的遊戲，透過這個遊戲可以帶來一些大的發現，從這些發現裡面，可以找到真正經營事業的一些核心基礎，就可以從大自然裡面去尋找答案。

而大自然裡面最重要的東西我們可以看到永遠不會消失的就是豐富的「海洋」，在地球的表面積裡面，其實大部分都是海洋，將海洋與成功聯繫在一起看上去似乎有些難以理解，實際上，豐富的海洋是Money&You中一個非常重要又非常特別的概念，理解了這個概念的含義，我們的事業和生活都會從中受益。

在我們生存的星球上，只有30％是陸地，其餘的70％都是水，雖然水呈現為各種形態，但無論是小溪還是江河，最終都必將流入海洋。海洋之所以能夠吸納所有的江河，是因為它所處的地勢最低，江河入海

流，是因為海洋敞開胸懷，以一種謙卑的態度容納所有的來者，由此而成就了自己的豐富與博大。因此，如果你希望自己的生命像海洋那麼豐富，就要學習海洋的謙卑，學會包容，學會接受，當你這樣做的時候，你的生命會進入更開闊的境界，你能夠不再被人生中的得與失所困擾，以更平和更開朗的態度面對人生。

在事業的發展上，海洋同樣給我們重要的啟示。海洋是地球上最廣闊、包容力最大、資源最豐富、機會最多的地方。在事業中，如果你可以發現一個如海洋這樣廣大的地方，就為自己創造了最好的成功機會。

事實上，在我們的身邊存在著許多豐富的海洋，例如合作，通過共用資源，優勢互補，而使我們可以創造財富的範圍獲得了擴展，這就是豐富的海洋。要得到最佳的合作成果，我們就要像海洋一樣，坦誠、包容，主動與別人進行交換，吸收所有對我們有用的東西，共同創造成功。

很多時候，我們未能夠在事業上獲得大的突破，未能夠發現我們身邊的豐富的海洋，是因為我們意識上的某些盲點。比如常常看見小的市場就忘記了大的市場，結果把自己局限在有限的小河裡，無法獲得大的發展。所以，要想取得事業更大的突破，就要具有更開闊的視野，善於去發現許多曾經忽視的機會。例如所有未被提供的服務、未被滿足的需求、未被整合的資源、沒有得到提升的價值、尚未開發的市場……只要我們看到了這些機會，就等於找到了一個最大的發展平臺，在這個平臺上，你可以獲得不可估量的成功。

海洋是世界上最低的地理構造，但同時又是最深的地方。正是由於

它的謙卑和容納力成就了它的廣大與深厚。這同樣是人生中的真理。生命中總是存在著某種局限，但這些局限並不是不可突破的，不斷地去吸取更多的價值，你就可以不斷提升自己，學習海洋的精神，會使你的事業和整個生命從此不同。

成功最大的挑戰與障礙之一就是，一見自己成功，就以為那全是靠自己的努力得來的，忘記了有無數的人曾經在成功的旅程中給予自己的協助，忘記一份感恩的心情，而這正是謙卑的海洋可以啟發我們的地方。

同時，成功者要更上層樓的關鍵，是要在自己成功的同時，能帶動並協助更多的人同時邁向成功，就像證嚴法師為成功下的定義：「對人有益、對己無虧、對事圓滿」，在益己達人的過程中創造彼此更大的成功，而這正是豐富的海洋最重要的精神，在協助更多人成功的同時，也創造了自己的成功。

① 資源整合＝創造最大的商業平台

「整合」已經成為這個時代裡面最重要的標記，整合就是整理和準備跟別人的合作。整合，我們可以說它等於兩個字：利用。這個「用」是善用別人資源的「用」，「利」是創造共同利益的「利」。

也就是說當我們願意跟別人做更多合作的時候，就可以用更少的成本獲得最大的利益。「整合」就是「利用」，就是透過彼此資源的交換，達到資源分享、協作雙贏的

結果。整合在世界上已經是非常的普遍，就像我們加入的所有世界性的團體，當我們將自己的資源投放進去的時候，我們也正在享受這些團體共有的資源。

但你要成為整合環境中的一員，就必須具備自己獨有的價值，也就是說，你要能夠成為別人願意「利用」的人。我們這裡所說的「利用」也就是前面所說的含義——你必須有對別人有用的資源，才有機會與其他有價值的人一起創造共同的利益。

在Money& You課程中，我經常會說：「你要創造自己被利用的價值。因為你擁有的價值中有一部分是別人所需要的，他們才會跟你合作，共同進行一項生意或事業。你擁有的價值越多，你可能獲得的合作機會就越多。相反的，如果你沒有任何可以利用的價值的話，你就是對別人沒有用處的人，被拒之門外也就不足為奇。」如果你對別人沒有價值，也就沒有辦法進入彼此利用、相互交換的創利循環當中，失去了在這個整合時代裡創造最大財富的機會。

如果你懂得整合，懂得運用各方面的資源為自己的成功助力，可以事半功倍，最迅速地實現目標。那些依靠孤軍奮戰去追求成功的人，不僅是在浪費自己的時間精力，而且正將身邊的財富機會拒之門外。此外，利益均霑的前提是資源分享，「整合」不僅意味著對外來資源的吸納和利用，同時意味著你自己也是這個整合其中的一部分，因此你必須使自己對別人也具有相應的價值，人們才有可能參與，你才會獲得進行整合的機會。

所以，在整合時代，我們不但要珍惜身邊的資源，盡量去「利用」這些資源，同時要讓自己成為別人眼中的資源。沒有人天生就懂得怎樣去創造價值，或懂得與人的相互利用和相互整合，在這方面應重視的關鍵之處是：你必須不斷地學習，不斷提升自己的能力，讓自己真正成為關鍵角色。一個人不可能事事皆能，只要你某一方面的價值對周圍的人而言是無可替代的時候，你就成為所參與的利益循環中不可或缺的重要的一環。

如何創造海洋般豐富的資產？

我們在Money&You的課程裡面，經常會提到豐富海洋的概念。海洋是全世界最特別的構造，水都是往低處流的，江河入海流——所有的江河都會入到海洋中去，所以海洋也是低於我們一般的水平線的。正因為海洋比陸地低，我們才可以在陸地上自由地生活和發展。而這個占全世界70％的海洋，也是全世界包容力最大，機會最多的地方。如果你在事業上發現了一個像海洋這麼龐大的地方，就找到了發展事業的最佳機會。所以，現在讓我們一起來尋找我們生命中的豐富海洋。

第一，所有可以合作的機會，都是豐富的海洋。我們的生命就像一條條河流，無論流域多麼寬廣，流過的距離多長，總是有屬於自己的河道，受到某種程度的限制，在我們自身生存範圍之外還有無比廣大的世界。但合作可以彌補這些。合作通過共用，提供更多的機遇，幫你無限地拓展佔有資源、創造財富的範圍。伸出你的手跟別人相握，把你的顧

DOERS 群校

👌 豐富的海洋

1. 未被合作的機會
2. 未被提供的服務
3. 未被創造的發明
4. 未被整合的資源
5. 未被提昇的價值
6. 未被開發的市場
7. 未被滿足的需要

MONEY&YOU®

客跟別人的顧客交換，把你的資源跟別人的資源交換，你就創造了一個比原來更廣闊的海洋。就像一條江跟另一條江組合在一起，就形成了一條更寬闊的河流；無數條江河彙聚在一起，就成為一片廣闊的海洋。

第二，所有未被提供的服務就是一個廣闊的海洋。實際上，在我們已經習以為常的事物中存在著無數的商機，這些商機蘊藏在人們的需要之中。舉例來說，手機原來只是作為更方便的電話而出現的，後來有了發短訊的功能，後來又可以照相、錄音、錄影，甚至進步到智慧型手機。它為消費者提供更多的服務，因此也使更多的錢不斷地投入進來，這就是新的海洋。如果把它只作電話使用，就失去許多可以創造財富的機會。不斷地去發掘人們的需要，然後提供服務和產品滿足這些需要，你就為自己創造豐富的海洋。

第三，未被創造的發明也是海洋。我們每個人都有很多機會去發現一些目前還無法滿足的需求，這將成為我們的豐富海洋。當難題出現時，如果你最早找到解決的方法，那麼你就可以把握先機，領先於眾人獲得財富。舉例來說，如果今天能夠有人發明出抗愛滋的藥物，那麼全世界的人都會去叩他的門，他就發現了非常豐富的大海洋。所以我們每個人面對目前沒有解決方案的問題都要仔細思考，努力尋求可能的答案，如果你找到了，你就可能會創造海洋般那麼寬闊的價值。

第四，所有未被整合的資源，其實也是豐富的海洋。要為身邊更多的人提供更多的資源，盡可能將身邊的資源有效地整合，這樣才能夠創造更大的海洋。舉例來說，臺灣最大的二十四小時便利商店是7-11。他們的成功之道就是讓自己成為最大的平臺，任何東西都可以通過他們

來處理，例如繳交任何費用，幾乎都可以在這個便利店裡面完全處理完畢。因此它成為資源彙聚的平臺，使更多的力量整合進來，更多的服務也整合進來，相對地提供的服務就更多，因此就創造了更多的財富。

第五，所有還沒有被提升的價值，事實上也是海洋。我們身邊其實還有很多的資源還沒有獲得完全的開發和利用，沒有將它們的價值完全展示出來並發揮作用。只要你能夠去提升這些現有的價值，你就可以創造更大的海洋。舉例來說，如果我們可以讓自己的服務工作做得更好，我們的價值就可以得到提升；如果我們可以讓成本更降低，那麼實際上也就意味著價值的相對提升，我們的財富也就相對地得到提升和增加。

第六，所有未被開發的市場都是海洋。例如，外賣和快遞都只不過是二十世紀中的發明，現在已經成為我們生活中不可缺少的服務。很多時候如果你首先創造新的產品，或者是提供新的服務，就可能開發出更大的市場。市場永遠都是公平的，同時市場永遠都是存在的，但是你必須有一雙洞察先機的眼睛，找到它，發掘出它的價值。世界上的資源永遠不會枯竭，人們的需求也永遠不會達到飽和，關鍵在於你是否能夠發現。

第七，所有未被滿足的需求都可能成為海洋。這也正是新加坡航空公司使自己成為全世界最受歡迎，也是服務最好的航空公司的關鍵所在。因為他們總是千方百計地滿足客戶的需要，當客戶提出前所未有的需要時，他們會看作是挑戰自己、提供最佳服務的機會。顧客的需要得到了滿足，當然就要相對支付更多的費用，我們可以發現，只要獲得了滿意的服務，讓顧客覺得物有所值，人們是樂於付費的。

　　從上面所說我們可以看出，豐富的海洋，並不是天然地在那裡等待我們，而是要由我們自己去發掘、去創造的。我們目前所擁有、所瞭解的，只是世界的一小部分，而且是很小的一部分，在那個無限廣大的未知世界中，存在著無數可以利用開發的資源及市場，還有許多能夠帶來財富的機遇，只有我們有意識的思考和行動，才能夠讓它們得以呈現，成為我們生命中豐富的海洋，讓我們從中獲得最豐厚的收穫。

③ 新世紀事業成功的最佳模型

證嚴法師曾說，人世間有四種人：一種是「富中之富」：經濟上很富足，精神也很豐富；一種是貧中之富：經濟上不充裕，但精神上很滿足；一種是貧中之貧：經濟和精神都很匱乏；一種是富中之貧：經濟上很充足，但精神上卻很空虛。

Money&You的目的，就是希望所有進入這個課堂的人，都能夠從這裡找到建設富足人生的觀念和方法，營造精神和物質的雙重富有，

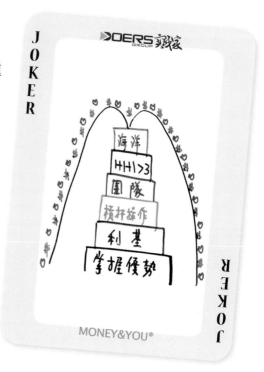

成為我們每個人都期望的真正的「富中之富」。

經濟上的富足來自於事業上的成功，成功並非一蹴可幾之事，而是要運用你的知識和智慧，透過腳踏實地的奮鬥和努力，向成功者學習成功的觀念和做法，可以幫助我們更迅速地實現自己的目標，這也正是我們進入Money&You這個課程學習的目標。我們希望所有的朋友不只是在課堂中學習，在生活中也要將學習的心態貫徹始終，善於發現掌握成功的模式，拓寬自己生活的發展道路，不斷超越自我，使人生向著更高

的階級邁進。

在最後的這一部分，我為讀者朋友們提供了事業的模型，這將教會我們創造自己的豐富海洋的價值，模型中展示的理念，我們在前面的章節中都已經向各位說明過，將其中的要點連結起來，展示在我們面前的就是Money&You希望為每個人所提供的成功模式。希望每一位走進Money&You的朋友，每一位本書的讀者，都能夠由此發現屬於你自己的成功之路。

第一步，首先你要能夠發現並確實地「掌握你的優勢」。也就是我們所提到的競爭優勢，這個競爭優勢的來源就是你的顧客的某些需要，而你的競爭對手做不到，或者不願意做，又或者是做得沒有你好的地方。

接著往上看，每個人都可以在自己的競爭優勢中找到最有把握的「利基」，利基就是你如何發現你的「優勢的窗戶」，從你的專長、興趣或者是你的能力中去尋找。當你發現了好的利基，找到了更多、更好的方式之後，就要開始尋找一個成功的系統，再往上運用「槓桿操作」的原理去輕鬆地創造更大的效益。

沒有完整的系統，即使找到了好的機會，都可能沒有辦法讓你自己努力的效果和價值擴大。全球聞名的麥當勞曾經只是一家非常好的速食店，它經營得很成功，但是因為沒有系統，一直沒有能力再擴大。直到麥當勞真正的經營者克拉克出現，將整個麥當勞的操作總結為一套模式，這才建立起了自己的系統，它才能創造真正更大的財富。因此我說：「用更少，得更多」、「四兩撥千斤」，就是槓桿操作的原理。而

在現代商業社會中，「品牌」就是最好的槓桿，「系統流程化」，「品質系統化」，這就是最好的槓桿操作。

當我們有了自己的優勢，並從中找到了利基，並且把這個利基變成一套系統的時候，就需要更往上組建一個有力的「團隊」，只有透過團隊才能倍增你的收入，只有團隊的共同努力才能創造更大的價值。而一個團結高效的團隊，並不是有人員就足夠了，必須要整個團隊都上下一心，共同為一個目標奮鬥。

因此，在Money&You第二天晚上的積木遊戲當中，我們都會向大家介紹一個優秀團隊必須具備的七種精神，這七種精神將我們凝聚在一起，攜手並進，創造成功的事業，拓展我們生命的時空。

這七種精神就是「事實」、「愛」、「信任」、「喜樂」、「勇氣」、「廉正」、「負責任」。當我們將這七種精神化為我們的團隊的原則和信念，運用它來管理我們的團隊，開展團隊之間的互動與合作，我們將建設起充滿激情和活力、奮發向上的團隊，一個最快樂最優秀的團隊。而這個團隊將會再往上發揮「1＋1＋1＞3」的效益，使每個人都最大化地實現自己的價值，創造出個人的努力難以企及的成就。

當我們做到了這些的時候，我們就找到了自我生命中豐富的「海洋」。海洋有著最寬廣的胸懷，兼容並蓄，當你的方法正確的時候，它可以給予你最豐富的饋贈而不求回報，而這種付出將會創造出更大的價值。如果我們能夠以海納百川的胸懷和氣度去進行我們的事業，給予而不計回報，我們將會從身邊豐富的海洋中找尋到最多的機會，贏得最大的成功，為自己建設出海洋一般博大而豐富的生命。

除了這些，Money&You 還可以教你……

第十八單元：事業永續成功的模型

👍 如何善用競爭與合作的關係

👍 資源整合——創造最大的商業平台

👍 如何創造海洋般豐富的資產

👍 新世紀事業成功的最佳模型

👍 如何以廉正進行永續的事業

我們是豐富的海洋，就是要給予！

　　在我的生命裡，家人的幸福對我來說是最重要的，為了家人的幸福我努力在上海打拼，夢想有一天他們能夠更幸福，能讓父母有更好的保障。但是漸漸地我卻離我的父母越來越遠，回家的次數也越來越少，每次父母打電話總是不耐煩的回應：正忙著呢、回頭再打、先掛了吧，而父母卻總是說：「兒子，別太累了，有時間就好好休息休息。」想到這心裡真的很難過，父母從來沒有要求過我們什麼，上中學時煩惱我們上大學，上了大學煩惱我們去哪裡上班，上班之後心急我們沒有女朋友，有了女朋友之後就著急我們沒有結婚，其實我們都知道父母對孩子都是操不完的心，而我給父母帶來什麼？

　　現在我要求我自己沒兩天都要給父母打電話，說一些我的工作和平常的事，雖然父母不明白，但是他能感受到兒子和他在一起，每次出差我都會給父母報告我的行程，讓他們不必擔心，因為愛，不等待！

　　人與之間只最重要的是信任，沒有信任就沒有我們人與人之間的共識。在上課之前我總是以懷疑的眼光去看待我的下屬，總是擔心他們幹不好、做不到，我就會過多的干預他們的行為，本是授權給他們的工作卻還是我去做，現在我就充分的授權給他們，相信他們的能力，發揮他們的主管能動性，事情做得比我期待的要更好！

　　從大學畢業一直想要去創業，一直都被心裡的顧慮所羈絆。總是在想找到一兩個志同道合的朋友再做吧！資金多一點再去做吧！找到更好的項目再去做吧！然後創業的事情就一拖再拖，沒有實現。學習完之後，我立即找到朋友註冊了公司，開始了我的創業之路！

　　有一件事一直在我心底沒有忘記，也一直是我的遺憾。我需要向一個朋友道歉，但因為面子一直沒有去道歉，上完課後我第一時間去找他的聯繫方式，幾經波折，我給他打電話說起過往的時候，他說其實我也要向你說聲：「對不起，那件事我也有錯，只是因為面子掛不住，就沒有去找你。」現在想想真是可笑！勇氣讓我找回了兒時的玩伴。

　　感恩家人讓我們彼此凝聚在一起，感恩我們的郭老師教會我負責任，我們就是豐富的海洋，就是要給予！

華文Money＆You 370期畢業生　曹德智

更多見證影片，請看……

義工改變見證故事

不知道你的胳膊疼不疼？

不知道你的腿酸不酸？

不知道你睡的香不香？

不知道你的收穫大不大？

反正，你感動了我；反正，接下來的生命你跑不掉了；肯定不會經常見面，但我會常常想起你，回憶我們共同經歷的三天四夜。祝福親愛的你，一路平安，天天開心，愛你們！

CMY466 期難忘的記憶！卓軒創作了屬於這一期的歌曲，檔組在每一個箱子裡放進了承諾，所有新生、複習生集體給義工鞠躬，千手觀音竟然武裝到了指甲、鯊魚拿到了八成的業績，竟然有一個組通過了五個字，好美麗的回憶。

M&Y466 期義工　劉輝 PD

親愛的家人們，466 義工親人們，我已經順利坐上回濟南的動車。我不擅長說再見，只想有機會我們還能一起再回來做義工，一起在輝哥和英傑姐姐的帶領下再次協作共事。這次偶然的義工之旅，讓我對 Money&You 有了更深的感悟，七年來第一次做義工，見到你們真好！我享受和你們再一起的感覺，我想以後我會經常回憶起這三天的經歷，比我剛上完課程和複習的觸動更多更強烈。最後，祝你們都好，在生命最好的時間裡精彩的度過每一天，當個有錢人，做個有情人。

M&Y466 期義工—文件組　劉婷

　　各位親愛的家人，大家好！我是英傑，我現在感覺要說的是，從昨晚到現在一直有一種感覺縈繞在心裡，叫「完整」，這種「完整」的感覺似乎對我而言是第一次有，整個團隊像部隊，一起正步向前走。謝謝我們大家一起用心示範，謝謝大家給我留下了這麼震撼的感覺。我不太常在微信，也不常常聊天，所以不能常常陪伴大家，但我會努力記住每一位，並祝福每一位在未來都幸福永遠！這就是我現在感覺要說的是！謝謝！

M&Y466 期義工──總監　王英傑

　　這次提起筆，眼睛已經濕潤。心中有點痛，這次的分別對於我來說與往常不同。以前的分別是淡定、歡樂的。而這一次全部是真情流露。為什麼，就如PD 所說，429YMY 義工團隊都全力以赴，為課室貢獻出自己全部力量。我們在課室內創造了無限奇蹟。這些的一切的一切，讓我們變得更加難捨難分，讓離別變得更加痛心。

　　讓時間向後倒轉，2014 年 1 月 11 日，那天是我 17 歲生日，也是我們429 期 YMY 義工們頭一次「碰面」的日子。因為那天是我的生日，我在電腦前許下心願，願我們這期義工團隊給我留下最美好的回憶，給我在青少年時期的 YMY 義工生涯畫上圓滿的句號。也許是上天接收到了我的心願，我的願望在 2014 年 1 月 23 日達成。我真的是太開心了，感謝你們給了我不同的體驗，讓我的人生比以前更加充實。

　　我不會忘記這次 429YMY 的每一個人，此刻我負責任地說，我感覺自己真的長大了，真的學會用心去交流了，我用心愛你們每一個人，我們透過這次YMY 都選擇生活在線上，學會了負責任，學會了愛、信任、廉正、喜樂、勇氣。你們是我人生成長中一段亮麗的風景線，沒有你們我不會如此充實、如此陽光，感恩你們每一個人。這一次離別是下一次相聚的預告。相信我，一年半之後的暑期，只要你們來到 YMY 就會看到我小 Mac，我永遠不會忘記大家。

M&Y429 期義工　宮銘陽（小 Mac）

Money&You 愛心基金

Money&You 愛心基金介紹

Money&You 愛心基金是由林偉賢博士、郭騰尹老師以及眾多 Money&You 課程畢業生捐款 423 萬發起成立，由實踐家文教慈善基金會託管運營的愛心公益組織；Money&You 愛心基金成立的宗旨是把 Money&You 畢業生的「愛」傳遞給更多需要的人。目前主要開展的公益專案有 MY 樂活社區和圓夢計畫。

Money&You 是由馬修・賽伯創建的幫助更多的人開創非凡的快樂與財富的課程。一九九八年林偉賢博士與 Money&You 結緣，創辦了 Money&You 華文版課程，目前已經有近十萬人走進 Money&You 的課堂。

Money&You 愛心基金專案

2014 年 Money&You 愛心基金啟動「MY 樂活社區」公益專案。旨意是「創造屬於我們的健康、快樂、可持續的社區生活」。為此 MY 樂活社區將關注社區中農民工子女的教育，支持社區環保、宣導志願服務。

 MY 樂活社區項目

1、Money&You 社區青少年活動中心

簡介：它是一個集多媒體、圖書閱讀、教室、劇場、遠端教育為一體的，分布在城鄉結合部和老舊城區等農民工人群聚社區中標準化活動場地，這是一個公益組織建立社區活動中心，為打工子女提供校外教育、素質教育、課餘

活動等服務，是我們為實現公平、公正共成長的教育環境而提供的解決方案。

活動中心服務：我們支持當地居委會，通過捐建社區活動中心為農民工子女提供、教育的場所。

活動中心的服務物件為社區活動中心的服務物件為社區零歲至十五歲的兒童、家長。在當地居委會支援下為服務物件提供課後輔導、閱讀、戶外、親子活動和家庭教育等多元化的教育活動，以適合不同年齡、有需求興趣兒童與其他服務物件。

申請居委會提供不少於六十平米的固定房間作為 Money&You 社區青少年活動中心。

2、低碳騎行

現在城市汽車總量持續增加，城市交通擁堵、汽車廢氣排放、汽車噪音污染等越來越嚴重；這讓我們反過來重新認識自行車，鼓勵使用自行車，這可以改善交通結構，節約燃油，減少環境污染。

低碳騎行活動就是號召社區青年、樂活族、居民儘量減少駕車機率，引導市民樹立綠色消費、低碳環保生活觀念，培育創建美好城市生活文化氛圍。

3、自然體驗

為社區青少年人群（成人、親子、兒童），培養熱愛大自然的情懷與保護自然的行動力，宣導無痕山林。

基金會通過舉辦主題冬夏令營，增強城市孩子和家庭與自然的連結，孩子們重新發現自然，家長重新認識回歸自然的孩子和自己。

全球頂尖商業暨成長課程　**MONEY & YOU**

Money&You 為什麼與眾不同？

☑ 最深厚的理論架構

　　Money&You 精神導師富樂博士榮獲有 48 個榮譽博士學位，畢生研究實踐的精華。被證明為有史以來影響人類發展最重要的人之一，與愛因斯坦及愛迪生齊名，而 Money&You® 的課程架構正是以其理論基礎，用深入淺出的方式來教導大家。

☑ 最務實的系統方法

　　Money&You 的創辦人馬修‧賽伯博士本身以不到三年的時間，從 2 萬 5 千美金的投資，到擁有美金 6000 萬的事業。這完全是因為他瞭解錢與人的關係並加以應用，而他對全球頂尖成功人士的研究中，歸納出您可以運用的方法、策略與實務操作資訊， 明您開創非凡的快樂與財富。

☑ 最有效的授課方式

　　Money&You 的授課方式非常特別，全程中僅有 15% 是講師在講授觀念，60% 是透過活動讓學員去體驗及發現，25% 是分享活動的重點及意義；與一般其它著重單向講授的課程相比，更為有趣並實用。每位學員在經過三天兩夜的緊密體驗及分享相處後，都會建立起一輩子最堅強的行動支持體系與團隊情誼。

☑ 最平衡的課程設計

只談 Money 的課程，往往會使人汲汲於追求財富，卻失去心靈的平衡；只談 You 的心靈成長課程，又往往會在無所求的認知下失去了賺錢的動力。 Money&You 是全世界唯一能融合這兩大特色，讓您同時擁有財富與快樂的課程，也是全球最多頂尖人士親身參與且公認最重要的生命與生活課程。

☑ 最完整的訓練架構

累積近 30 年來在全世界各地的訓練經驗，Money&You® 擁有一套最完整的課務系統。無論是在上課時間的安排、用餐時段、分組互動規劃、教室海報陳設、教材的設計、活動的穿插安排、電腦化的分析，甚至細微做到嚴格要求教室冷氣的溫度設定；所有支援系統的規劃都是依照人們的生理及心理的特殊需求而設計，使您的學習效果能發揮到最大的極致。

☑ 最卓越的訓練導師

Money&You 對講師的要求及訓練非常嚴謹，不僅要求講師要擁有豐富的教學經驗，要經過完整的教育培訓，具有受人尊敬的風範特質及對於 Money&You 方法的熟練運用；經過最嚴格的篩選，並經雙方長期的溝通互動與瞭解，才會授派該名講師負責講授全球各地的華文課程，幫助更多華人成功致富。

☑ 最優勢的人脈網路

Money&You 的傑出畢業生涵蓋世界各地的卓越領導人及主管，也涵蓋了各行各業的傑出人士。在課程中及課程結束後，我們都以「家人」

稱呼彼此，每位家人都非常願意把自己的資源與大交換分享，而創造出如海洋般豐富的影響。

☑ 最誠意的終生免費複習

Money&You 的畢業學員皆可榮獲美國總部簽屬的正版 Money&You 結業證書，每位畢業生都可以終生免費參加在全世界各地舉辦的 Money&You 課程（食宿自理），零時差獲得最新資訊、並開拓全球人脈。

您一輩子最少要參加一次的課程每位 Money&You 畢業生上完課程的共同心得是：「我應該更早來上 Money&Yor 的！如果我早一點來，今天成就一定更不同」

我們知道您一定心有所惑，以下是普遍民眾常有的問題及經我們實證的答案……

Q1：我沒有時間來參加這個課程！

是的，許多人用生命在賺錢而不是規劃一個值得擁有的生命。您這麼忙碌，但是我們都知道均衡生活的重要，真的希望一直忙碌下去還是先規劃三天的時間只為了未來的生活更輕鬆自在？而且這課程開在週末的日子，所以，您頂多只是運用一個工作日。試想，您花多少時間在工作上而非投入在工作中。藉由三天的時間，您將會發現您看事情的角度將比以前更清楚。

Money&You 對您將是一個完全的機會來檢視您的事業、您的生活和瞭解您真正想要的是什麼。

Q2：上課時正好是旺季及公司競爭，我不可能離開！

是的，我們都知道競賽非常的激烈，我們都知道若我們將競賽計畫提早做準備，競賽一定也會有非常棒的成績而且競賽中期正是您停下腳步的最佳時間點，您可以學習更成功的人脈經營模式和提升客戶服務及產品的價值，您將擁有完全且清晰的行動觀點。而且 Money&You 是許多企業界菁英參加的課程，除了課程所學，您將更能認識更多的人脈，對您來說反而是最好的時間點。這對您而言，也許是最佳的機會和時間，且您將會發現，參加這課程是您所有做過的決定中，最重要的決定之一。

Q3：我不知道這三天課程對我是否有幫助？

我們敢保證，只要您參加這課程就會有所幫助，這課程已經幫助許多來自各個生活領域，和各個世界角落的人們。我們有許多像您這樣的例子，而且，從來自於 30 個國家超過 5 萬個畢業生的實際案例中，我們有 100％的自信，Money&You 將對您有幫助。

Q4：什麼人適合參加這課程？

從 8 歲到 75 歲皆有人參加這課程。在記錄上年輕的、年老的皆有，他們都是其他畢業生邀請的親戚朋友。我們很驕傲地感受到一個事實，大多的參與者都從這課程中學到許多，他們也是主動送他的家人朋友及同事來上下一梯的 Money&You。浙江義烏的何平董事長在上完課後立刻送了 152 位全國經銷商來上課；寧波的邱智銘總裁也送了 52 位員工來上課，並且另外發起同行暨競爭夥伴近百位一起來上課；上海台商戴吉義董事長，陸續介紹了 80 幾位朋友來上課。

這些都說明了課程的實用性與魅力。我們亦鼓勵人們帶他的另一半

來。許多夫妻發現他們因為分享生命的「真實」，所以，關係獲得改善也更親密。也更瞭解彼此間的工作領域所面對的挑戰，而且亦有共通的語言來 明他們快速地解決爭議。

Money&You® 的學員來自各個工作領域：企業家、商人、管理者、專家、學生、教育者、投資者和夫妻。

$Q5$：有人不應該參加這課程嗎？！

的確，假如您是不喜歡改變，或者您選擇不去面對生活周遭的轉變……那你將無法享受 Money&You。

→因為，這就是課程的全部……面對現今您生活和工作的轉變。

假如，您是滿意現在地位角色的人，假如，您不喜歡和人們一起參與，不喜歡參與遊戲，那您將不會喜歡它。因為 Money&You 要求積極的參與——參與越多，您將學到越多。最重要的是，假如您是認為這些只需靠幸運並且認為享受真正的財富，以及努力地讓自己快樂、充實、成功是種空想，那 Money&You 將不適合您。

$Q6$：我已經參加了許多類似的課程，Money&You® 和它們有什麼不同？

最大的差別是您將會發現 Money&You® 將心靈及金錢做完美的結合，有些課程強調心靈快樂卻失去了賺錢的動力，實在非常可惜。而有些課程不斷教我們成功致富，卻失去了平靜及均衡的生活，Money&You® 卻是一個讓我們心靈更富足快樂且可以運用「槓桿原理」創造更多的財富。您將會非常的愉快，且會完全沉醉在學習和發現的過程。在這課程實行了近 30 年的歷史，所有活動遊戲都有博士論文為基

礎，光第一天晚上的活動就有 3 個博士論文。事實上，在每個字的精髓中——這課程的創辦者 Marshall Thurber 是完全的精神領袖。在組織系統中，他精心選擇了遊戲、練習可以承繼的思考模式，並且課程也將不斷繼續、延伸、成長，使課程不斷地創造無法想像的效果。

您已經參加了許多課程。而許多課程都來自 Money&You®。但我們都知道它是不可以被分割開來的。因為它是完全的原版，許多的精髓都在裡面，假如在今天您必須做決定，這裡依然有另一個可學習的層面和更高層面的展現，它將可以將您以前所學做更完全的整理。

Q7：我已做了我最想做的，賺了我想賺的錢，而且我的人際關係也很好，我還需要上嗎？

我們有世界上最成功的企業家、董事長、奧林匹克運動員、暢銷書的作者來參加這個課程，藉以改善他個人和工作表現。事實上，他們還把他們許多員工、家人和朋友送來上課。

我們已發現，不管您做得多好，仍然有改善的空間。大自然有一定的法則，您不是成長就是死亡，我們確定的是您將會更成長。

Q8：誰是課程的導引者？

Money&You 的講師是需要許多方面的訓練的，且必須是已經成功的應用課程內容在他們的工作和生活領域中，他們來自各個不同領域和國籍。Money&You 的環境是由遊戲、探索、練習和參與者共同分享所創造出的環境——而這就是課程成功的最大秘密。

您的導引者，就像是「導遊」，是課程成功的主要關鍵。過去的學習者都喜歡他們的導引者，且希望他的朋友亦可以讓同一位導引者指導，但我們的講師不是幫助您成為「跟隨者」，而是鼓勵人們應用這些原則

在他們的生活和工作中，且瞭解應用後的力量，而不是由我們來說。您的講師是專注在「應用」，而不是傳達訊息，所以，您並不是只是來上課，然後忘了它。您真的可以完全地運用並實踐這套系統來獲得財富與快樂。

Q9：我現在在事業上經營得很好，我還需要上這課程嗎？

不管您喜歡與否，為了應付快速轉變的世界，您都要使自己個人在領悟、策略和經濟上更成長。您不能靜止，這就是許多商人和管理者的最大錯誤——認為現在已經做得很好了，為什麼還要學習和繼續成長。繼續成長學習不是選擇，而是必須。您唯一的競爭優勢，不是您擁有多少，而是您學習的速度有多快。

Q10：我怎麼知道超級學習（Excellerated Learning）的效果為何？

超級學習是由許多大學、心理研究者和教育專家所發展出來的，且超級學習的效益，已經被具體地測量出來。心理學家曾記錄，它至少產生 300％的快速有效學習。

聯合國文教組織曾意識到超級學習在語言上所產生的效益。在教育雜誌上亦說明：超級學習可讓一個學生在短短的 20 天內就吸收和保存 2 年才能完成的語言課程。因此，以「超級學習法」為基礎的 Money&You 將能帶給您最大的收穫與驚人的效益。

Money&You 創辦人　馬修‧賽伯

　　馬修‧賽伯　Marshall Thurber，是波士頓大學法律系畢業生，他認為傳統的教育，使人們無法面對現實人生和事業的挑戰。他有一個夢想，想要創辦一所學校，創造具趣味性和知性的環境，專門教導人們世界上頂尖的商業經營技巧。

　　馬修‧賽伯，本身以不到三年時間，從二萬五千元美金的投資，到擁有美金六千萬的事業，其後更是快速的倍數成長，這完全是因為他瞭解錢與人的關係並加以應用，而他也從全球頂尖成功人士的研究中，歸納出您可以運用的方法、策略和實務操作資訊，要 明您開創非凡的快樂與財富。他研究了世界上前五名的商業學院，證實了有一個最好的方法，可以讓人們在最短的時間內，得到最多的訊息。即用最少得更多。

　　馬修‧賽伯和他的事業合夥人 Bobbi Deporter 共同創辦了商業經典學院（**The Excellerated Business Schools**）來教導創業者、企業家和那些「想讓事業更成功的人」。

　　馬修‧賽伯是經驗教學的先驅。商業經典學院（**The Excellerated Business Schools**）創設在 1978 年，當時，有 67 個幸運的受試者，他們經歷了六個星期的生命改變，他們認為這課程包含的意義是深遠的。

精神導師　巴吉明尼斯特‧富樂博士

　　富樂博士是影響二十世紀人類發展最重要的人之一，無論是在全世界的學術領域裡或是實務領域裡都非常受尊重。他於 1983 年去世，在 17 年後的千禧年裡，也就是他 105 歲的冥壽，其一生的故事被改編為舞臺劇，在全美各大重要劇院巡迴上演，場場滿座。劇名便叫做《宇宙的歷史與奧秘，人類的先驅——巴吉明尼斯特‧富樂博士》。

　　他更被後世敬授了幾十種榮譽頭銜，諸如工程師、科學家、哲學家、銷售家、實踐者、投資者、先知、詩人等。

　　確實他在許多領域裡都扮演了人類先驅的角色，同時獲頒 48 個榮譽博士學位證書，亦擁有 26 項非常重要的世界專利與發明。有關富樂博士詳細資料可至 www.bfi.org 查詢，你將會訝異其為人類所做出的偉大貢獻。Money&You 的課程內容是以富樂博士的理論架構於實踐經驗彙聚而成的。

★ 羅伯特・T・清崎（Robert T . Kiyosaki）——《富爸爸・窮爸爸》全球暢銷作家

★ 安東尼・羅賓（Anthony Robbins）——全球最頂尖激勵大師

★ 凱利・克茲（Cary Kurtz）——《星球大戰》電影製片人

★ 馬克・韓森（Mark Victor Hansen）——《心靈雞湯》合著作者

★ 傑克・坎菲爾（Jack Canfield）——《心靈雞湯》合著作者

★ 史賓賓・強生（Spencer Jormson）——《一分鐘經理人》合著作者

★ 朱利・薛本（Julie Sherborn）——《Elle》雜誌總編輯

★ 大衛・尼南（David Neenan）——「BUSINESS&YOU」創辦人

★ 珍妮・泰（Mrs. Jannie Tay）——時間玻璃公司（The Hour Glass）執行董事

★ 法德瑞克・迪裡（Frederique Deleage）——香港傑出女性企業家得主

★ 維妮塔・何（Henrietta Ho）——凱悅飯店事業發展部總監

★ 朱衛茵——飛碟電臺節目主持人

★ 葉明全——《讓錢追著跑》作者 臺灣頂尖壽險專家

★ 孫偉成——陸股票上市公司董事

★ 李　踐——李嘉誠旗下 TOM.com 戶外傳媒總裁，香港行動成功學創始人

★ 何　平——七匹狼——與狼共舞創辦人

★ 邱智銘——中國大陸最大用筆製造商

★ 齊大偉——味之都餐飲連鎖創辦人

★ 王　勇——上海永琪美容美髮連鎖創辦人

★ 朱躍明——浙江省最大物流系統創辦人

★ 張啟揚——馬來西亞全國最大英語培訓特許事業創辦人

★ 陳寶春——「新智網」創辦人

★ 易發久——中國大陸「影響力機構」創辦人

★ 陳艾妮——臺灣地區最知名兩性溝通專家

★ 卜文明——赤峰人川公司創辦人

★ 高岩緒——青島康大食品有限公司創辦人

★ 李雙舉——威海市雙舉海參專賣店創辦人

★ 劉巍建——四川鐵航有限公司創辦人

★ 齊大偉——上海齊鼎餐飲連鎖有限公司創辦人

★ 文建祥——深圳生普百貨創辦人

★ 張恩華——V-BOSS 健康財務俱樂部創辦人

★ 張家剛——上海藝極樓梯有限公司創辦人

★ 鄭明統——上海歐亞鋼琴樂器有限公司創辦人

畢業家人涵蓋各界領域菁英人士，成功人士的共同選擇

回家召集令—找找你在哪裡？

M&Y 500 期

華文M&Y期數	地點	日期
M&Y 第 01 期	吉隆玻	1999 年
M&Y 第 17 期	上海	2001 年 12 月 14 日 ~16 日
M&Y 第 20 期	上海	2002 年 04 月 19 日 ~21 日
M&Y 第 21 期	深圳	2002 年 05 月 24 日 ~26 日
M&Y 第 22 期	上海	2002 年 07 月 19 日 ~21 日
M&Y 第 24 期	深圳	2002 年 08 月 16 日 ~18 日
M&Y 第 26 期	北京	2002 年 10 月 25 日 ~27 日
M&Y 第 28 期	上海	2002 年 11 月 29 日 ~12 月 01 日
M&Y 第 30 期	北京	2003 年 01 月 03 日 ~05 日
M&Y 第 32 期	深圳	2003 年 01 月 17 日 ~19 日
M&Y 第 34 期	上海	2003 年 03 月 21 日 ~23 日
M&Y 第 35 期	北京	2003 年 03 月 28 日 ~30 日
M&Y 第 36 期	深圳	2003 年 04 月 18 日 ~20 日
M&Y 第 40 期	上海	2003 年 07 月 18 日 ~20 日
M&Y 第 43 期	香港	2003 年 08 月 15 日 ~17 日
M&Y 第 44 期	杭州	2003 年 09 月 13 日 ~15 日
M&Y 第 46 期	寧波	2003 年 10 月 18 日 ~20 日
M&Y 第 48 期	深圳	2003 年 10 月 31 日 ~11 月 02 日
M&Y 第 49 期	寧波	2003 年 11 月 14 日 ~16 日
M&Y 第 51 期	北京	2003 年 12 月 19 日 ~21 日
M&Y 第 52 期	上海	2003 年 12 月 05 日 ~07 日
M&Y 第 55 期	杭州	2004 年 01 月 09 日 ~11 日
M&Y 第 56 期	杭州	2004 年 01 月 30 日 ~02 月 01 日
M&Y 第 58 期	上海	2004 年 02 月 13 日 ~15 日
M&Y 第 60 期	杭州	2004 年 03 月 26 日 ~28 日
M&Y 第 61 期	深圳	2004 年 04 月 01 日 ~03 日
M&Y 第 65 期	杭州	2004 年 05 月 21 日 ~23 日
M&Y 第 66 期	深圳	2004 年 05 月 28 日 ~30 日
M&Y 第 67 期	北京	2004 年 06 月 04 日 ~06 日
M&Y 第 68 期	上海	2004 年 06 月 11 日 ~13 日
M&Y 第 70 期	深圳	2004 年 06 月 26 日 ~28 日
M&Y 第 75 期	香港	2004 年 07 月 23 日 ~25 日
M&Y 第 76 期	深圳	2004 年 07 月 26 日 ~28 日
M&Y 第 77 期	杭州	2004 年 08 月 06 日 ~08 日

M&Y 第 79 期	杭州	2004 年 08 月 20 日 ~22 日
M&Y 第 80 期	深圳	2004 年 09 月 17 日 ~19 日
M&Y 第 81 期	石家莊	2004 年 09 月 24 日 ~26 日
M&Y 第 84 期	上海	2004 年 10 月 15 日 ~17 日
M&Y 第 87 期	北京	2004 年 11 月 12 日 ~14 日
M&Y 第 91 期	深圳	2004 年 12 月 10 日 ~12 日
M&Y 第 92 期	杭州	2004 年 12 月 17 日 ~19 日
M&Y 第 93 期	上海	2005 年 01 月 28 日 ~30 日
M&Y 第 94 期	杭州	2005 年 03 月 11 日 ~13 日
M&Y 第 95 期	深圳	2005 年 04 月 08 日 ~11 日
M&Y 第 97 期	深圳	2005 年 09 月 23 日 ~25 日
M&Y 第 98 期	北京	2005 年 04 月 15 日 ~17 日
M&Y 第 103 期	東莞	2005 年 07 月 08 日 ~10 日
M&Y 第 104 期	杭州	2005 年 07 月 11 日 ~13 日
M&Y 第 107 期	石家莊	2005 年 08 月 12 日 ~14 日
M&Y 第 108 期	杭州	2005 年 08 月 19 日 ~21 日
M&Y 第 112 期	上海	2006 年 10 月 21 日 ~23 日
M&Y 第 113 期	北京	2005 年 11 月 18 日 ~20 日
M&Y 第 115 期	東莞	2005 年 12 月 01 日 ~03 日
M&Y 第 117 期	杭州	2005 年 12 月 24 日 ~26 日
M&Y 第 119 期	杭州	2006 年 02 月 05 日 ~07 日
M&Y 第 120 期	深圳	2006 年 02 月 08 日 ~10 日
M&Y 第 121 期	北京	2006 年 02 月 17 日 ~19 日
M&Y 第 122 期	深圳	2006 年 02 月 24 日 ~26 日
M&Y 第 123 期	上海	2006 年 03 月 03 日 ~05 日
M&Y 第 126 期	東莞	2006 年 03 月 31 日 ~04 月 02 日
M&Y 第 127 期	杭州	2006 年 04 月 07 日 ~09 日
M&Y 第 128 期	北京	2006 年 04 月 15 日 ~17 日
M&Y 第 130 期	深圳	2006 年 05 月 05 日 ~07 日
M&Y 第 132 期	大連	2006 年 06 月 30 日 ~07 月 02 日
M&Y 第 133 期	杭州	2006 年 06 月 09 日 ~11 日
M&Y 第 134 期	深圳	2006 年 07 月 07 日 ~09 日
M&Y 第 135 期	上海	2006 年 07 月 11 日 ~13 日
M&Y 第 136 期	上海	2006 年 07 月 14 日 ~16 日
M&Y 第 138 期	北京	2006 年 08 月 01 日 ~03 日
M&Y 第 139 期	北京	2006 年 08 月 04 日 ~06 日
M&Y 第 142 期	杭州	2006 年 09 月 22 日 ~24 日
M&Y 第 143 期	深圳	2006 年 09 月 05 日 ~07 日
M&Y 第 146 期	青島	2006 年 10 月 20 日 ~22 日
M&Y 第 147 期	上海	2006 年 10 月 20 日 ~22 日
M&Y 第 148 期	深圳	2006 年 11 月 10 日 ~12 日

M&Y 第 150 期	杭州	2006 年 11 月 24 日 ~26 日
M&Y 第 151 期	北京	2006 年 11 月 03 日 ~05 日
M&Y 第 154 期	北京	2006 年 12 月 22 日 ~24 日
M&Y 第 156 期	深圳	2007 年 01 月 19 日 ~21 日
M&Y 第 158 期	杭州	2007 年 01 月 26 日 ~28 日
M&Y 第 161 期	上海	2007 年 02 月 09 日 ~11 日
M&Y 第 162 期	上海	2007 年 02 月 09 日 ~11 日
M&Y 第 163 期	里安	2007 年 02 月 23 日 ~25 日
M&Y 第 164 期	成都	2007 年 03 月 09 日 ~11 日
M&Y 第 165 期	青島	2007 年 03 月 09 日 ~11 日
M&Y 第 166 期	深圳	2007 年 03 月 23 日 ~25 日
M&Y 第 168 期	北京	2007 年 04 月 06 日 ~08 日
M&Y 第 170 期	杭州	2007 年 04 月 20 日 ~22 日
M&Y 第 172 期	深圳	2007 年 05 月 05 日 ~07 日
M&Y 第 175 期	上海	2007 年 05 月 18 日 ~20 日
M&Y 第 176 期	青島	2007 年 06 月 01 日 ~03 日
M&Y 第 178 期	深圳	2007 年 07 月 02 日 ~07 月 04 日
M&Y 第 179 期	杭州	2007 年 07 月 13 日 ~15 日
M&Y 第 180 期	杭州	2007 年 07 月 17 日 ~07 月 19 日
M&Y 第 181 期	大連	2007 年 07 月 20 日 ~22 日
M&Y 第 182 期	成都	2007 年 07 月 27 日 ~29 日
M&Y 第 183 期	深圳	2007 年 07 月 27 日 ~29 日
M&Y 第 184 期	北京	2007 年 07 月 31 日 ~08 月 02 日
M&Y 第 185 期	北京	2007 年 08 月 03 日 ~05 日
M&Y 第 190 期	杭州	2007 年 08 月 19 日 ~21 日
M&Y 第 192 期	廣州	2007 年 09 月 04 日 ~06 日
M&Y 第 193 期	上海	2007 年 09 月 13 日 ~15 日
M&Y 第 195 期	青島	2007 年 09 月 21 日 ~23 日
M&Y 第 196 期	深圳	2007 年 10 月 05 日 ~07 日
M&Y 第 197 期	杭州	2007 年 10 月 12 日 ~14 日
M&Y 第 198 期	北京	2007 年 10 月 12 日 ~14 日
M&Y 第 201 期	深圳	2007 年 11 月 02 日 ~04 日
M&Y 第 202 期	上海	2007 年 11 月 16 日 ~18 日
M&Y 第 205 期	大連	2007 年 11 月 30 日 ~12 月 01 日
M&Y 第 209 期	杭州	2007 年 12 月 14 日 ~16 日
M&Y 第 211 期	深圳	2008 年 01 月 18 日 ~20 日
M&Y 第 212 期	北京	2008 年 01 月 25 日 ~27 日
M&Y 第 213 期	北京	2008 年 01 月 28 日 ~30 日
M&Y 第 214 期	上海	2008 年 02 月 12 日 ~14 日
M&Y 第 215 期	上海	2008 年 02 月 15 日 ~17 日
M&Y 第 217 期	香港	2008 年 03 月 07 日 ~09 日

M&Y 第 219 期	杭州	2008 年 03 月 14 日 ~16 日
M&Y 第 220 期	深圳	2008 年 03 月 21 日 ~24 日
M&Y 第 221 期	北京	2008 年 03 月 28 日 ~30 日
M&Y 第 224 期	青島	2008 年 04 月 25 日 ~27 日
M&Y 第 226 期	深圳	2008 年 05 月 16 日 ~18 日
M&Y 第 227 期	杭州	2008 年 05 月 23 日 ~25 日
M&Y 第 229 期	青島	2008 年 06 月 13 日 ~15 日
M&Y 第 232 期	北京	2008 年 07 月 11 日 ~13 日
M&Y 第 233 期	深圳	2008 年 07 月 11 日 ~13 日
M&Y 第 234 期	深圳	2008 年 07 月 18 日 ~07 月 20 日
M&Y 第 235 期	杭州	2008 年 07 月 21 日 ~23 日
M&Y 第 236 期	合肥	2008 年 07 月 25 日 ~27 日
M&Y 第 242 期	青島	2008 年 08 月 23 日 ~25 日
M&Y 第 243 期	成都	2008 年 08 月 26 日 ~28 日
M&Y 第 244 期	上海	2008 年 08 月 29 日 ~31 日
M&Y 第 245 期	大連	2008 年 09 月 12 日 ~14 日
M&Y 第 246 期	南京	2008 年 09 月 19 日 ~21 日
M&Y 第 248 期	北京	2008 年 10 月 30 日 ~11 月 02 日
M&Y 第 249 期	上海	2008 年 11 月 14 日 ~16 日
M&Y 第 250 期	青島	2008 年 12 月 05 日 ~07 日
M&Y 第 253 期	香港	2008 年 12 月 12 日 ~14 日
M&Y 第 258 期	北京	2009 年 01 月 19 日 ~21 日
M&Y 第 260 期	杭州	2009 年 02 月 03 日 ~05 日
M&Y 第 262 期	杭州	2009 年 02 月 27 日 ~03 月 01 日
M&Y 第 264 期	香港	2009 年 03 月 13 日 ~15 日
M&Y 第 266 期	北京	2009 年 03 月 27 日 ~29 日
M&Y 第 269 期	青島	2009 年 04 月 24 日 ~26 日
M&Y 第 270 期	深圳	2009 年 05 月 22 日 ~24 日
M&Y 第 272 期	杭州	2009 年 06 月 26 日 ~28 日
M&Y 第 274 期	合肥	2009 年 07 月 10 日 ~12 日
M&Y 第 275 期	杭州	2009 年 07 月 21 日 ~23 日
M&Y 第 276 期	北京	2009 年 07 月 24 日 ~26 日
M&Y 第 277 期	深圳	2009 年 07 月 28 日 ~30 日
M&Y 第 281 期	北京	2009 年 08 月 21 日 ~23 日
M&Y 第 282 期	上海	2009 年 08 月 25 日 ~27 日
M&Y 第 283 期	上海	2009 年 08 月 28 日 ~30 日
M&Y 第 285 期	深圳	2009 年 09 月 25 日 ~27 日
M&Y 第 287 期	北京	2009 年 11 月 13 日 ~15 日
M&Y 第 288 期	南寧	2009 年 11 月 20 日 ~22 日
M&Y 第 289 期	上海	2009 年 11 月 27 日 ~29 日
M&Y 第 291 期	青島	2009 年 12 月 04 日 ~06 日

M&Y 第 296 期	深圳	2010 年 01 月 29 日 ~31 日
M&Y 第 298 期	杭州	2010 年 02 月 23 日 ~25 日
M&Y 第 299 期	杭州	2010 年 03 月 06 日 ~08 日
M&Y 第 302 期	北京	2010 年 03 月 26 日 ~28 日
M&Y 第 304 期	青島	2010 年 04 月 23 日 ~25 日
M&Y 第 305 期	合肥	2010 年 05 月 28 日 ~30 日
M&Y 第 308 期	上海	2010 年 06 月 25 日 ~27 日
M&Y 第 311 期	深圳	2010 年 07 月 20 日 ~22 日
M&Y 第 312 期	深圳	2010 年 07 月 23 日 ~25 日
M&Y 第 314 期	北京	2010 年 07 月 27 日 ~29 日
M&Y 第 315 期	上海	2010 年 07 月 30 日 ~08 月 01 日
M&Y 第 318 期	北京	2010 年 08 月 20 日 ~22 日
M&Y 第 320 期	杭州	2010 年 09 月 24 日 ~26 日
M&Y 第 321 期	青島	2010 年 10 月 22 日 ~24 日
M&Y 第 323 期	深圳	2010 年 11 月 26 日 ~28 日
M&Y 第 326 期	北京	2010 年 12 月 24 日 ~26 日
M&Y 第 330 期	大連	2011 年 01 月 14 日 ~16 日
M&Y 第 331 期	北京	2011 年 02 月 08 日 ~10 日
M&Y 第 332 期	深圳	2011 年 02 月 11 日 ~13 日
M&Y 第 333 期	南寧	2011 年 02 月 18 日 ~20 日
M&Y 第 335 期	杭州	2011 年 03 月 04 日 ~06 日
M&Y 第 336 期	新加坡	2011 年 03 月 18 日 ~20 日
M&Y 第 340 期	深圳	2011 年 04 月 22 日 ~24 日
M&Y 第 342 期	合肥	2011 年 06 月 03 日 ~05 日
M&Y 第 344 期	香港	2011 年 07 月 18 日 ~20 日
M&Y 第 345 期	北京	2011 年 07 月 22 日 ~24 日
M&Y 第 349 期	北京	2011 年 08 月 09 日 ~11 日
M&Y 第 350 期	深圳	2011 年 08 月 12 日 ~14 日
M&Y 第 351 期	杭州	2011 年 08 月 16 日 ~18 日
M&Y 第 353 期	上海	2011 年 09 月 16 日 ~18 日
M&Y 第 354 期	青島	2011 年 10 月 21 日 ~23 日
M&Y 第 356 期	印尼	2011 年 11 月 11 日 ~13 日
M&Y 第 357 期	大連	2011 年 11 月 18 日 ~20 日
M&Y 第 358 期	合肥	2011 年 12 月 16 日 ~18 日
M&Y 第 360 期	深圳	2011 年 12 月 22 日 ~24 日
M&Y 第 361 期	北京	2012 年 01 月 29 日 ~02 月 01 日
M&Y 第 362 期	深圳	2012 年 02 月 03 日 ~05 日
M&Y 第 365 期	杭州	2012 年 02 月 24 日 ~26 日
M&Y 第 367 期	北京	2012 年 03 月 23 日 ~25 日
M&Y 第 369 期	新加坡	2012 年 04 月 13 日 ~15 日
M&Y 第 370 期	鄭州	2012 年 04 月 20 日 ~22 日

M&Y 第 373 期	上海	2012 年 05 月 25 日～27 日
M&Y 第 374 期	合肥	2012 年 06 月 22 日～24 日
M&Y 第 375 期	德州	2012 年 07 月 10 日～12 日
M&Y 第 377 期	馬來西亞	2012 年 07 月 20 日～22 日
M&Y 第 378 期	大連	2012 年 07 月 27 日～29 日
M&Y 第 380 期	北京	2012 年 08 月 06 日～08 日
M&Y 第 381 期	深圳	2012 年 08 月 10 日～12 日
M&Y 第 382 期	杭州	2012 年 08 月 14 日～16 日
M&Y 第 383 期	深圳	2012 年 08 月 24 日～26 日
M&Y 第 384 期	新加坡	2012 年 09 月 07 日～09 日
M&Y 第 385 期	南京	2012 年 09 月 21 日～23 日
M&Y 第 386 期	臺北	2012 年 10 月 19 日～21 日
M&Y 第 387 期	大連	2012 年 10 月 26 日～28 日
M&Y 第 388 期	青島	2012 年 11 月 09 日～11 日
M&Y 第 389 期	柔佛巴魯	2012 年 11 月 16 日～18 日
M&Y 第 390 期	香港	2012 年 11 月 30 日～12 月 02 日
M&Y 第 393 期	黃山	2012 年 12 月 28 日～30 日
M&Y 第 394 期	深圳	2013 年 01 月 25 日～27 日
M&Y 第 395 期	深圳	2013 年 01 月 28 日～30 日
M&Y 第 396 期	北京	2013 年 02 月 01 日～03 日
M&Y 第 397 期	北京	2013 年 03 月 01 日～03 日
M&Y 第 398 期	臺北	2013 年 03 月 29 日～31 日
M&Y 第 399 期	新加坡	2013 年 04 月 05 日～07 日
M&Y 第 400 期	吉隆玻	2013 年 04 月 12 日～14 日
M&Y 第 401 期	香港	2013 年 04 月 12 日～14 日
M&Y 第 402 期	杭州	2013 年 04 月 26 日～28 日
M&Y 第 403 期	合肥	2013 年 05 月 10 日～12 日
M&Y 第 404 期	威海	2013 年 06 月 21 日～23 日
M&Y 第 405 期	柔佛巴魯	2013 年 06 月 28 日～29 日
M&Y 第 406 期	杭州	2013 年 07 月 15 日～17 日
M&Y 第 407 期	上海	2013 年 07 月 19 日～21 日
M&Y 第 408 期	大連	2013 年 07 月 23 日～25 日
M&Y 第 409 期	深圳	2013 年 07 月 30 日～08 月 01 日
M&Y 第 410 期	香港	2013 年 08 月 02 日～04 日
M&Y 第 411 期	北京	2013 年 08 月 09 日～11 日
M&Y 第 412 期	上海	2013 年 08 月 09 日～11 日
M&Y 第 413 期	臺灣	2013 年 08 月 19 日～21 日
M&Y 第 414 期	大連	2013 年 08 月 23 日～25 日
M&Y 第 416 期	吉隆玻	2013 年 09 月 13 日～15 日
M&Y 第 417 期	南京	2013 年 09 月 20 日～22 日
M&Y 第 418 期	新加坡	2013 年 09 月 27 日～29 日

M&Y 第 419 期	北京	2013 年 10 月 11 日 ~13 日
M&Y 第 420 期	青島	2013 年 10 月 25 日 ~27 日
M&Y 第 421 期	臺北	2013 年 11 月 01 日 ~03 日
M&Y 第 422 期	合肥	2013 年 11 月 22 日 ~24 日
M&Y 第 423 期	香港	2013 年 11 月 29 日 ~12 月 01 日
M&Y 第 424 期	新加坡	2013 年 11 月 29 日 ~12 月 01 日
M&Y 第 425 期	廣州	2013 年 12 月 13 日 ~15 日
M&Y 第 426 期	吉隆玻	2013 年 12 月 20 日 ~22 日
M&Y 第 427 期	鄭州	2013 年 12 月 27 日 ~29 日
M&Y 第 428 期	上海	2014 年 01 月 17 日 ~19 日
M&Y 第 429 期	北京	2014 年 01 月 21 日 ~23 日
M&Y 第 430 期	深圳	2014 年 02 月 11 日 ~13 日
M&Y 第 431 期	吉隆玻	2014 年 02 月 28 日 ~03 月 02 日
M&Y 第 432 期	北京	2014 年 03 月 07 日 ~09 日
M&Y 第 433 期	臺北	2014 年 03 月 14 日 ~16 日
M&Y 第 434 期	香港	2014 年 03 月 21 日 ~23 日
M&Y 第 435 期	新加坡	2014 年 04 月 11 日 ~13 日
M&Y 第 436 期	深圳	2014 年 04 月 18 日 ~20 日
M&Y 第 437 期	昆明	2014 年 04 月 27 日 ~29 日
M&Y 第 438 期	杭州	2014 年 05 月 16 日 ~18 日
M&Y 第 439 期	青島	2014 年 06 月 20 日 ~22 日
M&Y 第 440 期	柔佛巴魯	2014 年 06 月 20 日 ~22 日
M&Y 第 441 期	臺北	2014 年 07 月 11 日 ~13 日
M&Y 第 442 期	杭州	2014 年 07 月 14 日 ~16 日
M&Y 第 443 期	合肥	2014 年 07 月 18 日 ~20 日
M&Y 第 444 期	大連	2014 年 07 月 25 日 ~27 日
M&Y 第 445 期	大連	2014 年 08 月 01 日 ~03 日
M&Y 第 446 期	深圳	2014 年 08 月 05 日 ~07 日
M&Y 第 447 期	北京	2014 年 08 月 15 日 ~17 日
M&Y 第 448 期	上海	2014 年 08 月 19 日 ~21 日
M&Y 第 449 期	香港	2014 年 08 月 22 日 ~24 日
M&Y 第 450 期	吉隆玻	2014 年 08 月 30 日 ~09 月 01 日
M&Y 第 451 期	威海	2014 年 09 月 12 日 ~14 日
M&Y 第 452 期	北京	2014 年 09 月 26 日 ~28 日
M&Y 第 453 期	臺灣	2014 年 10 月 03 日 ~05 日
M&Y 第 454 期	南京	2014 年 10 月 17 日 ~19 日
M&Y 第 455 期	深圳	2014 年 10 月 31 日 ~11 月 02 日
M&Y 第 456 期	亞庇	2014 年 11 月 21 日 ~23 日
M&Y 第 457 期	新加坡	2014 年 11 月 27 日 ~29 日
M&Y 第 458 期	香港	2014 年 12 月 05 日 ~07 日
M&Y 第 459 期	鄭州	2014 年 12 月 12 日 ~14 日

M&Y 第 460 期	吉隆玻	2014 年 12 月 19 日 ~21 日
M&Y 第 461 期	吉隆玻	2015 年 01 月 16 日 ~18 日
M&Y 第 462 期	杭州	2015 年 01 月 23 日 ~25 日
M&Y 第 463 期	上海	2015 年 02 月 05 日 ~07 日
M&Y 第 464 期	深圳	2015 年 02 月 09 日 ~11 日
M&Y 第 465 期	合肥	2015 年 02 月 13 日 ~15 日
M&Y 第 466 期	青島	2015 年 03 月 13 日 ~15 日
M&Y 第 467 期	上海	2015 年 04 月 17 日 ~19 日
M&Y 第 468 期	臺北	2015 年 04 月 17 日 ~19 日
M&Y 第 469 期	巴厘島	2015 年 04 月 24 日 ~26 日
M&Y 第 470 期	澳門	2015 年 05 月 08 日 ~10 日
M&Y 第 471 期	晉城	2015 年 05 月 15 日 ~17 日
M&Y 第 472 期	合肥	2015 年 05 月 22 日 ~24 日
M&Y 第 473 期	新加坡	2015 年 06 月 05 日 ~07 日
M&Y 第 474 期	北京	2015 年 06 月 12 日 ~14 日
M&Y 第 475 期	大連	2015 年 06 月 26 日 ~28 日
M&Y 第 476 期	新加坡	2015 年 07 月 03 日 ~05 日
M&Y 第 477 期	深圳	2015 年 07 月 10 日 ~12 日
M&Y 第 478 期	北京	2015 年 07 月 15 日 ~17 日
M&Y 第 479 期	上海	2015 年 07 月 19 日 ~21 日
M&Y 第 480 期	鄭州	2015 年 07 月 24 日 ~26 日
M&Y 第 481 期	廣州	2015 年 07 月 31 日 ~08 月 02 日
M&Y 第 482 期	上海	2015 年 08 月 14 日 ~16 日
M&Y 第 483 期	鄭州	2015 年 08 月 14 日 ~16 日
M&Y 第 484 期	香港	2015 年 08 月 21 日 ~23 日
M&Y 第 485 期	臺北	2015 年 08 月 21 日 ~23 日
M&Y 第 486 期	上海	2015 年 08 月 21 日 ~23 日
M&Y 第 487 期	北京	2015 年 09 月 11 日 ~13 日
M&Y 第 488 期	高雄	2015 年 09 月 18 日 ~20 日
M&Y 第 489 期	青島	2015 年 10 月 23 日 ~25 日
M&Y 第 490 期	廣州	2015 年 10 月 30 日 ~11 月 01 日
M&Y 第 491 期	臺北	2015 年 11 月 05 日 ~07 日
M&Y 第 492 期	杭州	2015 年 11 月 13 日 ~15 日
M&Y 第 493 期	吉隆玻	2015 年 11 月 20 日 ~22 日
M&Y 第 494 期	南京	2015 年 11 月 20 日 ~22 日
M&Y 第 495 期	香港	2015 年 12 月 11 日 ~13 日
M&Y 第 496 期	合肥	2015 年 12 月 18 日 ~20 日
M&Y 第 497 期	鄭州	2015 年 12 月 25 日 ~27 日

Money&You　17 年紀念照片集＆紀念影片

華文 Money&You
262 期

美国 BSE 企业家商学院华文 Money&You 第 262 期家人合影

2009 年 2 月 27 日-3 月 1 日 · 杭州

美国BSE企业家商学院华文 Money&You 270期家人合影

2009年5月22日-24日 · 深圳

華文 Money&You
270 期

華文 Money&You
274 期

美国BSE企业家商学院华文 Money&You 274期家人合影

2009年7月10日-12日 合肥

Money&You 17年紀念照片集＆紀念影片

華文 Money&You
296 期

華文 Money&You
455 期

華文 Money&You
477 期

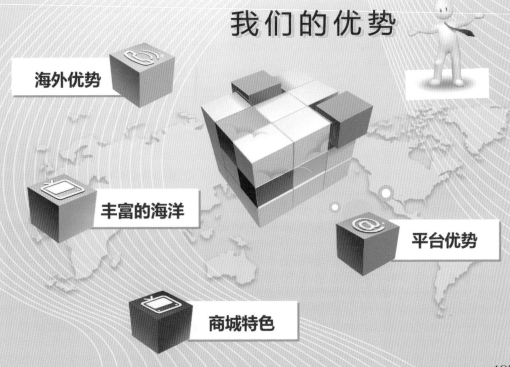

我们的优势

一、平台优势

实践家教育集团自1998年创立以来，一直坚持以教育培训为基石，打造助力企业永续经营发展为目标的资源学习平台。16年来的努力进取，3600场智慧创意的精彩交锋，在实践家这个平台上已经汇集了50余万家人，囊括各行业领域的菁英领袖。

二、海外优势

独特的海外资源平台，遍及中国香港、台湾、马来西亚、新加坡、印度尼西亚、文莱等地，为帮助华人企业家打造成为东南亚乃至全球顶尖企业提供了广阔的空间和巨大的支持。

三、丰富的海洋

海内外102个美国BSE企业家商学院同学会、Money&You同学会及海内外优秀企业家资源平台为您保驾护航！为了让家人能够突破地域交流限制，拥有更便捷的资源交流，实践家投入巨大人力及资源建立富乐海洋商城，让家人的企业紧跟时代电商发展潮流，在PC端、移动端自由翱翔，助企业腾飞。

四、商城特色

➤ **丰富的商品**：富乐海洋商城为家人企业提供了12大类、数万个品牌店铺、百万商品展位

➤ **定制化的富乐海洋商城**：为家人提供了灵活多样的产品展示空间，最大化凸显家人商品价值

➤ **专为家人而建的商城**：家人时刻参与商城返利，享受折扣特权，建立海洋商城与家人更直接紧密的关系。

打造实践家华商最受欢迎 最具影响力的电子商务购物平台

大多數的人使用生命中大多數的時間在賺錢，而不是規劃一個值得擁有的生命。

重新投資您自己的事業及生命三天的時間，讓您同時擁有值得的生命與成功致富的事業。

全球頂尖商業暨成長課程

MONEY&YOU®

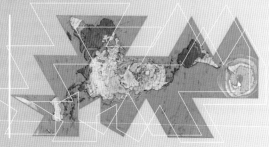

MONEY & YOU®

只要投資一個週末的時間，您就能夠學會全球最有力量的自動賺錢系統，提升並建立最卓越的親友溝通關係，並且加入一個由已經運用這套方法獲致最佳成果的企業家、執行長、組織領袖與專業人士等所組成的全球性菁英網路。

實踐家教育集團
www.training.com.tw　www.doers.cn

Money & You®

一套可以現學現用 務實可行 永遠增值的商業系統！
一個讓您有哭有笑 真實感動 永生受惠的生命經驗！

Money&You®
是你一輩子至少要參加一次的課程

《報名表》

姓名：

電話： 傳真：

服務機構： 職稱：

生日： ／ ／

行動電話：

付款方式： □ 現金
□ 信用卡 信用卡別： □ VISA □ MASTER

金額：

發卡銀行：

信用卡卡號：

信用卡有效期限： 月 年 後三碼：

持卡人簽名： （與信用卡簽名同字樣）

持卡人身分證字號：

報名日期： 年 月 日

發票：□ 個人 □ 公司

抬頭：

統一編號：

地址：

諮詢顧問：

敬請洽詢各地報名專線

集團總部台北	電話：02-26562519	傳真：02-87510850
中國區總部上海	電話：021-54890822	傳真：021-54890711
北京分公司	電話：010-82602188	傳真：010-82602189
深圳分公司	電話：0755-83664023	傳真：0755-83663330
杭州分公司	電話：0571-85861005	傳真：0571-85861008
大連分公司	電話：0411-82518618	傳真：0411-82518619
東莞分公司	電話：0769-88011200	傳真：0769-23124566
鄭州分公司	電話：0371-65386121	傳真：0371-65386122
天津分公司	電話：022-58895825	傳真：022-58895826
青島分公司	電話：0532-80790508	傳真：0532-80790509
合肥分公司	電話：0551-5225238	傳真：0551-5225239
南京分公司	電話：025-84530523	傳真：025-84530523-8027
石家莊分公司	電話：0311-87022800	傳真：0311-87021800
香港分公司	電話：852-29977268	傳真：852-30070440
新加坡分公司	電話：0065-63388801	傳真：0065-63386770
馬來西亞分公司	電話：6-07-5544911	傳真：6-07-5545911

■報名相關須知：

報名時應親自填妥相關報名表，詳細填寫個人資料；報名時應細讀本公司之報名規則後，簽名以示同意，若報名手續有瑕疵，本公司有權不予受理。

凡參加公司之任何公開課程，公司之客戶服務部門會在開課前一個月內寄發上課通知函，提醒學員上課日期及地點，學員請務必詳細填妥個人資料。

■延期退費轉讓須知：

(一)延期：

1. 凡完成報名手續，因當日有事無法參加課程者，請於開課日期7日前書面通知，並先以電話辦理延期，凡是未於開課前通知而未到課者皆以當日已上課論不另行安排補課或退費。

2. 學員於開課日期7日前以電話及書面通知延期，本公司得安排下一次課程時間，若學員於開課日期7日內始通知延期，本公司需酌收課程費用10%之手續費，始得安排下一次上課日期。

3. 辦理延期以二次為限，若延期仍無法前來參加課程者即視同放棄，並比照第1項規定，不另外辦理補課及退費。

(二)七天內辦理退費須知：

1. 報名手續完成後七天內，要辦理退費手續者，不扣除任何手續費（需將發票退回公司），完成報名七日後欲申請退費，須扣除20%手續費。

2. 退費手續：
向公司提出書面通知，並附上退款申請書，付款證明（發票）及課程報名單（客戶聯）將前項證明交由業務代表代為申請或直接向客服部辦理。

(三)轉讓

1. 學員如欲將參與課程權利轉讓他人，須於排定課程開課七日前，簽妥切結書以資證明。
轉讓手續：

2. 向公司提出書面通知，並附上轉讓切結書，轉讓人報名資料交由業務代表或客服部辦理。

3. 手續需於開課七日前辦理完成，若於開課前七日內辦理則酌收手續費10%。

■其它備註說明：

若事前未以書面或電話通知，開課當日才臨時告知未能到課者，本公司得比照前項延期／退費／轉讓方式辦理，酌收課程費用20%以為名額保留之手續費。

課程如遇不可預期之狀況，實踐家教育集團保有變更日期、地點及更換同級講師之權利。

本人＿＿＿＿＿＿＿（與參加者之關係為 ）簽名
以示同意支付左側報名表所列款項並願意遵守貴公司所列包括報名、退費、轉讓、延期等相關內容之全部規則條文！！

实践家商业培训学院
DOERS BUSINESS SCHOOL

當今的創業，早已脫離了傳統認識中的"下海經商"，而是一種對人生的不甘寂寞，一種對自我的突破和對成就的追求。

昔日煙王褚時健變身橙王 85歲種橙成億萬富翁
這種破而後立你敢説不是創業嗎？

三個爸爸：從為孩子的呼吸擔憂到獲得千萬美元融資
這種拍案而起你敢説不是創業嗎？

55度杯，一個杯子創造的神話
這種橫空出世你敢説不是創業嗎？

DBS創業學院

這個時代，創業早已不是高高在上，遙不可及的夢想，只要你有好的創意，只要你有好的點子，只要你有好的產品，創業從未像現在這樣簡單和容易，你還有什麼好藉口不去創業！

有勇氣的人才會創業！有魄力的人才會創業！有追求的人才會創業！
有抱負的人才會創業！有夢想的人才會創業！有責任的人才會創業！有擔當的人才會創業！

如果你是有勇氣，有魄力，有追求，有抱負，有夢想，有責任，有擔當的渴望成就者，
那就讓DBS創業學院來幫助你，領悟創業家精神，和同學們一起開創你的大事業！

課程簡介

　　亞洲商業模式第一人林偉賢老師集結實踐家教育集團16年海內外資源，招集全球商界達人和明星企業家們攜手創辦。旨在通過創業經驗的分享，創業精神的建立和商業計劃書的製作等落地實操方法的傳授，幫助懷著創業夢和正走在創業路上的準企業家們創業成功，幫助正準備轉型或二次創業的進取型企業家們重溫創業歲月，用最新的方法、模式打造屬於你的創業神話新篇章。

DOERS 實踐家教育集團　Tel:(02)2656-2519　Fax:(02)8751-0850　www.training.com.tw

課程收益

我們幫助您—

沒有失敗，只有成功，沒有人脈，創造人脈，

沒有資源，對接資源，沒有方法，給到方法。

提供創業者所有成功的元素，去除創業失敗所有的風險！

我們要你只能成功，不許失敗！

商場如戰場，我們讓你直接橫掃戰場！

只要你跟著我們操練，你就必然成功！

課程模塊

▶ **從紀律到自律**
沒有規矩不成方圓，企業家要成功必須做到嚴以律己，只有懂得管理自己的人才會懂得管理創業和創業成功後的企業。

▶ **爆款**
幫助你的產品成為市場"爆款"，構建新的產品思維，讓"爆款"引爆你的品牌影響力

▶ **路演**
看著馬雲在紐約的路演，你是否幻想過站在台上的是你自己？來到創業學院，你不用再幻想，我們教你用最打動人心，最激情澎湃的方式在屬於你的台上盡情發揮。

▶ **企業社會責任**
帶你直接體驗全亞洲最大的慈善組織，建立發自內心的企業社會責任

▶ **學長制**
學員間建立緊密聯繫和紐帶，你將在幫助和服務學弟的過程中，感受兄弟之情。艱辛的創業路上，每一位學員都永遠不會獨行。

▶ **商業模式**
建立自動化的創業系統

▶ **眾籌**
還在苦於你的想法，你的點子因為資金問題而無法實現嗎?不用急，我們告訴你眾籌的秘密！

▶ **商業計劃書**
想法、點子、創意，只有變成了真正的商業計劃書才會成就創業。你的商業計劃書，就是你在創業學院的畢業論文。我們要求你，我們監督你，我們協助你，必須完成，一定要完成！

▶ **一期一善**
每期學員一起成立一家社會型企業，做心有大愛的創業者。

▶ **私董會**
當局者迷，旁觀者清。你有機會輔助、指導並參與學員企業，建立屬於你的私人董事會，你的困惑，私董會幫你解決！這是課程之後的有效延續與落地！

8天7夜　我們陪您一起創業！　我們一定讓您成功！

學員基本資料	
學員姓名：	生日：
身分證字號：	性別：
公司名稱：	
部門：	職稱：
通訊地址：	
聯絡電話(O)：	(H)：
手機：	傳真：
E-mail	

開立發票　未勾選者一律開立二聯式發票

☐ 二聯式發票，個人抬頭(學員姓名)

☐ 三聯式發票，統一編號：＿＿＿＿＿＿

公司名稱：＿＿＿＿＿＿＿＿＿

報名付款方式

☐ 現金 ＿＿＿＿＿＿＿＿

☐ 銀行匯款或ATM轉帳：請填扣款帳號後五碼 ＿＿＿＿＿＿
帳戶名稱：實踐家商業模式顧問有限公司
帳號：華南商業銀行西湖分行 179-10-001673-2 銀行代號 008
(匯款後將匯款收據註明姓名與課程名稱回傳)　(款項入帳後視始完成報名程序)

☐ 信用卡刷卡 (◎不接受美國運通卡)

持卡人姓名：(請以中文正楷) ＿＿＿＿＿＿＿

持卡人電話：(日) ( ) ＿＿＿＿＿＿ (夜) ( ) ＿＿＿＿＿＿

信用卡銀行：＿＿＿＿＿＿＿＿ 卡別：☐ VISA ☐ Master ☐ JCB

信用卡卡號：＿＿＿＿ - ＿＿＿＿ - ＿＿＿＿ - ＿＿＿＿

信用卡有效期限：　月　年　後三碼：＿＿＿＿

刷卡金額：新台幣　拾　萬　仟　佰　拾　元；NT$ ＿＿＿＿

信用卡簽名：(與信用卡上一致) ＿＿＿＿＿＿＿

諮詢顧問：＿＿＿＿＿＿＿

臺北市內湖區內湖路　段396號3樓之2　Tel:02-2659-8519　Fax:02-8751-0850(24hr接收)

一站式鑄就成功企業家

美國 BSE 企業家商學院
The Excellerated Business School for Entrepreneurs
一全球第一家專注於商業模式的國際商學院

三十年間，從美國 BSE 企業家商學院走出了許許多多成功企業家和世界名人

★ 管理著作《一分鐘經理人》合著作者 Spencer Johnson 史賓賽·強生
★ 著名財商教育專家，全球暢銷書《富爸爸·窮爸爸》作者
　 Robert T.Kiyosaki 羅伯特 .T. 清崎
★ 暢銷書《心靈雞湯》合著作者 Jack Canfield 傑克·坎菲爾
★ 世界潛能激勵大師 Anthony Robbins 安東尼·羅賓
★ 《星球大戰》電影製作人 Cary Kurtz 凱利·克茲

把握關鍵時機！

立刻邀請您的事業夥伴與生活夥伴
加入BSE的全球網路
讓您的事業與生活跑出最協調一致的最佳腳步！

《報名表》

姓名：

電話：　　　　　　傳真：

服務機構：　　　　職稱：

生日：　　／　　／

行動電話：

付款方式：　□ 現金

　　　　　　□ 信用卡　信用卡別：□ VISA □ MASTER

金額：

發卡銀行：

信用卡卡號：

信用卡有效期限：　　月　　年　　後三碼：

持卡人簽名：　　　　　　　　（與信用卡簽名同字樣）

持卡人身分證字號：

報名日期：　　年　　月　　日

發票：□ 個人 □ 公司

抬頭：

統一編號：

地址：

諮詢顧問：

轉帳或匯款資料
銀行：華南銀行西湖分行
帳號：179100016732
戶名：實踐家商業模式
　　　顧問有限公司

敬請洽詢各地報名專線

集團總部台北	電話：02-26562519	傳真：02-87510850
中國區總部上海	電話：021-54072336	傳真：021-54072338
上海分公司	電話：021-54072336	傳真：021-54072338
北京分公司	電話：010-82602188	傳真：010-82602189
深圳分公司	電話：0755-83664023	傳真：0755-83663330
杭州分公司	電話：0571-85861005	傳真：0571-85861008
天津分公司	電話：022-23392909	傳真：022-23392907-811
南京分公司	電話：025-84530523	傳真：025-84533351
大連分公司	電話：0411-82518618	傳真：0411-82518619
東莞分公司	電話：0769-88011200	傳真：0769-23124566
鄭州分公司	電話：0371-65386121	傳真：0371-65386122
青島分公司	電話：0532-80790508	傳真：0532-80790509
合肥分公司	電話：0551-5225238	傳真：0551-5225239
石家庄分公司	電話：0311-87022800	傳真：0311-87021800
香港分公司	電話：852-29977268	傳真：852-30070440
新加坡分公司	電話：0065-63388801	傳真：0065-63386770
馬來西亞分公司	電話：6-07-5544911	傳真：6-07-5545911

報名時應親自填妥相關報名表，詳實填寫個人資料；報名時應細讀本公司之報名規則後，簽名以示同意，若報名手續有瑕疵，本公司有權不予受理。
凡參加公司之任何公開課程，公司之客戶服務部門會在開課前一個月內寄發上課通知函，提醒學員上課日期及地點，學員請務必詳細填妥個人資料。

■延期退費轉讓須知：

（一）延期：

1. 凡完成報名手續，因當日有事無法參加課程者，請於開課日期7日前書面通知，並先以電話辦理延期，凡是未於開課前通知而未到課者皆以當日已上課論不另行安排補課或退費。
2. 學員於開課日期7日前以電話及書面通知延期，本公司得安排下一次課程時間，若學員於開課日期7日內始通知延期，本公司需酌收課程費用10%之手續費，始得安排下一次上課日期。
3. 辦理延期以二次為限，若延期仍無法前來參加課程者即視同放棄，並比照第1項規定，不另外辦理補課及退費。

（二）七天內辦理退費須知：

1. 報名手續完成後七天內，要辦理退費手續者，不扣除任何手續費（需將發票退回公司），完成報名七日後欲申請退費，須扣除20%手續費。
2. 退費手續：
　向公司提出書面通知，並附上退款申請書，付款證明（發票）及課程報名單（客戶聯）將前項證明交由業務代表代為申請或直接向客服部辦理。

（三）轉讓

1. 學員如欲將參與課程權利轉讓他人，須於排定課程開課七日前，簽妥切結書以資證明。
轉讓手續：
2. 向公司提出書面通知，並附上轉讓切結書，轉讓人報名資料交由業務代表或客服部辦理。
3. 手續需於開課日七日前辦理完成，若於開課前七日內辦理則酌收手續費10%。

●其它備註說明：

若事前未以書面或電話通知，開課當日才臨時告知未能到課者，本公司得比照前項延期／退費／轉讓方式辦理，酌收課程費用20%以為名額保留之手續費。
課程如遇不可預期之狀況，實踐家教育集團保有變更日期、地點及更換同級講師之權利。

本人＿＿＿＿＿＿＿＿（與參加者之關係為　　　）簽名
以示同意支付左側報名表所列款項並願意遵守貴公司所列包括報名、退費、轉讓、延期等相關內容之全部規則條文！！

DOERS GROUP　實踐家　實踐家教育集團　Doers Education Group

台北市內湖區內湖路一段396號3樓之2　Tel：02-26562519　Fax：02-87510850　www.doers.cn　www.training.com.tw

From *ZERO* to *HERO*
先學會這些吧！
翻轉腦袋賺大錢！

2016/6/18-6/19 於台灣台北矽谷國際會議中心，舉辦為期兩日的**世界華人八大明師大會**，國際級大師傳授成功核心關鍵、創業巧門與商業獲利模式，落地實戰，掌握眾籌與新法營銷，提供想創業、創富的朋友一個通往成功的捷徑。

創新是由 0 到 1，創業則是將其擴展到 N。大會邀請各界理論與實務兼備並有實際績效之**林偉賢**（主講）、**管家賢**（衝線）、**王擎天**（破風）等八大明師，針對本次大會貢獻出符合主題的專才，不只是分享輝煌的成功經驗，而是要教你成功創業，並且真正賺到大錢！

 林偉賢
 管家賢
 王擎天

成功核心關鍵 × 創業巧門 × 商業獲利模式

今年大會以最優質的師資與最高檔次的活動品質，為來自各地的創業家、夢想家與實踐家打造知識的饗宴，汲取千人的精髓，解讀新世紀的規則，在意想不到的地方挖掘你的獨特價值！八大盛會將給您一雙翅膀，超越自我預設的道路，開創更寬廣美好的大未來！

熱烈歡迎世界各洲
華人返台參與八大！！
憑本券免費進場！！！！

**海外人士
免費贈票**

請攜帶本書或本頁面或本券，憑護照或機票或

海外相關身分證明（例如馬來西亞身分證Kad Pengenalan）即可直接免費入場！

詳細課程內容與完整講師簡介，請上官網

新・絲・路・網・路・書・店
silkbook○com **新絲路 www.silkbook.com**

✈ **華文網 http://www.book4u.com.tw/ 查詢**

詳細課程內容與林偉賢、王擎天、林裕峯等八大明師簡介請上官網新絲路網路書店查詢www.silkbook.com

—交通資訊—

注意事項

1. 此次講座課程將進行兩天，一天一張票，每票只限一人每天進出使用，憑票入場。請妥善保存此票【主聯】，作為入場證明，遺失恕不補發並請重新購票入場。課程結束後，憑本票券享有售後服務及（主辦單位與王道增智會等）相關課程之優惠。

2. 憑本票券可兌換價值萬元以上頂級贈品乙份（贈品清冊詳見大會手冊或上網www.silkbook.com查詢），贈品逾期無法兌換並不得要求折合現金。

3. 如遇不可抗拒之因素無法如期舉行講座課程，將於官網公布，不再另行通知。

4. 門票售出概不退換，破損、遺失概不另行補發或換票。

5. 每日憑票入場，請於9:00前著正式服裝完成報到手續，因環保考量，大會不主動提供瓶裝水，請自行準備水壺或有蓋水杯。

客服專線(02)8245-9896

歡迎上 silkbook○com 購買6/19入場票券並升級VIP席

**防偽
標誌**

頂級
贈品

國家圖書館出版品預行編目資料

Money&You我愛錢,更愛你!:林偉賢博士17年
傳奇之落地實踐成果全紀錄 / 林偉賢 著. -- 初版.
-- 新北市中和區:創見文化, 2015.10　面;公分
(成功良品;84)
ISBN 978-986-271-631-1 (平裝)

1. 成功法

177.2　　　　　　　　　　　104015607

Money & You
我愛錢,更愛你!

林偉賢博士**17年傳奇**之
落地實踐成果全紀錄

成功良品84

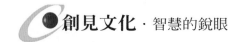

Money&You我愛錢,更愛你!
──林偉賢博士17年傳奇之落地實踐成果全紀錄

本書採減碳印製流程
並使用優質中性紙
（Acid & Alkali Free）
最符環保需求。

作者／林偉賢
總編輯／歐綾纖
文字編輯／馬加玲
美術設計／蔡億盈

郵撥帳號／50017206 采舍國際有限公司（郵撥購買，請另付一成郵資）
台灣出版中心／新北市中和區中山路2段366巷10號10樓
電話／（02）2248-7896　　　　　　　傳真／（02）2248-7758
ISBN／978-986-271-631-1
出版日期／2015年10月

全球華文市場總代理／采舍國際有限公司
地址／新北市中和區中山路2段366巷10號3樓
電話／（02）8245-8786　　　　　　　傳真／（02）8245-8718

全系列書系特約展示
新絲路網路書店
地址／新北市中和區中山路2段366巷10號10樓
電話／（02）8245-9896
網址／www.silkbook.com
創見文化 facebook https://www.facebook.com/successbooks

本書於兩岸之行銷（營銷）活動悉由采舍國際公司圖書行銷部規畫執行。

線上總代理 ■ 全球華文聯合出版平台　www.book4u.com.tw
主題討論區 ■ http://www.silkbook.com/bookclub　　新絲路讀書會
紙本書平台 ■ http://www.silkbook.com　　　　新絲路網路書店
電子書平台 ■ http://www.book4u.com.tw　　　　華文電子書中心

B 華文自資出版平台
www.book4u.com.tw
elsa@mail.book4u.com.tw
iris@mail.book4u.com.tw

全球最大的華文自費出版集團
專業客製化自助出版・發行通路全國最強！